土偶を読む

130年間
解かれなかった
縄文神話
の謎

・

竹倉史人

晶文社

ハート形土偶とオニグルミ

郷原（群馬県吾妻郡）

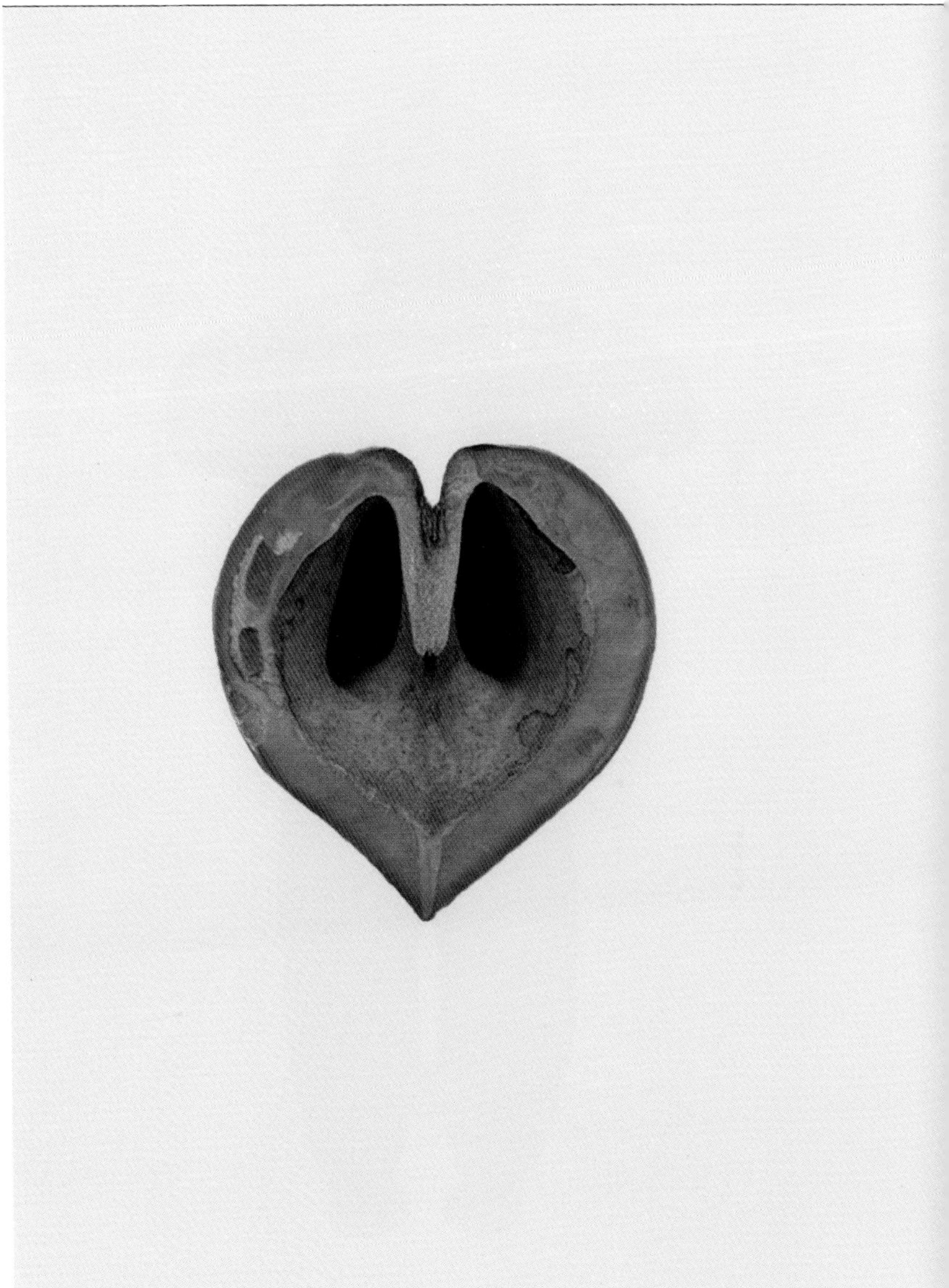

土偶のモチーフは食用植物にちがいないと感じながらも、ハート形の植物が見つからない日々が続いていた。
そんななか、オニグルミとの出会いは突然訪れた。

中空土偶とシバグリ

著保内野遺跡（北海道函館市）

中空土偶の頭頂部にある突起は何？　なぜ顎の下に変な曲線が走っているの？
クリの果実を頭部に見立てると、そうした疑問は一気に氷解したのだった。

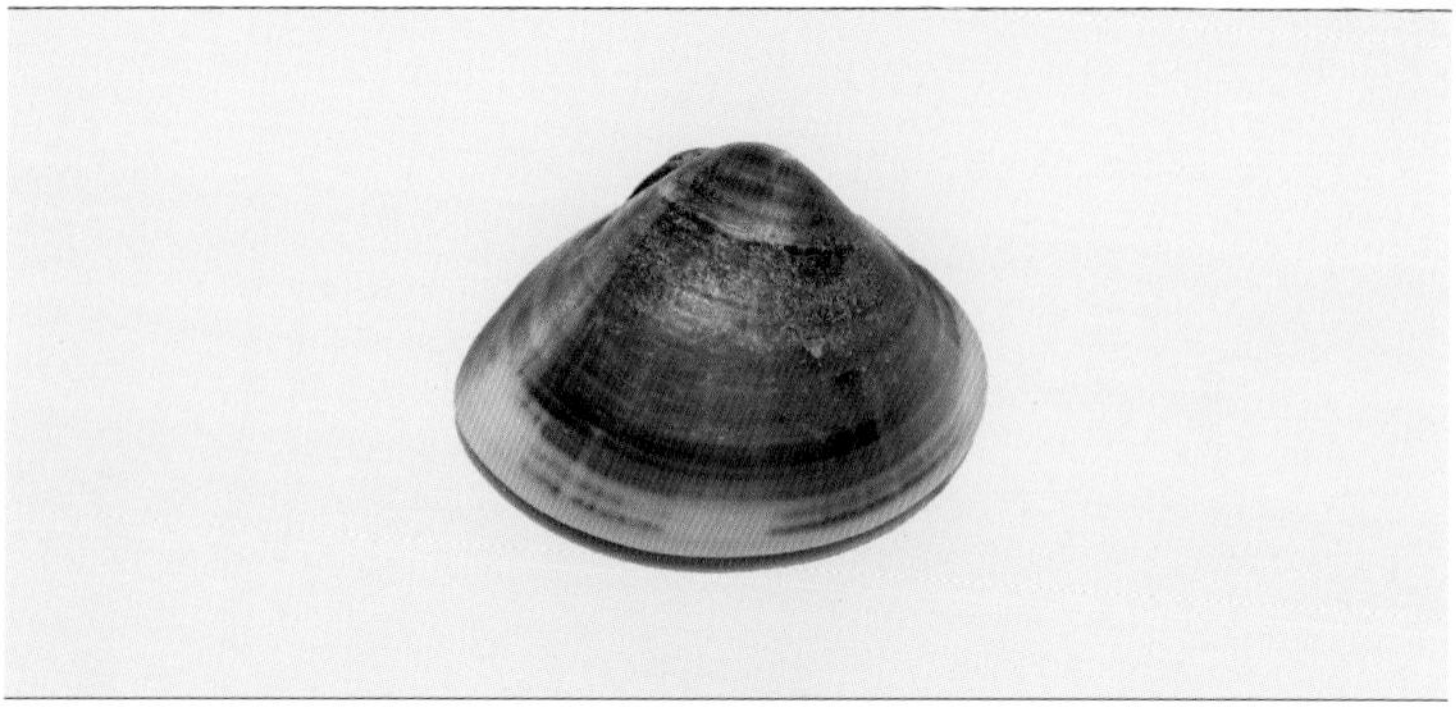

椎塚土偶（山形土偶）とハマグリ

椎塚貝塚（茨城県稲敷市）

宇宙人のような椎塚土偶。でも、「土偶は人間をかたどっている」と決めつけるから奇妙な姿に見えるのだ。

もしあなたが「ハマグリの精霊像」を造るとしたら？　どのようにデザインする？

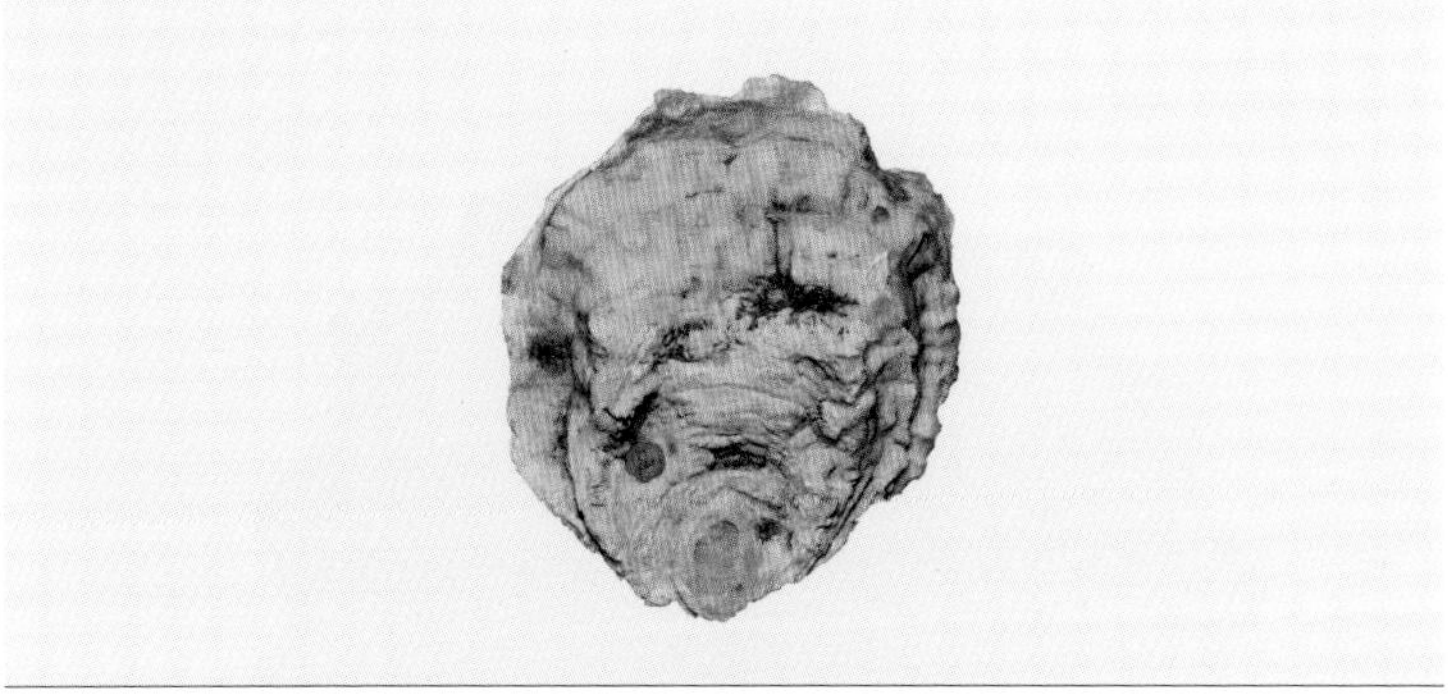

みみずく土偶とイタボガキ

後谷遺跡（埼玉県桶川市）

三千年以上前、南関東の海は今よりずっと内陸まで入り込んでいた。そんな当時の内湾付近の貝塚から多く見つかるのが“みみずく土偶”。その秘密は、現在絶滅の危機に瀕しているイタボガキの左殻に隠されていた。

星形土偶とオオツタノハ

余山貝塚（千葉県銚子市）

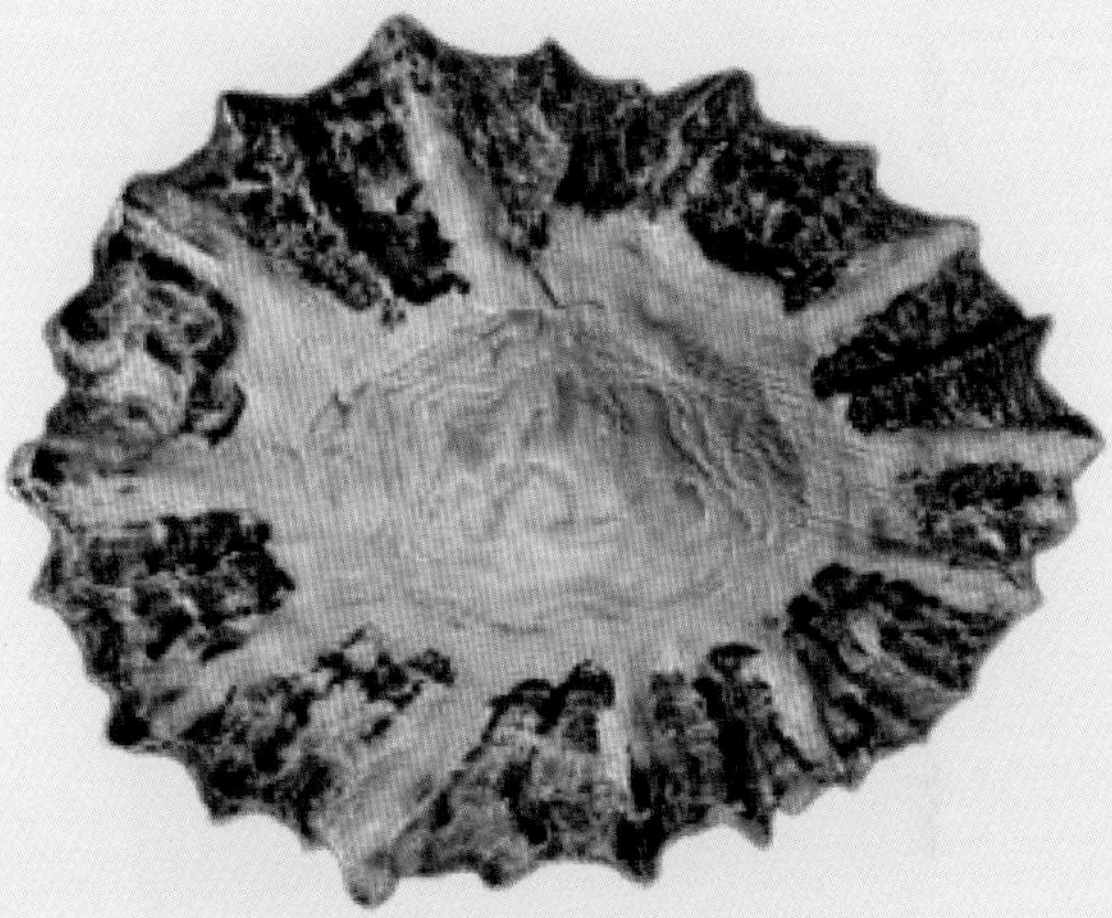

星形の頭頂部を持つ珍しい土偶。この土偶が発見された余山貝塚は貝輪製作の専業集団が住む集落だった。
一方、温暖な島嶼地方に生息するオオツタノハは、稀少価値のある貴重な貝輪素材として余山貝塚に持ち込まれていた。

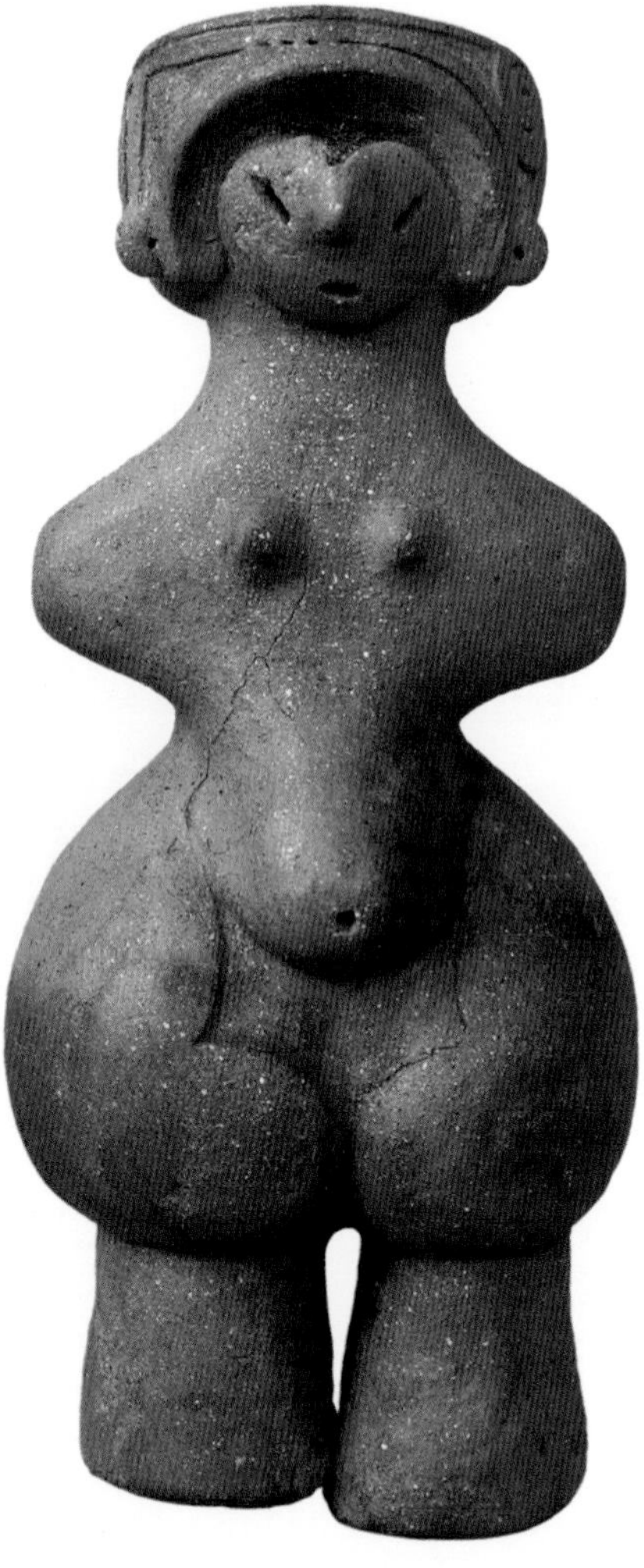

縄文のビーナスとトチノミ
棚畑遺跡（長野県茅野市）

これまで“妊娠女性”と説明されてきた縄文のビーナス。ちょっと待って欲しい。
人間は妊娠してもこんな形の下半身にはならない。そもそも人間の顔にすら見えない。
強引な解釈はやめて、素直に土偶を眺めてみよう。そこにトチノミの姿が浮かび上がってくるはずだ。

結髪土偶とイネ

五郎前遺跡（山形県真室川町）

「結髪」が特徴の土偶とはいえ、ご覧のようにそれは「頭皮」から生えていない。
では「結髪」の正体は何だろうか。ここで必要となるのは神話的思考、つまりアナロジーである。
イネは刈り取られて結ばれる。頭髪もイネも「細く長く、そして束ねられる」。

刺突文土偶とヒエ
小沢遺跡（秋田県湯沢市）

土偶の様式名にもなっている、全身に施された夥しい刺突。この刺突が表すものは?
じつはこの刺突、拡大すると驚くべき事実が隠されていた。
第8章の画像を見れば、一瞬でそれがヒエの穀粒であることが理解されるだろう。

遮光器土偶とサトイモ

亀ヶ岡遺跡（青森県つがる市）

誰もが知っている「遮光器土偶」。多くの人は、このインパクトのある顔に注意を向けるが、
じつは注目すべき部位はこの土偶の四肢に他ならない。既視感のある紡錘形のフォルム。
そこにサトイモの輪郭を直感したことからすべてが始まった。

はじめに

ついに土偶の正体を解明しました。

こういっても、多くの人は信じないだろう。というのも、明治時代に土偶研究が始まって以来、このように主張する人は星の数ほどいたからだ。この中には一般の人もいれば、考古学者、文学者、芸術家など、様々な「土偶愛好家」が含まれる。

そういう人たちの話を聞くと、「土偶は豊饒《ほうじょう》の象徴である妊娠女性を表しています、なぜなら……」、「土偶は目に見えない精霊の姿を表現していて……」、「縄文人は芸術家です。人体をデフォルメしたのが土偶で……」といった「**俺の土偶論**」が展開される。

こうしたすべての「俺の土偶論」に共通して言えるのは、客観的な根拠がほとんど示されていないこと、話が抽象的すぎて土偶の具体的な造形から乖離《かいり》していること、そしてその説がせいぜい数個の土偶にしか当てはまらないということである。そのため、こうした「俺の土偶論」を聞かされても、「うーん、そうかもしれないし、そうじゃないかもしれないね……」としか反応のしようがないというのが実情である。

実際、私が土偶の解読をした研究成果を考古学者たちに見せに行った時も、「毎年必ず

『土偶の謎を解きました。話を聞いてください』っていう人がやってくるんだよね」と、苦笑交じりに彼らが話していたのをよく覚えている。

土偶研究は明治時代に始まり、そこから大正、昭和、平成、令和と、じつに一三〇年以上の歳月が経過した。それでも「何もわからない」ままであるから、アマチュアも入り乱れて「俺の土偶論」が侃々諤々、しまいには土偶＝宇宙人説まで唱えられる始末――。ということで、いまさら「土偶の正体を解明しました！」などと口にしたところで、「オオカミが来た！」という虚言のようにしか響かなくなってしまったのである。

一三〇年以上も研究されているのに、いまだに土偶についてほとんど何もわかっていないというのは一体どういうことなのだろうか。

土偶の存在は、かの邪馬台国論争と並び、日本考古学史上最大の謎といってもよいだろう。近年では、著名な考古学者からも「数千年も前に造られた土偶の謎を解くなんて不可能ですよ」といった諦めの声が聞こえてくるほどである。つまり、もはや考古学者かどうかも関係ないのである。みんなが等しく土偶について「何もわからない」。なぜ縄文人は土偶を造ったのか。どうして土偶はかくも奇妙な容貌をしているのか。いったい土偶は何に使われたのか。縄文の専門家ですら「お手上げ」なくらい、土偶の謎は越えられない壁としてわれわれの前に立ちふさがっているのである。

その一方で、二〇一八年には東京国立博物館で「特別展　縄文——1万年の美の鼓動」が開催され、当初の予想を上回る三〇万人以上が来場するなど、世の中は空前の「縄文ブーム」に沸いている。

巷間《こうかん》にはかつてないほどに「縄文」の文字が溢れ、関連する書籍も数多く出版されている。また近年では、北海道・北東北の縄文遺跡群をユネスコの世界遺産に登録しようという動きも活発化している。たしかに土偶や土器といった縄文の遺物には、類例のない独自性と高い造形技術が見られ、世界から注目されるべき要素は少なくない。人類史的にも、またインバウンド需要という観点からも、縄文の持つ文化資源としての価値は計り知れないものがあり、まさしく「日本の縄文」は「世界のJOMON」を目指しているといえるだろう。

こうした盛り上がりのなかで、土偶はまさに縄文のシンボルであり、イメージキャラクターでもあるのに、その肝心の土偶の正体がわかりません、というのでは形無しというほかない。世界に向けて縄文文化の素晴らしさを発信しようにも、その中核にあり、おそらくは土偶が最も体現しているはずの「縄文の精神性」を語ることができないのであれば、それはわれわれの知の敗北を意味するであろう。

それでいいのか。いいわけがない。

そこで私は宣言したい。——ついに土偶の正体を解明しました、と。

結論から言おう。

土偶は縄文人の姿をかたどっているのでも、妊娠女性でも地母神でもない。**〈植物〉の姿をかたどっている**のである。それもただの植物ではない。縄文人の生命を育んでいた主要な食用植物たちが土偶のモチーフに選ばれている。ただしここで〈植物〉と表記しているのは、われわれ現代人が用いる「植物」という認知カテゴリーが、必ずしも縄文人たちのそれと一致しないからである。これについては章を読み進めてもらえれば理解してもらえるようになっている。

私の土偶研究が明らかにした事実は、現在の通説とは正反対のものである。

すなわち、土偶の造形はデフォルメでも抽象的なものでもなく、**きわめて具体的かつ写実性に富むもの**だったのである。土偶の正体はまったく隠されておらず、常にわれわれの目の前にあったのだ。

ではなぜわれわれは一世紀以上、土偶の正体がわからなかったのか。

それは、ある一つの事実がわれわれを幻惑したからである。すなわち、**それらの〈植物〉には手と足が付いていた**のである。

じつはこれは、「**植物の人体化**《アンソロポモファイゼーション》（anthropomorphization）」（ギリシア語で〝anthropo-〟は〝人間〟を、〝morph-〟は〝形態〟を意味する）と呼ばれるべき事象で、土偶に限らず、古代に製作されたフィギュアを理解するうえで極めて重要な概念である。これは人類学者の私が神話研究とアニミズム研究を行っているなかで発見した造形原理であるが、このことの重要性に気付いている研究者は世界中を見渡しても他には見当たらない。

じつは、この「植物の人体化」という造形文法によって解読できるのは縄文土偶だけではない。今でも正体がわかっていない海外の先史時代フィギュアの謎を解くこともできるのである。

そのためにもまず、日本が保有している土偶を学術的な方法で解読する必要がある。たしかに土偶は文字ではない。しかしそれは無意味な粘土の人形《ヒトガタ》でもない。造形文法さえわかれば、**土偶は読むことができる**のである。つまり土偶は一つの〝造形言語〟であり、文字のなかった縄文時代における**神話表現の一様式**なのである。

そしてそこからひらかれる道は、はるか数万年前の人類の精神史へとつながっている。私の土偶の解読結果が広く知れ渡れば、日本だけでなく、世界中の人びとがJOMONの文化に興味を寄せ、そしてDOGŪというユニークなフィギュアが体現する精神性の高さに刮《かつ》目《もく》することだろう。

本書を通読するのに専門知識は不要である。必要なのはただ、土偶を製作した縄文人たちの生活に思いを馳せ、先入観を捨て、目の前にある土偶をありのままに観察する**〝素直な心〟**だけである。

さあ、それでは私が「世紀の発見」に成功した人類学者であるのか、はたまた凡百の「オオカミ少年」に過ぎないのか、ぜひ皆様の目で判断してもらえればと思う。ジャッジを下すのは専門家ではない。今この本を手にしているあなたである。

この本の構成と読み方について

本書は一般の方から考古学の専門家まで、幅広い読者を想定して書かれている。読者の中にはいち早く結論を知りたい人から、推理小説をじっくり読むように結論までの過程を楽しみたい人までいることだろう。それゆえ、本書はどこからどのような順番で読んでも楽しめるように書かれている。

序章では、人類学者である私が土偶研究に着手するまでの流れを説明し、さらにそこから「土偶は植物をかたどっている」という仮説が立論されるまでの経緯を述べている。これは具体的な土偶の解読に入る前のウォーミングアップである。早く結論を知りたいという人は序章を飛ばしてもらって構わない。最後に序章を読むというのもありだろう。

第1章から第9章までが本書のハイライトである。**「土偶プロファイリング」**と称し、実際に土偶の正体を具体的に解読していく。このプロファイリングも必ずしも前から順番に読んでいく必要はない。気になる土偶があれば、そこから読んでもらって構わない。第10章はまとめの章である。

なお、本書における「○○土偶」という様式名は、これまで考古学で用いられてきたものを踏襲している。それらは厳密には私の分類と一致はしないし、また好ましくない呼称も存在しているが、通例として大きな支障はないため本書でも便宜的に使用した（必要に応じて一部の様式名は私が命名した）。

それでは数千年の時空を超え、土偶という頁《ページ》をめくり、いざ縄文の世界へ。

目次

装丁：寄藤文平＋古屋郁美／製作協力：池上功一

序章

人類学の冒険

神話世界をめぐる人類学の冒険

二〇一七年二月、私は春から始まる授業の準備に追われていた。東大の駒場キャンパスで開講される「人類学の冒険」と題した全一二回の講義である。

テーマは古今東西の神話。ただし、神話といっても、みんなで一緒にギリシア神話を講読しましょう、といった類《たぐい》の授業ではない。人類学者である私は、神話そのものよりも、神話という不思議な物語を生み出す人類の心性の方に興味を持っている。

神話には文字通り多くの神々や精霊が登場するが、そもそもかれらは一体何者なのだろうか。たしかに神話は物語の形式になっている。とはいえ小説のような創作物ではない。多くの人が抱くイメージとは裏腹に、神話は架空のファンタジーなどではないのである。

人類学が教えるところは、神話において語られようとしているのはむしろ〝世界の現実〟であるということだ。古代神話であれば、それは人類が「自意識」というものを獲得し、われわれを取り巻くこの世界を有意味なものとして解釈し始めた頃の、いわば太古の認知の痕跡なのである。

したがって神話について考えることは人類について考えることであり、この数万年のあいだに人類の思考や認知がいかなる過程を経ていまのかたちになったのかを知る一級品の資料が神話であるといえる。そういうわけで、私の人類学の講義では、文明の誕生後に聖典化されたような神話だけでなく、地球各地の部族民たちによって現在も語り継がれているような、生活のなかの〝生きた神話〟も積極的に扱うことにした。

古代インドのリグ・ヴェーダ、北欧のエッダ、古代中国の創世神話、メソポタミアのギルガメシュ叙事詩、北米大陸のネイティブアメリカンの神話、トロブリアンド諸島の神話、アマゾンの奥地の部族民の神話——古今東西の神話を〝ごった煮〟にして、そこから人類の普遍的な心性を抽出すべく、私は講義で扱う題材を渉猟していたわけであるが、そうこうしているうちに私の頭にある想いが浮かんだ——「日本の神話もなにか入れようかな」。

真っ先に思い浮かんだのは記紀神話、すなわち『古事記』と『日本書紀』である。この歴史書のなかには、国土を産み出すイザナギ・イザナミ、火（カグツチ）、水（ミツハノメ）、土（オオツチ）、風（シナツヒコ）など自然界の神霊、イネの精霊でもある食物の女神（ウカノミタマ）など、さまざまな神々が登場する。八世紀の編纂《へんさん》にはなるが、一部の神話の起源は相当に古いと考えられ、ホモ・サピエンスの認知の特性を考えるうえで役立ちそうな記述がふんだんに含まれている。

しかし、その一方で、記紀は当時の権力者が自分たちの日本統治の正統性を国の内外に示すために著した政治的な書物でもある。国家組織の複雑化にともない、各地の部族神が統合されていたり、身近な存在であったはずの精霊たちが「神」として抽象化されてしまったりもしている。そうした歴史や社会制度が強く反映した神話ではなく、人間の認知に直接的に関わるような、つまりなるべく〝純度の高い〟神話を探していた私からすると、記紀が編纂された八世紀というのはあまりに時代が新しすぎた。

そこで私はさらに時代を遡ることを考えた。一〇〇〇年、二〇〇〇年、いやもっと古代の「日本の神話」──。ここでいう「日本」というのは国家や民族ではなく、地理的な領域を指している。となるとそれは「縄文時代の神話」ということになる。ならば講義では縄文の神話を扱おうと思ったのだが、それが不可能であることを悟るのにそれほど時間はかからなかった。

神話を持たない民族は存在しない。先述の通り、神話は単なる創作物ではなく、世界認知そのものであるからだ。人間として世界を認知する限り、そこには必然的に神話が生まれる。したがって、縄文人が神話を保有していたことは確実である。しかし、縄文人は文字を使用しなかった。つまり縄文人の神話は文字記録として残っていないのである。

言われてみれば「縄文時代の神話」という言葉自体、ほとんど聞いたことがない。当然である。数千年前の文字を持たない民族の神話をどうやって復元するというのだろうか。そんなものを大学の講義で扱うことなど不可能である、それが私の結論だった。

土偶研究の始まり

それから数日後、私はあることに気づいた。確かに縄文時代には文字はなかった。しかし、もう一つ忘れてはならない重要な「情報遺産」が存在していることを思い出したのである。そう、土偶である。

縄文時代に造られたあの奇怪なフィギュアは、鑑賞や愛玩といった目的ではなく、儀礼的な呪物、つまり呪術で使う道具として使用されたものに違いない。であれば、そこには縄文人の精神性が色濃く反映しているはずであり、その意味では土偶もまた古代文書と同様、何らかの「情報」が書き込まれた媒体なのである。もしこの情報にアクセスできれば、そこから「縄文時代の神話」の一部を復元することも不可能ではないかもしれない。私はそのように考えたのだった。

さすがに新学期までには時間が足りず、東大での講義で土偶を扱うことはできなかった。しかし、神話＝言語という思い込みに支配されていた私の神話研究は、突然現れた縄文土偶というフィギュアによってまったく新たな局面を迎えることになった。

土偶研究の手始めに私がしたことは、グーグルに「土偶」と入力することだった。それくらい私は土偶について何も知らなかったのである。ネットに出てくる様々な論者の見解を概観しつつ、あわせて土偶に関する書籍や論文などの収集も開始した。まったくの専門外であった考古学の学習も急ピッチで始めた。

数日後、土偶にはどうやら二つの大きな謎があることを私は認識した。

一つは「**土偶は何をかたどっているのか**」というモチーフの問題。ざっとみただけでも、妊娠女性説、地母神説、目に見えない精霊説、はたまた宇宙人説に至るまで、考古学の内外からじつに多様な意見が開陳されていることがわかった。

そしてもう一つが「**土偶はどのように使用されたのか**」という用途の問題。豊饒のお祈り、安産祈願のお守り、病気治療など、こちらも様々な意見が主張されてきたようだ。

そして、一世紀以上にわたって数えきれないほどの説が唱えられてきたにもかかわらず、そのすべてが「主観的な意見」の範疇を越えず、この二つの謎はどちらも事実上「未解決」であるということもわかった。つまり、**土偶のモチーフや用途をめぐっては諸説あるものの、いずれも客観的な根拠が乏しく、研究者のあいだでも統一的な見解が形成されていない**のである。

土偶といえば歴史教科書の冒頭を飾る「日本史」の源流にあたる遺物である。そしてDNAの系譜で言えばわれわれの多くが紛れもなく縄文人の子孫であり、この国土において一万年以上にわたって繰り広げられた縄文文化は、いわば日本文化の基底をなすものである。

したがって、少し大げさな言い方をすれば、自分たちのルーツにあたる先祖の精神性を、そしてその神話世界を余すことなく体現しているであろう土偶について無知であるということは、自分たちの歴史について無知であるばかりでなく、われわれ自身についても無知であるということを意味している。

一人の人文学者として、私には土偶問題の解決は急務かつ重大な案件であるように感じられた。こうして私の土偶研究は次第に熱を帯びていったのである。

土偶は人体をデフォルメしているのか

「それが何か」わからないなりに、土偶についての〝通説〟のようなものは存在している。それは歴史教科書の記述を見ればだいたい把握することができるはずだ。そこで私は国立国会図書館へ出向き、中学校と高校で使われている現行の歴史教科書の記載をチェックしてみた。調査した一四冊（中学校八冊、高校六冊）のうち、計一〇冊が「土偶は女性をかたどっている」という趣旨の説明をしており、[*1] そのうち二冊には「妊娠女性」と明記してあった。

図1・女性はおろか人間にすら見えない……

また、土偶の用途に関しては、一〇冊が「自然の恵み」のような生産力と関わるものとして土偶を説明していることがわかった。つまり、現在の通説を大まかにまとめれば、「土偶は女性をかたどったもので、自然の豊かな恵みを祈って作られた」ということができる。そして、実際これが世間に流通する最も一般的な土偶のイメージと言ってよいだろう。

しかし、私が違和感を覚えたのは、多くの教科書が提示している「土偶＝女性像」という説明である。たしかに乳房などの女性的性徴を有する土偶は少なくない。しかし、「土偶が女性の性徴を有している」ことと、「土偶が女性をかたどって作られている」ことは同値ではない。

あらためてここで実際の土偶を見て欲しい［図1］。はたしてこれが女性の姿に見えるだろうか？　見えるかどうかという主観的な印象の次元以前に、頭部や四肢こそあれ、土偶の身体はそもそも人体の形態に類似していない。つまり、土偶＝女性像という説明は、われわれの直感に反するのみならず、物理的な事実にも反している。

それにもかかわらず、この無理筋な説明が多くの教科書に採用され、通説として社会に流通しているのはなぜだろう。それは、この説が「土偶は人体を**デフォルメ**している」というさらなる俗説によって補完されてきたからである。

そこかしこで目にする、この土偶＝デフォルメ説にも私は違和感を覚えた。まるでモダンアートのように、縄文人は自由気ままに人体をデフォルメして土偶を作ったというのである。そしてこのデフォルメ説は往々にして以下の結論を導く。すなわち、土偶は人間女性をモチーフにしつつ、それを抽象化してデフォルメしたフィギュアであるから、土偶の多様なかたちには具体的な意味はない――。

これは本当だろうか？　こうした〝通説〟は、私には途方もなくデタラメなものに感じられた。土偶のかたちには具体的な意味があり、それは決してデフォルメのようなものではなく、**土**

＊1　ほとんどの教科書では「女性」とのみ説明されており、特に「人間の女性」とは明記されていない。「女性の神様」とは言うが「女性のイヌ」とは言わないことから、一般に「女性」は人間や神霊に対して用いる言葉である。教科書の記述はそのどちらにも読める余地を残した表現ともいえるが、神霊を指すならばその旨が明記されるのが当然であるから、結果的に「土偶＝人間女性」として理解されやすい記述となっている。

偶の様式ごとにそれぞれ異なる具体的なモチーフが存在しているのではないか——これが土偶を前にした最初の私の直感であった。

遮光器土偶との同衾からの夢、あるいは根茎類のヴィジョン

土偶研究の始まりに際して、私は新しい仲間を迎えることになった。遮光器《しゃこうき》土偶のレプリカである［図2］。

青森県の亀ヶ岡遺跡から出土し、教科書でもよく見かけるこの土偶は、グッズが製作されたり、ドラえもんの映画にも出演するなど、まさに〝国民的土偶〟といってもよいだろう。私が購入したのはレプリカとはいえそれなりに再現性のあるものだった。宅配便で段ボール箱が届き、中から梱包材にくるまれた陶製の土偶をそっと取り出す時、まるで新生児を取り上げるような緊張感を感じたことをよく覚えている。

それにしても不思議な風貌だ。なぜかくも奇妙なフィギュアを縄文人は造ったのだろうか。そして私の直感通り、この遮光器土偶が〝何か〟をかたどっているとしたら、その〝**何か**〟とは

図2・わが家にやって来た遮光器土偶のレプリカ

いったいどのようなものなのか。土偶の正体を解明するということは、その〝何か〟を明らかにすることに他ならない。そんなことを考えながら私はレプリカの土偶を眺めていた。

わが家にこの子（編集部注：レプリカの遮光器土偶のこと）を迎えてから数日間は、私は嬉しくてベッドで一緒に眠ったほどである。実物と同じ素焼きの陶製なので、寝返りの際にうっかり体重をかけて破損することのないように気をつけながら。

今から思えば、この時の〝遮光器土偶との同衾《どうきん》〟は、間違いなく私の土偶研究の幕開けを告げるイニシエーションであった。もともと土偶にさしたる興味を持っていなかった私が、研究対象となる土偶に愛着を抱いた時間であったのだから。たとえレプリカであっても、実際に手に触れられるものとして目の前に土偶がいるという圧倒的な事実は、確実に土偶と私との距離を縮めてくれたのである。

さて、遮光器土偶が自宅に届いてから一週間ほどしたある日のことである。

東京国立博物館のウェブページで、私はあらためて遮光器土偶の高精細の画像を眺めていた。三〇〇〇年近く前、東北地方に住んでいた人びとは、粘土を採取し、それを丁寧に成形し、体表に緻密な紋様を施し、焼成し、このフィギュアを製作した。いったい何をかたどり、何の目的のために？　それは答えのない、それどころか手掛かりとなるヒントすらない、途方もない謎のように感じられた。

ハイバックチェアにもたれかかり、私はＰＣの画面を眺めながら何度か深呼吸をした。すると不意に、私の脳裏にある植物のイメージが浮かびあがった。

それはある根茎類の映像だった。次第に鮮明になっていく輪郭を追いかけていくと、その根茎類が目の前にある遮光器土偶のレプリカの手足と重なるような気がした。

私はハッとして椅子から起き上がり、ウェブで画像を検索し、実際にその根茎の画像を遮光器土偶の手足に重ねてみた。すると、根茎の描く独特な紡錘形のフォルムは、土偶の四肢とぴったりと重なったのである。

この時、私は探していた〝何か〟が自分の目の前に現れたと感じた。すなわち、**この根茎こ**

そが、遮光器土偶がかたどっているモチーフなのではないか、という着想を得たのである。

何とも不思議な体験だったが、この日以来、私の頭の中は遮光器土偶、そしてその根茎植物のことでいっぱいになってしまった。そして私の身体の中には、脳裏に浮かんだ根茎類のヴィジョンが土偶の謎を解くヒントになるはずだという、根拠のない自信が満ち溢れていた。そしてこの体験こそが、土偶と植物とのミッシング・リンクが浮かび上がる決定的な契機となったのである。

フレイザー『金枝篇』と植物霊祭祀

私は直感的なヴィジョンによって、遮光器土偶がある根茎類をかたどっているのではないかという着想を得た。——土偶が植物をかたどっている？　もちろんそんな奇妙な説は聞いたこともない。しかし、私はある一冊の書物のことを思い出していた。一九世紀末にイギリスの人類学者ジェームズ・フレイザー［図3］が著した『金枝篇』である。

私はこの数年前に『輪廻転生』（講談社現代新書）という本を出版していたが、この本のなかで

図3・ジェームズ・フレイザー
（1854-1941）

呪術について説明する際に用いたのが『金枝篇』であった。後になってわかったことだが、この一冊は私の土偶研究の基盤となるだけでなく、本書自体が『金枝篇』の続編といってもよいほど深い関係で結ばれていた。

『金枝篇』は、イタリアのネミという村に古代から伝わる「王殺し」の風習の謎に挑むという内容で、直接的には土偶とは関係がない。しかし、この「金枝」というのがポイントなのである。金枝とはネミの湖のそばに生えるヤドリギのことを指している。ネミのしきたりによれば、この聖なる樹の枝（金枝）を手折ることを唯一許されているのが逃亡奴隷で、この奴隷が金枝を手に入れ、聖所にいる「森の王《レックス・ネモレンシス》」を殺害すると、この奴隷が新たな森の王として祭司を継承するというのである。

フレイザーはこの不可解な風習の謎を解くために、金枝が象徴する**植物の死と再生**の観念に注目し、そこから古今東西の膨大な神話・儀礼・呪術・タブーを集成していく。このときフレイザーが特にページを割いて取り上げているのが、植物に宿る精霊たち、つまり「**植物霊**」という観念である。

フレイザーが世に知らしめたのは、農耕を基盤とするヨーロッパの民俗社会にはキリスト教とはまったく起源の異なる信仰や儀礼が広まっていること、かつそれはヨーロッパにとどまらず、アフリカ、メラネシア、アジアなどの世界中の地域に広汎《こうはん》にみられること、そしてその信仰や儀礼はどれも非常によく似ており、とりわけ植物と人類のあいだには時代や地域を超えた普遍的な呪術的関係がみられることなどであった。

私が特に注目したのはフレイザーが叙述している「栽培植物」にまつわる神話や儀礼である。植物の栽培には必ずその植物の精霊を祭祀する呪術的な儀礼が伴うことを、彼は古今東西の事例をあげて指摘している。ヨーロッパであればムギ、アジアであればイネ、南米であればトウモロコシやイモが主食として栽培されてきたが、こうした植物を植え、育成し、収穫して食用に供する人々は、それぞれの農事暦に沿って当該の植物霊を祭祀する儀礼を古代より行ってきたのである。

「野生の思考」を生きる人びとにとって、植物を適当に植えるということはあり得ない。播種《はしゅ》が行われるのは単なる畑ではなく、植物霊が集う聖地だからである。一粒の小さな種が発芽し、伸長し、何倍もの数の種を実らせるのはまさに奇跡であって、精霊（＝生命力《アニマ》）の力と守護がなければ絶対に成就しない事業である。[*2]

それゆえ播種にあたっては、植物の順調な活着と成長を精霊に祈願してさまざまな呪術的儀礼が行われる（これらは「予祝儀礼」と呼ばれる）。発根・発芽すれば今度は苗が順調に育つための呪術的儀礼が必要となる。また、実生のための儀礼や害虫を退散させるための儀礼、さらには収穫に際しての儀礼など、食用植物の資源利用には数多くの呪術とタブーが存在している。

古代人や未開人は「自然のままに」暮らしているという誤解が広まっているが、事実はまったく逆である。かれらは呪術によって自然界を自分たちの意のままに操作しようと試みる。今日われわれが科学技術によって行おうとしていることを、かれらは呪術によって実践するのである。つまり、遺伝子を組み換えたり、化学肥料を開発するのと同じような情熱で、かれらは植物に対して呪術を行使する。異なるのはその方法と費用対効果だけであって、収量を上げるために自然界を制御しようとする心性は何千年経とうが変わらない。

呪術が科学技術より優先する社会において重要なのは、儀礼を通じて、自分たちが資源利用する植物の精霊と円滑なコミュニケーションをとることである。とりわけその食用植物が自分たちの食生活の中心となっていたり、交換財としての価値が高い場合には、「植えっぱなし採りっぱなし」ということはあり得ない。播種の春には歓迎会が開催され、人間界へ来訪する精霊たちをご馳走と歌舞でもてなし（予祝儀礼）、収穫の秋にはふたたび宴席を設けて当該シーズンの精霊の事業を顕彰し（収穫儀礼）、翌年の来訪を約束して盛大な送別会が行われる。

もし人間が無礼をはたらくなどして、植物霊たちとの関係が損なわれようものなら、その結果は凶作や虫害といった恐るべき報復となって返ってくる。食用植物の不作は自分たちの生命の危機に直結するため、必然的に植物霊祭祀は当該社会における最重要の儀礼となる。たとえば日本という国家の最重要儀礼である「大嘗祭《だいじょうさい》」もまた、天皇の即位儀礼と収穫儀礼（新嘗祭）が融合したものである。そこでは新天皇が太陽神たるアマテラスや食物神たるウカノミタマらとともに、その年の新穀を祝って食す。[*3]

このように、現代の日本においてすら、植物霊祭祀はいまだに国家的行事として執り行われているのである。さらに言えば、われわれにより身近な「春のお祭り」や「秋のお祭り」です

＊2 「精霊」と聞くと、現代人の多くは「未開人は迷信深いからそんなものを信じていたのだろう」という反応をみせるが、これは正しくない。たとえばわれわれは「正義」「美」「死」といった抽象概念を好んで使用するが、神話を分析すると古代人はわれわれほどには抽象概念に有用性やリアリティを感じていなかったことがわかる。それゆえ神話的思考においては、こうした抽象概念ですら「正義の神」「美の女神」「暗黒の死神」といったように人格性や身体性を具《そな》えた観念として表象されるのである。ここでいう「精霊」も同様であり、現在われわれが好んで使用する「生命」という抽象概念がボディを捨てる前の、いわば「身体性を有する生命」の観念が「精霊」と呼ばれるものの正体である。つまり、われわれが「生命がなければ植物は成長しない」と考えるのと同様に、古代人は「精霊がいなければ植物は成長しない」と考えるのであり、これら二つの言表のあいだに本質的な差異は存在しない。そしてわれわれが豊作を願って化学肥料で植物の生命力を強化しようと試みるのと同じように、かれらは呪術や儀礼によって植物の精霊の力を増強しようと試みるのである。

＊3 新嘗祭に登場する「ウカノミタマ（倉稲魂命）」は穀物の女神である。ウカノミタマは稲荷神社の祭神で、分祀社も含めると現在国内の稲荷神社の数は全国で三万社を超える（ちなみに二〇二〇年の全国コンビニ店舗数はおよそ五万五〇〇〇店である）。稲荷神社に限らず、そもそも神社建築の最古の様式である神明造は、収穫後のイネを収蔵した高床式倉庫が発展したものである（その意味では「高床式倉庫」という名称はじつに良くない。後に神社に発展していることや他の民族事例から考えても、これが単なる「倉庫」であったはずがなく、イネの精霊が逗留する「高床式祭殿」ともいうべき聖なる施設であったに違いないからである）。このように、瑞穂の国の神道の源流にはやはり植物霊祭祀があり、今なお日本はイネの精霊だらけの国なのである。

ら、そのほとんどが植物霊祭祀のイベントに由来するものだ。

こうしたことからも、「植物を成長させる精霊」という観念と「それを祭祀する儀礼」という事象が、植物栽培によって生命を繋いできたわれらホモ・サピエンスにとっていかに普遍的なものであるかがわかるだろう。

フレイザーの『金枝篇』は、こうした植物霊祭祀の慣習と心性が、食用植物を重点的に資源利用するほぼすべての文化においてみられることを明らかにした人類学の古典なのである。[*4]

『金枝篇』からみる現在の縄文研究の問題点

ここでなぜ『金枝篇』が縄文研究において重要なのかについて述べよう。

かつての通説では、縄文文化から弥生文化への移行の説明として、「狩猟採集の縄文時代」から「水田稲作の弥生時代」へ（「肉食中心」から「植物食中心」へ、「採集」から「栽培」に）シフトしたと説明されることがもっぱらであった。ところが、近年の考古研究の進展によって、この図式が不正確であったことがすでに判明している。

縄文遺跡の発掘数の増加だけでなく、花粉分析やプラントオパール（植物珪酸体）分析、土器圧痕レプリカ法、デンプン分析、種実分析といった、電子顕微鏡を用いた理化学的な植物遺体の検出・同定技術の向上、さらには縄文人骨のコラーゲン分析の結果などによって、北海道を除く東日本では、すでに縄文中期（およそ五五〇〇年前）あたりから、縄文人が従来の想定よりもはるかに植物食に依存していた実態が浮かび上がってきたのだ。

しかもかれらは単なる採集（gathering）だけでなく、ヒエなどの野生種の栽培化（domestication）、里山でのクリ林やトチノキ林などの管理（management）、マメ類の栽培（cultivation）などを行っていたことも判明しつつある。

さて、そうなると一つの重大な疑問が湧き上がってくる。

いま確認したように、縄文時代にはすでに広範な食用植物の資源利用が存在していた。しかも地域によっては、トチノミなどの堅果類を〝主食級〟に利用していた社会集団があったこともすでに判明している。[*5] ということは、そうした植物利用にともなう儀礼が行われていたことは間違いないのであるが、なぜか縄文遺跡からは植物霊祭祀が継続的に行われた痕跡がまったく

＊4 フレイザーの『金枝篇』は柳田國男に決定的な影響を与えている。柳田が本邦の民俗社会におけるイネの精霊、すなわち「稲魂」や「田の神」に関するフィールド研究を行ったのも、南方熊楠より『金枝篇』を教示されたことがきっかけである（飯倉照平編『柳田国男　南方熊楠　往復書簡集』、平凡社）。柳田は『金枝篇』を読み、諸外国の農耕儀礼とまったく同じパターンの儀礼が日本の民俗社会にみられることに驚嘆している。

＊5 第6章で扱う粟津湖底遺跡などがその例である。なお、トチノミは重量比でその七六パーセントがデンプン質であるため、コメ並みの炭水化物を摂取することができる。

といっていいほど発見されていないのである。一方、それとは対照的に、動物霊の祭祀を行ったと思われる痕跡は多数見つかっている。

たとえば山梨県の金生遺跡からは人為的に火で焼かれたイノシシの幼獣の下顎骨が一〇〇点以上見つかっており、動物霊の送りの儀礼があったことを想像させる。また、千葉県の取掛西貝塚からは意図的に配列されたシカやイノシシの頭蓋骨が発見されたり、他にも各地の遺跡からイノシシやシカの焼獣骨や強い被熱痕のあるシカの角なども見つかっており、動物に関しても「捕りっぱなし食べっぱなし」ではなく、しかるべき祭祀が行われていたことは間違いないだろう。ではなぜ、最重要と思われる植物霊祭祀の痕跡は見つかっていないのだろうか。

最初に思い浮かぶのは、痕跡がまったく残らないかたちで植物霊祭祀が行われていたのではないか、という回答である。しかし、土偶、石偶、土版、石棒などの呪具を熱心に製作・使用していた縄文人たちが、こと植物霊に関する儀礼だけは呪具を用いないで行った――しかも三〇〇〇年間、一切の痕跡を残すことなく――というのはまったく非現実的なシナリオだ。

次に浮かぶのは、植物利用と言っても、「採集」ではなく「栽培」でなければ植物霊祭祀が行われないのではないか、という疑問である。これは検討に値する着眼点だろう。というのも、フレイザーを始め、これまで研究対象にされてきた植物霊祭祀の事例はどれも栽培文化に関するものだったからである。逆に言えば、採集という行為が植物霊に関する儀礼を伴うかどうかについては、研究事例が（私が知る限り）見当たらないため、検証が困難だ。

しかし、この問題点を考慮に入れたとしても、やはりわれわれは縄文文化における植物霊祭祀の不在という矛盾を解決することはできない。というのも、およそ二四〇〇年前の東北地方北部の遺跡からは、ヒエやイネといった穀類が栽培されていた痕跡が発見されているにもかかわらず、やはり植物霊を祭祀した痕跡が発見されていないからである（二四〇〇年前といえば時代こそ「弥生時代初頭」に区分されるが、当時の東北地方はまだ「縄文文化」が続いていた）[*6]。つまりここでは、「栽培を行う縄文文化における植物霊祭祀の不在」という事態が如実に示されている。

では、「植物霊祭祀の痕跡が見つかっていない」のではなく、本当はすでに見つかっているのに、われわれがそれに気づいていないだけだとしたらどうだろうか。

実はこれこそが私の見解なのだ。

つまり、「**縄文遺跡からはすでに大量の植物霊祭祀の痕跡が発見されており、それは土偶に他ならない**」というのが私のシナリオである。このように考えれば、そしてこのように考えるこ

＊6　藤尾慎一郎（２０１５）『弥生時代の歴史』（講談社）による。このような事例として青森県弘前市の砂沢遺跡を挙げることができる。プラントオパール分析から、当遺跡ではイネとヒエの栽培が行われていたことがわかっているが、出土した遺物のほとんどが縄文後・晩期以来のものであった。しかしそれでも、植物霊祭祀に用いたと同定される呪具は発見されていない。ちなみに発掘された呪具は土偶、土版、独鈷石《とっこいし》などである。砂沢遺跡で発見された土偶については第8章で詳しく扱っている。

とによってのみ、縄文時代の遺跡から植物霊祭祀の痕跡が発見されないという矛盾が解消される。

統計データが語る土偶文化の出現と消失

さて、ここからは土偶に関する統計データをみていこう。フレイザーの『金枝篇』とともに、この統計データの分析からも、土偶と植物とのミッシング・リンクが浮かび上がってくる。土偶文化がいつどのように出現し、興隆し、そして消滅していったのかについて客観的に考察することで、われわれの探究はさらに前へと進むことになるだろう。

図4は、縄文時代を通して、どの時期にどのくらいの量の土偶が製作され、また人々に希求されていたかを知るために私が作成した一覧表である。具体的な分析に入る前に、各項目について説明しておこう。

現在の考古学では、縄文時代の始まりは一万六五〇〇年前とされている。これは青森県外ヶ浜町の大平山元《おおだいやまもと》I遺跡から出土した、最古の縄文土器の年代によって設定されたものである。一

図4・土偶をめぐる統計データ　竹倉作成

	時代区分	絶対年代の目安（年前）	各期の年数（年）	出土した土偶の点数	出土指数	推計人口（人）	需要指数
1	草創期	16500～11500	5000	3	0	n.d.	0
2	早　期	11500～7000	4500	50	2	20100	9
3	前　期	7000～5470	1530	134	17	105500	14
4	中　期	5470～4420	1050	5405	1000	261300	344
5	後　期	4420～3220	1200	3675	595	160300	334
6	晩　期	3220～2350	870	3774	843	75800	1000
計			14150	13041			

方、縄文時代の終焉《しゅうえん》は二三五〇年前となっている。[*7]

　というわけで、一口に「縄文時代」と言っても、じつに一万四〇〇〇年間という長い歳月を指すことになる。江戸時代で約二五〇年間、平安時代でも約四〇〇年間だから、一つの時代区分としては桁違いの数字だ。[*8]

　そうしたこともあり、考古学では縄文時代をさらに①草創期、②早期、③前期、④中期、⑤後期、⑥晩期という六つの時期に細分するのが通例となっており、本書の表記もこれに従っている。[*9]また、六期ごとに「出土した土偶の点数」[*10]と「推計人口」を示し、さらにそれらのデータから私が算出したのが「出土指数」と「需要指数」である。

「各期の年数」で示したように、六期の年代の長さは均等ではないため、各期の「出土した土偶の点数」という絶対数を比較しても無意味である。したがって、「出土した土偶の点数」を「各期の年数」で割って一年あたりの出土量を計算し、最大値（中期）を一〇〇とする相対値で示したのが「出土指数」になる。土偶の出土数は土偶の製作数とおおむね相関すると考えられるので、「出土指数」は各期にどれくらいの量の土偶が製作されたかを推定する目安ともなっている。

「推計人口」は遺跡数やその規模などから算定されたもので、各期の全国の人口を推計した値である。[*11] また併せて、「出土指数」をこの「推計人口」で割って、人口一人あたりの出土指数、すなわち「需要指数」なるものも算出した。この「需要指数」も最大値（晩期）を一〇〇とした相対的な指数だが、これは各期の人びとがどのくらい土偶を希求していたかを推定する目安となる数値である。[*12]

土偶文化の出現

さて、土偶文化はどのように縄文の表舞台に登場したのだろうか。各期の土偶の実際のデザインの変遷も見ながらデータを分析していこう。

土偶の出現自体は古く、**草創期**の遺跡から一万年以上前に作られたと思われる土偶が発見されている［図5①②］。しかし、当該期の土偶の出土はわずか三点のみであり、草創期が五〇〇〇年間あることを考えると、この時期における土偶の製作・使用はごく一部の社会集団だけに見られる慣習だったのかも知れない。

土偶には女性の乳房と思われる造形がみられるが、胴体部分が主体となっており頭部や四肢の造形は見られない。またいずれも掌に収まる一〇センチメートル未満のサイズとなっている

＊7　一般に、灌漑《かんがい》水田稲作（給排水のできる水田でのイネの栽培）の普及が弥生時代の始まりの指標とされている。そのため、縄文時代の終焉（＝弥生時代の始まり）は地域によって差があり、およそ三〇〇〇年前〜二四〇〇年前に設定されることが多い。

＊8　「縄文時代」という大きな時代区分のせいで、ややもするとずっと同じような生活スタイルが続いていたかのようにイメージされがちだが、それは大きな誤りである。一万四〇〇〇年の間には、急激な温暖化や寒冷化、また海水面の上昇・下降に伴う海岸線の移動があり、気候や植生も年代によって異なっている。当然、縄文人の生活スタイルはそうした環境変化によって大きく変化しているし、生活の質を向上させるような技術革新なども数えきれないほどあった。

＊9　各期の具体的な年代は図4の「絶対年代の目安」に示してある。あくまでも大まかな目安である。これは小林謙一（2008）「年代測定　縄文時代の暦年代」、『歴史のものさし』（同成社）に依拠している。

＊10　「出土した土偶の点数」については、『国立歴史民俗博物館研究報告第37集』（1992）に掲載されている集計データを参考にした。ただし、このデータの集計の直後に三内丸山遺跡からおよそ二〇〇〇点という大量の中期土偶が出土しているため（『三内丸山遺跡44』、青森県教育委員会）、本書では歴博が集計した中期土偶の出土点数（三四〇五点）に三内丸山遺跡からの出土分として二〇〇〇点を加え、中期の出土点数を五四〇五点とした。なお、現在も土偶の出土は続いているため、表1で示したデータは最新の状況を反映していないが、「土偶の増減の相対的な推移を概観する」という本書の目的に対しては十分に有効なデータであると判断して差し支えない。

＊11　小山修三・杉森重信（1984）「縄文人口シミュレーション」、『国立民族学博物館研究報告』9巻1号、国立民族学博物館

＊12　以上の指数はマクロの動態を概観するためのものであり、あえて地域差などは考慮しないで算出されている。

のも特徴的である。持ち運びが面倒な大型の土偶が見つかっていないことは、当時はまだ狩猟を主な生業《せいぎょう》とする遊動生活が中心で、定住化が進んでいなかったことの指標となるだろう。

こうした造形の傾向は、**早期**（出土点数：五〇点［図5③④⑤］）から**前期**（同一三四点［図5⑥⑦⑧］）にまで受け継がれている。出土数に微増はみられるものの、草創期から前期までの土偶の出土点数をすべて合算しても一八七点であり、その総数は縄文期全体の一・五パーセントにも満たない。したがって、草創期から前期は土偶文化の揺籃期ともいうべき時期といえるだろう。

こうした傾向が劇的に変化するのが**中期**である。デザインが多様化するのと同時に、土偶が大型化・立体化し始め、なかには山形県の西ノ前遺跡出土の土偶のように四五センチメートルという超大型の土偶も造られるようになる［図6］。

そして、中期に起きた最も注目すべき変化は、**土偶の出土点数の爆発的な増加**である。前期から中期にかけての出土指数は一七→一〇〇〇と大きく変化しており、じつに約五九倍の増加となっている。なお、一覧表には示していないが、三内丸山遺跡（青森県）と八ヶ岳周辺（山梨・長野県）の遺跡からの出土数がそれぞれ全体のおよそ四〇パーセントずつを占めており、出土地域には偏りがみられること、そして土偶文化が勃興した中心地は両地域であったこともわかった。このように、土偶文化の本格的な興隆は中期に開始されたものと考えてよいだろう。

また、前期から中期にかけての推計人口の変化をみると、こちらはおよそ二・五倍の増加（一

①粥見井尻遺跡（三重県）体高6.7cm
三重県埋蔵文化財センター

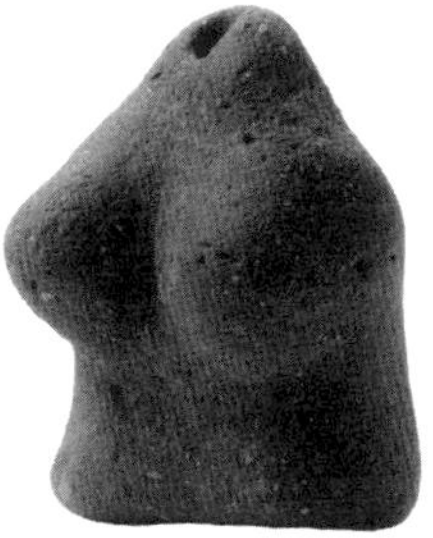

②相谷熊原遺跡（滋賀県）体高3.1cm
滋賀県

③花輪台貝塚（茨城県）体高4.8cm
南山大学人類学博物館

④狐森遺跡（青森県）体高3.8cm
八戸市南郷歴史民俗資料館

⑤上野原遺跡（鹿児島県）体高5.4cm
鹿児島県立埋蔵文化財センター

⑥寺場遺跡（岩手県）体高8.6cm
岩手県立博物館

⑦前谷西遺跡（茨城県）体高7.2cm
上高津貝塚ふるさと歴史の広場

⑧釈迦堂遺跡（山梨県）体高7.3cm
釈迦堂遺跡博物館

図5・草創期から前期の土偶

〇万五五〇〇→二六万一三〇〇）となっている。この推計人口の変化に先ほどみた出土指数の変化をクロスさせると興味深い事実が浮かび上がってくる。それは「中期に入って人口は増えたが、人口増加という要因からだけでは中期に土偶が激増した理由を説明できない」ということである。

人口が増えるのにしたがって土偶が増えるのは不思議なことではない（たとえば早期から前期にかけてであれば、人口の五・二倍増に対して土偶は八・五倍増を示している）。しかし、前期から中期にかけての人口の二・五倍増に対し、土偶の五九倍増というのは明らかに異次元の増え方を示しており、土偶が激増した背景には、人口増加とは異なる何らかのファクターの存在が強く示唆されている。つまりそれは、前期から中期にかけて何らかの〝事象〟が発生し、それが要因となって中期以降の縄文人が土偶を熱心に製作するようになったというシナリオを想像させるのだ。

土偶文化の盛行、そして消失へ

さて、次は土偶文化の盛行と消失の軌跡をみていこう。これまで「土偶のピークは中期」と評されることもあったが、人口の変動を考慮するとこれは必ずしも正しくない。後期に入ると土偶の出土点数は三割ほど減少するが、出土指数を人口で割った需要指数をみると、中期（三

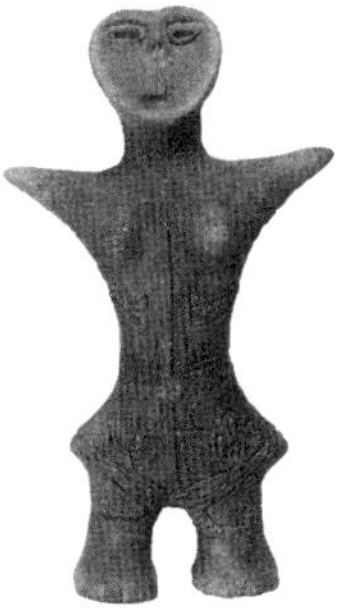

①坂上遺跡（長野県）体高23.3cm
井戸尻考古館

②石ノ坪遺跡（山梨県）体高12.0cm
韮崎市教育委員会

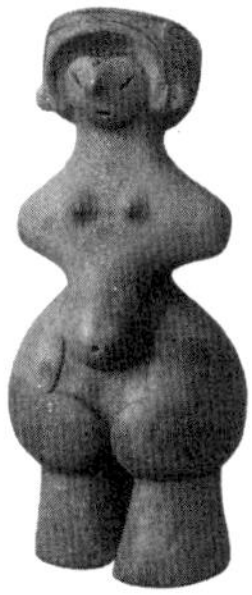

③棚畑遺跡（長野県）体高27.0cm
茅野市尖石縄文考古館

④一の宮遺跡（新潟県）体高30.0cm
東京国立博物館

⑤三内丸山遺跡（青森県）体高32.8cm
三内丸山遺跡センター

⑥多摩ニュータウン遺跡（東京都）
体高18.0cm　東京都教育委員会

⑦西ノ前遺跡（山形県）体高45.0cm
山形県立博物館

⑧御嶽堂遺跡（東京都）体高7.7cm
玉川大学教育博物館

図6・中期の土偶

四四）と後期（三三四）とではほとんど差がないことがわかる（後期の土偶は図7に示してある）。晩期には人口が激減するが、[*13]東北地方と関東地方を中心に土偶はむしろ非常に熱心に製作されており、晩期の需要指数（一〇〇〇）は中期や後期の約三倍となっている。つまり、地域的な偏りはあるものの、マクロ次元で見れば縄文時代を通じて最も切実に土偶が希求されたのは晩期ということもできる［図8］。

ところが、こうして盛行していた土偶文化であるが、後にみるように弥生時代に入ると土偶は激減し、弥生の後葉には完全に消滅してしまう。つまり、需要指数という観点からみると、土偶文化は段階的に徐々に衰退していったのではなく、むしろ晩期にピークを迎えた後、弥生時代へ移行するなかで突如として衰退・消滅するという軌跡をたどったことになる。

この軌跡は、弥生時代の前後に発生した何らかの〝事象〟の介在によって、土偶を用いた儀礼の必要性が一気に低下し、やがては消滅したという経緯を物語っている。

縄文晩期から弥生にかけて大陸からの渡来人の流入はたしかにあったが、一部の地域を除けば社会集団の主体はあくまで〝縄文人〟であった。渡来と在来との混血は徐々に進んだものと思われ、なにも縄文人が駆逐されてまるまる渡来人に置き換わったわけでもない。それにもか

＊13　一般には寒冷化が原因ともされている。

①椎塚貝塚（茨城県）体高12.2cm
大阪歴史博物館

②郷原（群馬県）体高30.5cm
東京国立博物館

③上岡遺跡（福島県）体高21.3cm
福島市教育委員会

④余山貝塚（千葉県）体高13.2cm
辰馬考古資料館

⑤真福寺貝塚（埼玉県）体高20.5cm
東京国立博物館

⑥江原台遺跡（千葉県）体高11.9cm
明治大学博物館

⑦風張遺跡（青森県）体高20.0cm
八戸市埋蔵文化財センター是川縄文館

⑧中ツ原遺跡（長野県）体高34.0cm
茅野市尖石縄文考古館

図7・後期の土偶

①恵比須田遺跡（宮城県）体高36.0cm
東京国立博物館

②亀ヶ岡遺跡（青森県）体高34.2cm
東京国立博物館

③砂沢遺跡（青森県）体高20.1cm
弘前市教育委員会

④程森遺跡（青森県）体高24.0cm
東京大学総合研究博物館

⑤下船渡貝塚（岩手県）体高17.8cm
大船渡市立博物館

⑥五郎前遺跡（山形県）体高23.4cm
真室川町教育委員会

図8・晩期の土偶

かわらず、なぜ土偶を用いた祭祀は弥生時代に至って消滅してしまったのだろうか。質・量の充実という観点から土偶文化の開花を中期に設定すれば、土偶祭祀はじつに三〇〇〇年の歴史を持つ縄文の伝統文化だ。それだけの歳月にわたって受け継がれてきた土偶文化を跡形もなく消去せしめた〝事象〟とはいったい何なのか。

統計データから従来の〝通説〟を検証する

さてここで、統計データの分析結果の要点を二つまとめておこう。

一つめは土偶文化の出現と消失の様態である。図9は図4の「出土指数」と「推計人口」に弥生時代のデータ[*14]を加えて棒グラフにしたものだが、このグラフをみればより明らかなように、土偶の出現と消失はともに劇的な事象であったことがわかる。マクロな視点から記述すれば、土偶はまさに「忽然と現れて忽然と消えた」。

二つめは、出土指数の増減と推計人口の相対値の増減を対照させると一目瞭然だが、この二

＊14　弥生時代のデータは設楽博己・石川岳彦（２０１７）『弥生時代人物造形品の研究』（同成社）を参考にした。

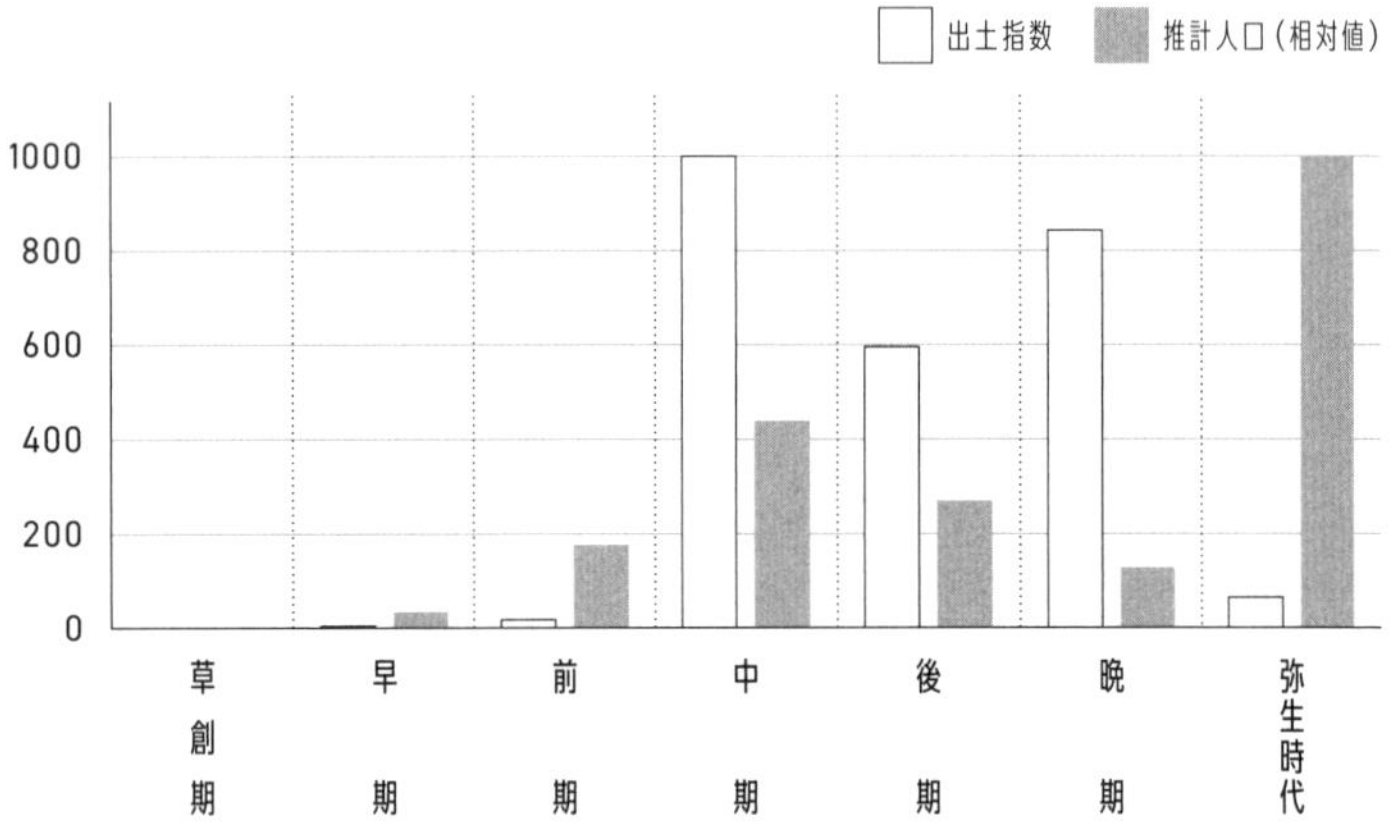

図9・出土指数と推計人口の増減 竹倉作成

つの因子がほとんど相関していないという事実である。先述の通り中期の土偶の激増の度合いは人口増加のそれとは別次元であるし、弥生時代にいたっては人口が急増しているにもかかわらず土偶は急減している。

統計データが示すこの二つの事実を、最も整合的に説明できる仮説はどのようなものだろうか。じつは、土偶が縄文期の植物霊祭祀と関係しているという私の着想から立論すると、「土偶の劇的な出現と消失」、および「土偶の増減と人口の増減の相関の低さ」という二つの事実は整合的に説明することができる。

この点については後ほど詳述するとして、せっかく統計データを概観したので、ここで土偶の用途に関するこれまでの〝通説〟の妥当性を検証しておこう。

以下は東京国立博物館が展覧会図録で説明している、土偶の用途についての記述である。

土偶の解釈にはさまざまなものがあります。母体から生まれでる新たな生命の神秘に根ざし、再生と多産や安産祈願の意味を読み取る説、豊かなる獲物の象徴とする説、病気や怪我を治すため土偶を打ち砕き身代わりとする説などはその代表例です。

『国宝 土偶展』(二〇〇九)、傍線竹倉

ここで述べられているのは、①再生・多産・安産祈願説、②狩猟成功祈願説、③病気・怪我治療説、という三つの土偶の用途説だ。東京国立博物館が言及している説であることからもわかるように、これらはいずれも巷間に広まっている〝通説〟と呼べるものである。しかし、ここまで見てきた統計データからみると、これらの三つの説はいずれもかなり「怪しい」ということがわかってくる。それぞれについて検証してみよう。

①再生・多産・安産祈願説

土偶が再生・多産・安産、つまり女性の出産に関わる呪具であると仮定してみよう。一般に人口の増減は出産機会の増減と正に相関する(人口が増える/減る⇅赤ちゃんが産まれる機会が増える/減る）から、もし土偶が出産と関係するならば、土偶の増減と人口の増減にはある程度の正の比例的な相関がみられることが予想される。

しかし実際には、先ほどからみているように前期から中期にかけての二・五倍の人口増加に対して土偶が五九倍も増加していたり、逆に人口が急増する弥生時代に土偶が急減するなど、両者間には予想される相関はまったくみられない（仮に乳幼児死亡率の変動があったと想定しても、両者の無相関を説明するだけの因子にはなりえない）。

このように、土偶が女性の出産と関係するという仮説は、少なくとも統計データからはまったく支持されていない。

②狩猟成功祈願説

これはまったくありそうにない仮説だ。

先にみたように、土偶が急増するのは中期だが、これは東日本で食用植物の資源利用が本格化していく時期である。これはすなわち、中期以降は生業に占める狩猟活動の相対的プレゼンスが低下したことを意味する。したがって、もし土偶が狩猟と関係しているなら、中期以降は土偶文化が低調になることが予測されるが、実際には真逆のことが起きている（＝土偶文化が興隆している）。

このように、土偶が狩猟と関係するという仮説は、統計データからはまったく支持されていない。

③病気・怪我治療説

これは①とほぼ同じ理由によって棄却されるべき仮説である。

疾病の罹患率・外傷の受傷率に多少の変動があったとしても、長期的にみれば、身体における不具合の発生率は人口の増減と正の相関を示す（人口が増える／減る⇅病人・怪我人が増える／減る）。しかし、先に確認したように土偶の増減は人口の増減とまったく相関していない。

具体例を一つ挙げれば、弥生時代には人口増加に加え、環濠集落が造られるなどして居住域の人口密度が増大しているため、感染症などの罹患率は増加したことが予想される。さらに、耕作地や水利をめぐる抗争が始まったのも弥生時代以降であるから、戦闘によって外傷を負う機会も増加したはずである。もし土偶が病気・怪我治療と関係しているなら、弥生時代に入ってから土偶は増加することが予想されるが、実際にはむしろ土偶は激減している。

このように、土偶が病気・怪我治療のために製作されたという仮説は、統計データを見る限りまったく支持されない。

「生業の変化」という最も整合的なシナリオ

ということで、従来のもっともらしい〝通説〟は、いずれも客観的な根拠に乏しい〝俗説〟の類であることがお分かり頂けたと思う。では、統計データと矛盾なく整合し、縄文中期に土偶を爆発的に増加させ、弥生期に土偶を劇的に減少せしめた〝事象〟とはどのようなものなのだろうか。

結論から言おう。

私はそれを「**生業の変化**」をおいて他はないと考えている（生業とは「生きるために行う仕事」のことで、縄文研究においては主に採集、栽培、狩猟、漁撈《ぎょろう》などの食料獲得のために行う労働活動を指す）。

大局的に言えば、土偶文化の盛衰は、縄文人の生業の変化――より具体的に言えば「炭水化物の獲得方法の変化」――に対応していると考えると、これまでみてきた統計データの推移を矛盾なく説明できる。

すなわちそれを簡潔に述べれば、土偶祭祀は縄文の生業の中核をなす森林性炭水化物（トチノミを中心とする堅果類）の利用とセットになって中期以降に興隆したが、弥生期には大陸由来の穀類（イネ、アワ、キビなど）の利用が優勢となり、後者は土偶を用いないまったく別のスタイルの穀物霊祭祀の文化とセットになっていたため、この生業の変化とともに土偶文化が消滅した、というシナリオとなる。

補足しておくと、トチノミはトチノキの種子で、コメと同等の、すなわち主食にできるほどの炭水化物を含有しているが、有毒成分を含有しているためアク抜き処理を行わないと食用にできない。しかも、トチノミには溶出しにくい酸性のアク成分が多く含まれるため、木灰などを用いたアルカリ処理が行われることもあり、可食になるまでのアク抜き工程には最低でも二週間以上を要する。

この難易度の高いトチノミのアク抜き技術が成立したのが縄文中期であり、これ以降、縄文人は従来に比べ劇的に炭水化物を確保できるようになったのである。[*15] 考古学的にはまだ十分な検証がなされていないが、中期になって人口が増加した最大の要因は、トチノミ利用の開始であると私は考えている。

つまり、土偶文化の劇的な勃興をドライブした〝事象〟とは、この森林性の炭水化物の利用を可能にしたアク抜きという〝生業の技術革新〟であり、一方、三〇〇〇年後に土偶文化を一

＊15　クリやドングリなどの堅果類も炭水化物を含むが、種実の大きさや炭水化物の含有量はトチノミのそれにはるかに及ばない。また、トチノミは有毒成分によって〝化学武装〟しているため、種実が虫食いの被害に遭う割合も低い。

気に衰退させた〝事象〟もまた、灌漑設備を伴う水田稲作の開始という〝生業の技術革新〟であったというのが私の見立てである。この仮説の妥当性は、最終的には具体的な土偶の解読結果によって検証されることになるだろう。

さて、ようやくこれで準備が整った。遮光器土偶から得た根茎類のヴィジョンに始まり、フレイザーの『金枝篇』が開示した縄文文化における植物霊祭祀の不在という矛盾、そして土偶と生業との関わりを示唆する統計データ。土偶と植物とのミッシング・リンクが浮かび上がってきた。外堀は埋まったのである。

次章からはいよいよ本丸、**土偶の解読**である。私はこれまでの土偶論のように、モヤモヤする抽象的で曖昧な説明でお茶を濁すことはしない。フロイトまがいの精神分析を弄んだり、土偶に勝手な思い込みを投影して〝自分語り〟をするのはもうやめよう。そんなものは縄文人の生活には関係がないし、そもそも他者を表象するマナーとして〝品がない〟。そして縄文人を神秘化して語るのもやめよう。かれらはわれわれと同じ人間である。

土偶について知りたければ、縄文人がそうしたのと同じように、環境世界を丁寧に観察し、身の回りにある“生命のかたち”に心を素直に沿わせるだけでよい。

さあ、それではここから、これまで誰も見たことのない、まったく新しい土偶の姿を一緒に見ていこう。

第1章

土偶プロファイリング①

ハート形土偶

仮説の立論と研究の停滞

私が直感していたことは、「土偶と植物とは関係がありそうだ」という抽象的なレベルの話ではない。もっと直接的で、具体的な仮説が私の頭の中を駆け巡っていた。それは、**「土偶は当時の縄文人が食べていた植物をかたどったフィギュアである」**というものだ。

土偶の姿が「いびつ」なものに見えるのは、勝手に私たちが土偶＝人体像であると思い込んでいるからではないのか。いびつなのは土偶のかたちではなく、われわれの認知の方なのではないか。ヴィジョンを獲得した日以来、私の目には、遮光器土偶はある根茎植物をかたどった精霊像にしか見えなくなっていた。そして私は、土偶には様式ごとに異なるモチーフが存在し、そのモチーフはすべて植物なのではないかと考えるようになっていた。

そこで、土偶の用途の問題については一旦脇に置き、まずは**土偶のモチーフの解明**に取り組むべきであると私は考えた。そこで生まれたのが先の仮説だった。

ところが、この仮説を立ててからおよそ半年間、私の土偶研究はすっかり停滞期に入ってしまった。直感的なヴィジョンから大胆な仮説を立てたはよいものの、遮光器土偶以外の土偶の姿はまるで植物の姿には見えなかったからである。

考古学の世界には、縄文人が食べていたものを季節ごとに表した「縄文カレンダー」なるものがある。この縄文カレンダーを眺めては、そこに土偶の形態に似た食用植物はないものかと思案する日々が続いたが、残念ながらピンとくるものは一つもなかった。

今から振り返れば、せっかく土偶と食用植物をつなぐミッシング・リンクが目の前に浮かび上がりつつあるのに、肝心の土偶のモチーフがまったくわからない、そんなもどかしい毎日を送っていたように思う。そうなると当然、「そもそも仮説が間違っているのではないか」という疑念も湧いてくることになり、まさにこの時期が私の土偶研究の正念場であった。

縄文脳インストール作戦

土偶を眺めては、その〝わからなさ〟に途方に暮れるという日々が数か月ほど続いたある日、私は自分の仕事場を出てアシスタントの池上と一緒に森と海へ出かける計画を立てた。

部屋の中であれこれ考えていても一向に埒が明かないので、もうこうなったら**縄文人になろう**と思ったのである。

なぜ森と海なのか。

一万年以上続いた縄文時代が終わり、土偶が消滅してから二〇〇〇年近い歳月が流れた。土偶がリアルタイムで造られていた時代には、土偶が何をかたどっているのかなど誰もが知る〝常識〟だったことだろう。最後の土偶が製作された後も、しばらくは土偶の意味を覚えている人たちがいたはずだ。それが一〇年、一〇〇年、一〇〇〇年、……と歳月が経つにつれて、ついに土偶の意味を知る人が地球上から一人もいなくなってしまったのである。

しかし、当時とほとんど変わらないものがある。

それが森と海である。かれらが採って食べていたものは、現在も変わらずわれわれの森と海に生きている。環境の変動はあったとはいえ、そこに広がる風景のなかにはかれらが数千年前に見ていた景観も多少なりとも含まれているだろう。ならばそこへ行って、同じ土や水の匂いを嗅ぎ、からだに同じ風を感じ、同じものを拾って食べて縄文人になり切ることで、かれらの意識を少しでもトレースしてみようと考えたのである。これは後に池上と「縄文脳インストール作戦」と呼ぶことになる方法であった。

これまで人類学者は地球上のさまざまな地域に暮らす人びとを調査してきた。アフリカの砂漠地帯、アマゾンの密林、南洋のサンゴ礁の島々、……たとえアクセスが容易でなくとも、そこに人間が暮らしている限り、あらゆる場所が人類学者の仕事場になる。

空間を超えてよいのなら、時間を超えてもよいはずだ。私は土偶を切り口に、縄文時代の森と海を自らのフィールドに選んだ。こうして私は自室の安楽椅子から立ち上がり、数千年の時空を超えるフィールドワーカーを目指したのである。

半ば冗談めかして始まった「縄文脳インストール作戦」であったが、このプロジェクトは想像以上の力を発揮し、停滞していた私の土偶研究に一気にブレイクスルーをもたらすことになった。

驚くなかれ、なんと、精霊たちはいまも変わらず日本の森や海に棲《す》んでいたのである。かれらは姿こそ見せなかったが、かわりに深い木立や潮の寄せる渚で自分たちの〝かたち〟を私に示した。神話を学んでいたおかげで、私はそれが〝精霊からのメッセージ〟であることを直ちに理解することができた。その〝かたち〟は、数千年前に縄文人に開示されたのとまったく同じやり方で私の目の前に差し出されたのだった。

私は精霊が示す〝かたち〟を受け取り、縄文人たちと同じように、そこから目に見えない**精霊の身体**を想像した。そしてその先にあったもの――それが他ならぬ**土偶の身体**であった。こうして私の土偶の解読作業は幕を開けたのである。

ハート形土偶

最初に私にその姿を開示したのは、これまで「**ハート形土偶**」と呼ばれてきた土偶である。切手にもなっているので目にしたことのある人も多いだろう。

土偶は「食用植物をかたどっている」というのが私の仮説である。したがって、私の仮説によれば、このハート形の頭をした土偶も何らかの植物をかたどっているということになる。何かの葉っぱかな?というのが私の最初の印象だったが、人類学のセオリーで言えばその可能性は低かった。

というのも、ある植物が土偶のモチーフに選ばれるということは、その植物の精霊が祭祀の対象になっているということを意味する。ということは、その植物には相応の栄養価なり交換価があるはずで、〝葉物〟が祭祀の対象になるというのは考えにくい。

とはいえ、縄文カレンダーを見てもこんなハート形の植物は見当たらない。そこで私は、とりあえず「ハート形土偶」の造形について細かく分析してみることにした。

群馬県吾妻郡東吾妻町の郷原《ごうばら》から出土したものが有名だが、それ以外にも「ハート形土偶」

図1・ハート形土偶　郷原（群馬県）　東京国立博物館

と呼ばれる土偶は数十点以上も存在している。私は各地の博物館や考古資料館などを巡り、そのなかでも破損が少なく完形に近い一〇点あまりのハート形土偶を観察した［図2］。そして、そこから以下のような六つの造形的特徴を抽出した。

①眉弓《びきゅう》が顔面の上側の輪郭になっている
②眉弓と鼻梁《びりょう》が連続している
③口は造形されないか、されてもごく小さい
④顔面は緩やかな凹面になっている
⑤体表に渦巻きの紋様がみられる
⑥体表の辺縁に列状の刺突文《しとつもん》が見られる

顔まわりの造形的特徴の要点をまとめると、①顔面の上側の輪郭が眉弓と一致している、すなわち「額が存在しない」のに加え、②通常であれば顔の真ん中に位置するはずの鼻が、頭部の一番上の部分から取り付けられるという特異なデザインがみられる。著しく「鼻が高く」かつ「鼻筋が通っている」のも印象的である。また、③目や鼻は目立つように造形されているにもかかわらず、口だけが造形されないか、されてもほとんど目立たない。そして、④顔面が平

①大野田遺跡（宮城県）　仙台市教育委員会

②郷原（群馬県）　東京国立博物館

③割田A遺跡（福島県）　郡山市教育委員会

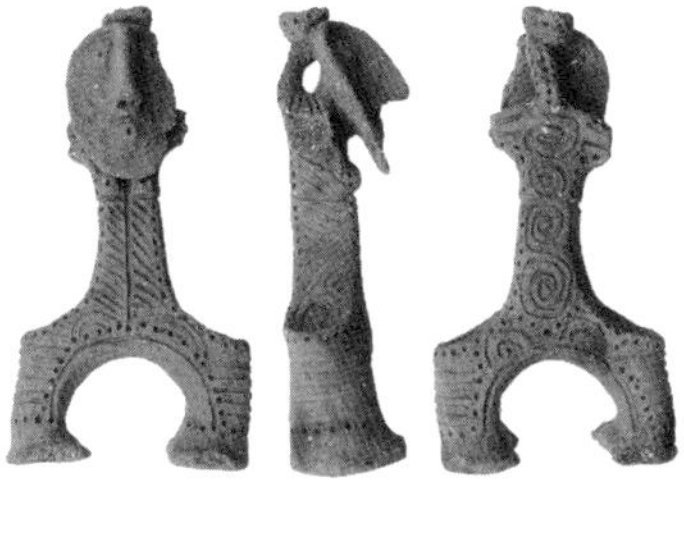

④荒小路遺跡（福島県）　福島県文化財センター白河館

図2・代表的なハート形土偶

面ではなく凹面になっており、中央部が少し窪むように造形されている。

首から下の特徴としては、⑤体表に渦巻きの紋様のある個体が散見される。そして、⑥体表の縁の部分に列状の小さな孔《あな》が見られる。これは土偶を素焼きする前に先の尖った何かで開けられたもので、非常に丁寧に刺突されている。

森の中での「発見」

最初は見当もつかなかったハート形の植物であるが、答えは森の中にあった。

二〇一七年の初秋、長野県の山中で渓流に沿って一人で歩いているとき、私はある木の実を見つけた［図3］。その場でスマホで検索すると、それが縄文カレンダーに載っていた「オニグルミ」であることがわかった。樹木は橋の欄干の脇の崖下に生えていたため、ちょうど手を伸ばせば届く高さにたくさんの実がぶら下がっていた。熟した果実の一部はすでに黒ずみ始めており、収穫するにはちょうどよさそうな感じである。果実は素手でもぎ取ることができた。

私は収穫したオニグルミを手に河原まで降りていき、大きめの石を見つけるとその上で果実を踏み付け、果肉を取り除いて核果を取り出してみた。さらに踵で核果を踏み付けたが、殻は

図3・左が市販のクルミ、右が竹倉が拾った野生のクルミ（オニグルミ）

石のように堅く、ヒビすら入る気配がなかった。
今度は石の上にオニグルミを縦に置いて、拾ったもう一つの石をハンマーのように振り下ろしてみた。すると何度目かの打撃で縫合線に沿って殻が真っ二つに割れた。中の身、つまり「仁」は殻の中に〝Uの字〟に収まっていた。思っていたよりも小さかったが、クルミだからそのまま食べられるだろうと思い、その場で仁を取り出して齧《かじ》ってみた。
美味い。味はまさにクルミそのものだったが、薄皮のえぐみがない分、市販のクルミより美味しく感じられたほどだ。私は生まれて初めて食べた野生のクルミの味に感動した。数千年前に生きた縄文人たちも、こうやって森でオニグルミを採って食べていたのだろう。
そのまま食べられる美味しい実が木になっている。このシンプルな事実が、私にはこの上なく特別なことのように感じられた。飽食の現代を生きる私ですらそう感じるのだから、森の恵みで生命をつないでいた縄文人たちにとって、「食べられる木の実」は樹木からの格別の贈り物《ギフト》のように感じられたに違いない。

すべての葉が枯れ落ちて、冬には一度死んだかのように見えるクルミの木が、翌春にはふたたび芽吹き始め、秋には数えきれないほどの果実を実らせる――この死と再生の物語が〝奇跡〟以外の何であろうか。自分たち人間は何も与えていないのに、毎シーズン、クルミの木は生命の果実を贈与してくれる。この事象の背後に、何らかの〝善意ある存在〟の介在を感じないことの方が難しいだろう。

そして人類ははるか古代から、この〝善意ある存在〟を〝精霊〟として表象し、かれらから一方的に贈り物《ギフト》を受け取ることを良しとしなかった。つまり秋に祭祀の場を設け、そこで精霊たちへ供物を捧げ、ときには精霊と気前の良さを競うように盛大な返礼式（＝収穫儀礼）を行ってきたのである。これは**植物と人類における贈与論**といってもよいだろう。

長い都会暮らしで私の生命感覚は鈍磨していたようである。一粒の野生のクルミは、「食べる」という行為が単なる栄養摂取のそれではないことを教えてくれた。それは生命という共通項を媒介にして、自分の肉体と植物とがひとつながりになる行為なのであった。

初秋の河原でしばし感慨にふけっていた私は、殻の窪みに残っていたクルミの破片をナイフで掻き出した。そして、事件は次の瞬間に起きた――目が合ったのである。精霊と。それは私

探していた"かたち"

図4①・酷似する2つのフォルム

がずっと探していたあの〝かたち〟に他ならなかった。

酷似する二つのフォルム

縄文カレンダーを何度も見ていたから、オニグルミが縄文人の重要な食料源であったことは知っていた。しかし、〝クルミ〟という先入観から、私はスーパーで売っている普通の西洋クルミしかイメージしていなかったのである。

二つに割られたオニグルミの殻は、私の手のなかで見事なハート形を示していた。

仁を取り出した後のオニグルミの殻は、ハート形土偶の顔に瓜二つだったのである。ハート形の輪郭はもちろん、オニグルミの殻の形態は先に挙

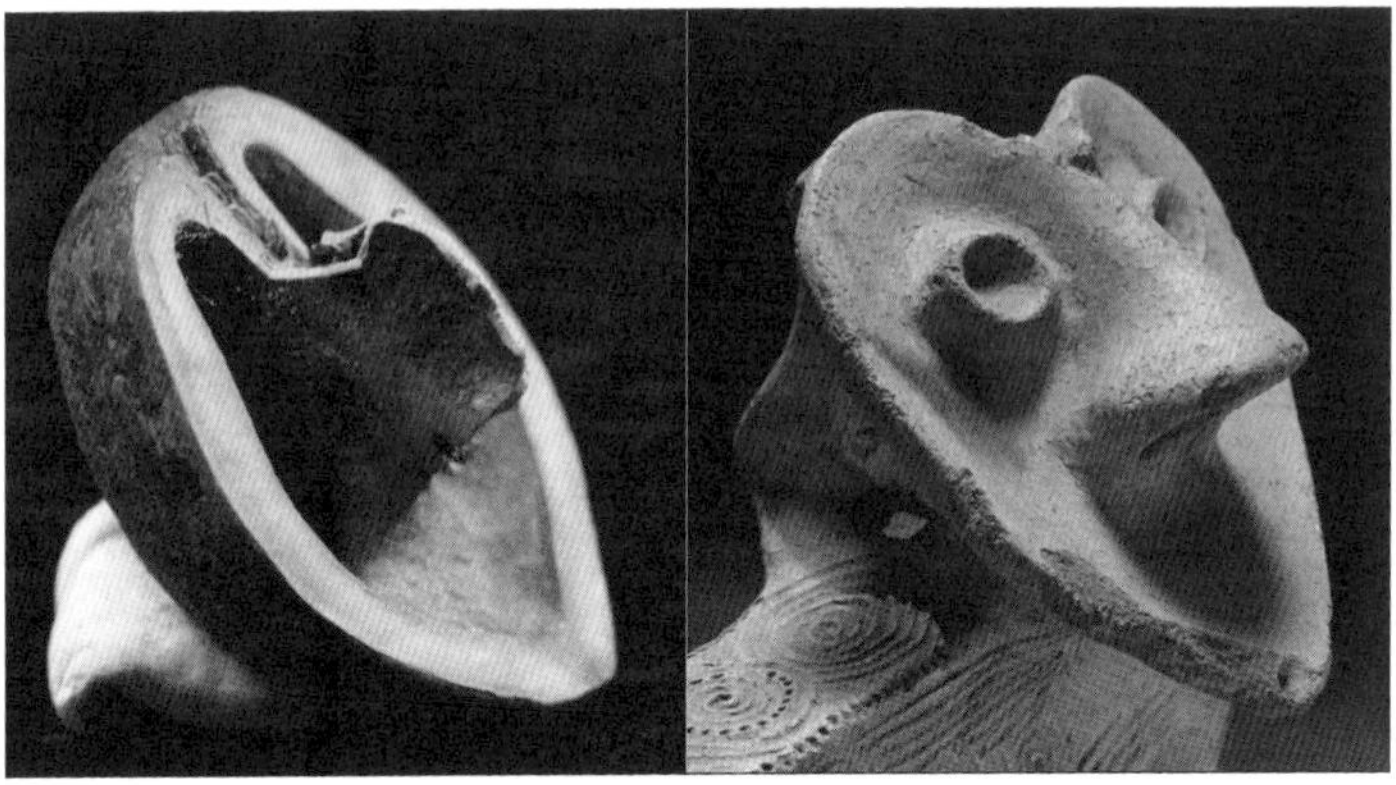

驚くほどの形態の近似

図4②・酷似する2つのフォルム

げた①～④の土偶の顔面の特徴にそのまま当てはまる。

殻を左右に分ける隔壁は土偶の顔面の最上部から下垂する高い鼻梁に、そして殻の左右の窪みは眼部に見える。そして目と鼻が造形されているにもかかわらず、なぜ口だけが造形されないのかという謎もこれで合理的に説明できる。そして顔面全体が凹面に造形されている点も、オニグルミの殻の形態と合致している［図4］。

それだけではない。図5のように、オニグルミの殻の表面には渦巻き状の模様が縦に並ぶことがあり、これはハート形土偶の体表にしばしば施文される渦巻きを連想させる。また、オニグルミの殻の辺縁部には列状の小さな孔がみられるが、これもまたハート形土偶の体表部の縁にみられる刺突文に対応していると考えれば、土偶製作者がわ

オニグルミの殻表の“渦巻き”

図5①・オニグルミとハート形土偶の“渦巻き”

ざわざこの面倒な意匠を採用した理由も説明できる。

ちなみに縄文遺跡から見つかるオニグルミの多くは、貯蔵穴などから見つかる保存用のものを除けば、図4のように二つに破砕され可食部が取り出された後の殻である。オニグルミを食料としていた人たちは、当然ながらこの殻を日常的に目にしていたことになる。

また、琵琶湖にある粟津湖底遺跡からは小さな孔が開けられたオニグルミの殻（通称「クルミペンダント」）が出土し、また田名塩田遺跡（神奈川県相模原市）と木曽中学校遺跡（東京都町田市）からはオニグルミを模したと考えられる土器が見つかっている［図6］。こうした遺物も、二つに割られた殻が示すハート形が、オニグルミを表象する際の認知的メルクマール（＝代表的な目印）になっていたことを示

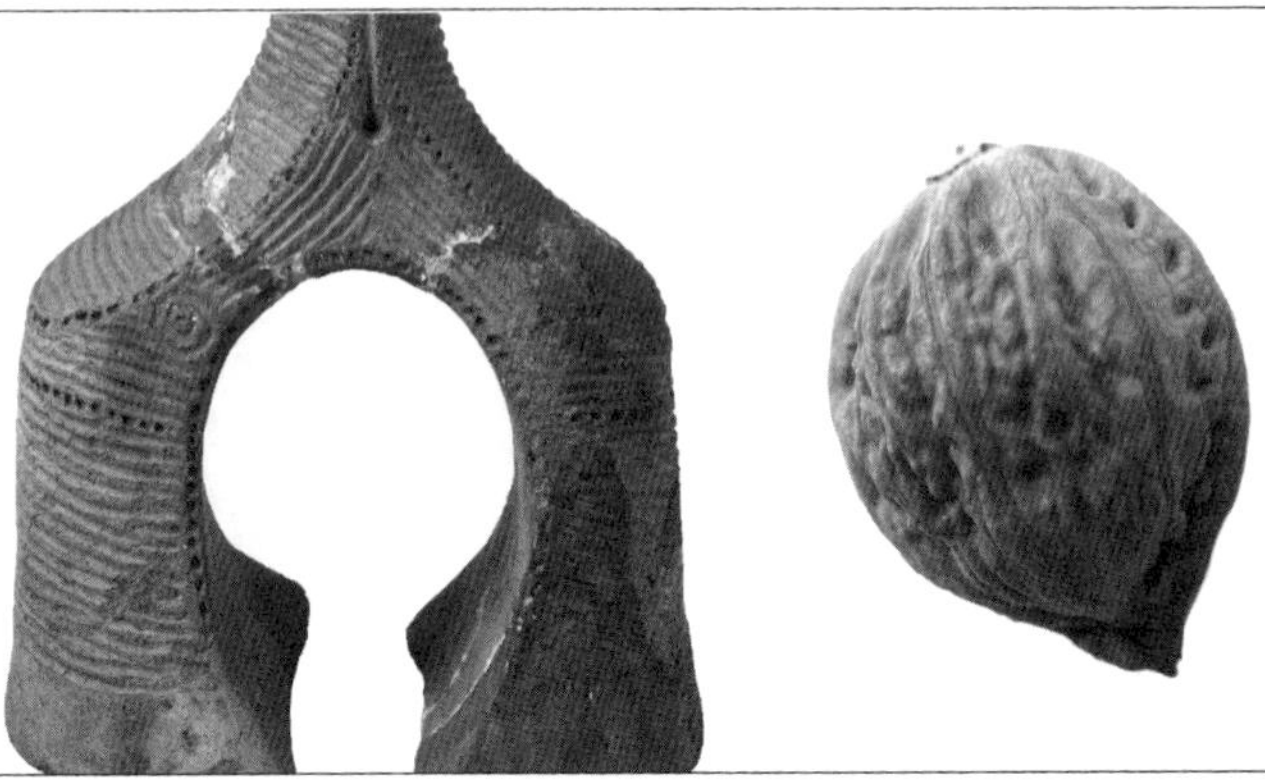

オニグルミの殻表の刺突

図5②・オニグルミとハート形土偶のエッヂに並ぶ“孔”

している。

「土偶の正体」の謎がいまだに解明されていない歴史的経緯

オニグルミを割ってそこにハート形の顔を見つけた日からしばらくは、私は興奮しながらハート形土偶はオニグルミをかたどった精霊像に違いないという確信に浸っていた。しかし、日にちが経つにつれ、徐々に私の頭の中にある疑念が浮かぶようになってきた。たしかにオニグルミとハート形土偶はよく似ている。酷似と言ってもよい。しかし、それは単なる偶然という可能性はないだろうか？

あらためて考えてみよう。フィギュアというものには必ずモチーフが存在しており、製作者はそのモチーフに似せてフィギュアを作る。したがって、フィギュアのモチーフを推定したいならば、その**フィギュアの見た目が何に似ているのか**を観察するのが基本である。

土偶もフィギュアであるから、土偶のモチーフを考えるのであれば、まずはその土偶が何に似ているか、つまり「見た目の類似」こそが依拠すべき最優先のファクターである。このような研究手法を**イコノロジー**（iconology）と呼ぶことにしよう。[*1]

しかし、このイコノロジーというのがじつに厄介なのである。繰り返しになるが、「見た目の類似」が土偶のモチーフ推定の際の最重要ファクターであることは間違いない。しかし、土偶がある物体Aに似ているからといって、その土偶が物体Aをモチーフに製作された保証はどこにもないのである。どれほど似ていようが、それらはたまたま似ているだけかもしれない。

図6・クルミ形土器（田名塩田遺跡）
相模原市立博物館

イコノロジー研究の最大の問題点はここにある。モチーフ推定において、イコノロジーだけでは「偶然による類似」という可能性を排除できないのである。実証主義を掲げる近代以降の学術研究にとって、この可《か》謬《びゅう》性（=誤謬に陥る可能性）のリスクは最大の脅威となる。

昭和期以降の日本考古学が禁欲的なまでに土偶の「見た目の類似」について言及を控えるようになったのも、まさにこの可謬性のリスクを回避するためであった。じつは土偶研究の歴史には大きなトラウマ体験がある。その代表的なものが「遮光器土偶」をめぐる顚末である。東北地方北部で多く見つかる土偶がこの奇妙な名称で呼ばれるようになったのは、その眼部の造形が、北方民族が雪原で着用するゴーグル、すなわち「遮光器」に似ていたことがきっかけであった［第9章図1・2・3参照］。

この説を提起した日本人類学の父・坪井正五郎は、両者の「見た目の類似」に注目し、この系列の土偶の眼部は「遮光器」をかたどったものであると主張した（そしてこの説は世間にかなり広まった）。しかし、その後の研究によってこの説は否定されるようになり、今日では「遮光器土偶」という名称が残存しているだけで、坪井の遮光器説を支持する研究者は皆無といってよい。つまり、**両者の見た目はたしかに似ていたが、それはたんなる偶然に過ぎなかった**というのが現在の結論なのである。[*2]

この坪井の遮光器説のエピソードは、イコノロジーという研究手法がいかに危険なものであるかを示す典型的な事例といえるだろう。実証主義を標榜する昭和期以降の考古研究者たちが、明治期から大正期にかけてはむしろ主流であった土偶のイコノロジー研究を封印するようになったのも当然の帰結であった。

こうした学史的な反省もあって、「見た目の類似は当てにならない」という認識が土偶研究において広く共有されるようになった。しかし、イコノロジーという方法論のリスクが高いことは、土偶研究においてイコノロジーが不要であることを意味しない。それどころか、土偶はあくまでフィギュアなのであるから、その正体の解明にはイコノロジーが不可欠であるとさえ言える。

現在の考古学における土偶研究の致命的な問題点は、この方法論のリスクと必要性という二項が十分に識別されず、事実上イコノロジーが放棄されてしまっている点にある。

その結果、土偶はフィギュアであるにもかかわらず、そのモチーフの問題はほとんど探究されないという状況が一世紀近く続き、今日に至ってしまったのである。

＊1　イコノロジーは「図像解釈学」と訳されることもあるが、古代、中世、近代と時代を経るにつれてその意味を拡張させてきた。古代におけるイコノロジーは、「イコン（εικών＝肖像）の学」の字義通り、肖像画や彫像のモチーフとなった神々や人物を同定する技法であった。中世になると、キリスト教美術における寓意や象徴を図像化するための技術を指すようになり、現代では美術作品に表現された無意識的な表象を解釈するための技法も意味するようになった。本書における「イコノロジー」は古代的な用法に近く、「モチーフの同定技法」といった程度のシンプルかつ狭義の意味で用いている。

＊2　坪井の名誉のために付言しておくが、坪井は卓越した研究者かつオーガナイザーであり、日本の近代的学問の黎明期を支えた傑物である。たとえ彼の遮光器説が見当外れであったとしても、それによって坪井が果たした偉大な功績はいささかも曇ることはない。先行研究もなく、発掘資料も極めて限定されていた明治期の状況の中で彼は自由闊達に想像力を行使したのであり、その伸びやかな学究の姿勢は私の目指すべきところでもある。

そういうわけで、われわれが採るべき道は、**イコノロジーの排除ではなく、イコノロジーの補強である。**土偶の正体が知りたいのであれば、あくまでもイコノロジーを方法論の中心に据えたうえで、他の実証的な手法を併用してその可謬性のリスクを最小化することが目指されるべきだろう。

この時はまだ、イコノロジー＋αの方法論がどのようなものか私にもわかっていなかったが、とりあえず、オニグルミという植物について調べることから始めてみた。ざっとまとめると以下の通りである。

オニグルミの生態

オニグルミ *Juglans ailantifolia* はクルミ科クルミ属の落葉高木である。北海道から九州およびサハリンに分布し、日本には一〇〇万年以上前から自生する固有種である。寒さに強く、冷涼な気候を好み、特に東北・甲信越地方の山間部に多く見られる。五月頃に花が咲き、九月中旬に果実が熟して一〇月に落果する。

食用となるのは種子（仁）である。栄養価は非常に高く、脂質が六〇～七〇パーセントを占め、炭水化物、たんぱく質も含み、さらにビタミンやミネラルも豊富で、縄文時代においても貴重な食料源であった。なお、現在の日本で多く流通しているのはペルシャグルミで、これは江戸時代から明治時代にかけてアメリカなどから流入した栽培種である。

私は実際に中央高地～東北地方の森を歩き、かなりの数のオニグルミを観察してみたが、そのほとんどが山間部の渓流沿いに生えていた。渓畔林（渓流沿いの谷底や斜面に形成される森林のこと）でオニグルミを一本見つけると、その周辺、あるいはそのまま渓流に沿って歩いていけば何本でも見つけることができた。逆に川沿い以外の場所でオニグルミを見かけることはほとんどなかった。不思議に思って調べると、興味深い事実が明らかになった。

図7・オニグルミの果実（8月撮影）

じつは、私が渓畔林で多くのオニグルミを見つけたのは偶然ではなかった。その理由はオニグルミの冬芽にあった。冬の間、樹木は春に備えて新芽をスタンバイさせるが、多くの樹種が

図8・オニグルミの断面

「芽鱗《がりん》」と呼ばれる新芽を守るカバーを備えている。しかし、オニグルミの新芽は芽鱗を持たないため（これを「裸芽《らが》」という）、冬場の乾燥にめっぽう弱い。そういう事情もあって、オニグルミは渓流沿いの斜面、つまり湿度の高いエリアに多く生育しているということがわかったのである。

さらに大型の堅果類としては珍しく、オニグルミは種子の「水流散布」という戦略を採用していることもわかった。生物は当然ながら子孫を残す必要があるわけだが、オニグルミの種子は通常の重力散布（そのまま落果して樹木付近に拡散）や運搬散布（リス・ネズミ等の貯食行動による拡散）に加え、水流散布（川に落果して下流で拡散）も利用できるのである。

水流散布が可能であるということは水に浮かぶのだろうかと思い、水を張ったボウルに森で拾ったクリ、トチノミ、オニグルミを入れてみたら、前者二つは水に沈んだのに対し、オニグルミだけはプカプカと水面に浮かんだ。オニグルミの殻をパイプカッターで横向きに切断してみると、殻の内部は見事な中空構造になっていた［図8］。比重を下げて水に浮かべるための仕掛けがちゃんと装備されていたのだ。

生育分布と出土分布を比較するという着想

オニグルミのことを調べているうちに、私はあることに気がついた。

オニグルミはどこにでも生えている木ではない。たしかに平野部の河畔林で見かけることもあるが（私の自宅付近の多摩川の河川敷にも生えていた）、分布はまばらであって本数も限られている。一方、東北・甲信越地方の山間部の渓流沿いを歩けば、限られたエリアだけでも相当な本数のオニグルミを見つけることができた。したがって、縄文期にオニグルミを食用資源として重点的に利用していたのは、東日本の山間部やその周辺に生活基盤を持つ社会集団であったと考えられる。ここでピンときた。

もしハート形土偶がオニグルミをかたどっているならば、すなわちオニグルミの精霊を祭祀するために作られた呪具ならば、ハート形土偶を所有・使用していたのはまさにそうした東日本の山間地域や中山間地域に暮らす人びとが主体となっていたはずだ。

ということは、ハート形土偶の出土分布を調べ、もしそこにオニグルミの生育分布との近接性がみられれば、両者の「見た目の類似」が偶然である可能性を低減させることができる。逆に、オニグルミが密に生えない平野部からハート形土偶が多く見つかっているならば、両者の類似は偶然である可能性が高いといえる。

ということで、両者の分布を比較するべく、私はハート形土偶の出土分布を調べた。土偶の出土に関しては、考古学者が積み上げてきた信頼性の高い先行研究が存在しており、これを存分に活用することができる。その結果、非常に興味深いことがわかった。オニグルミがどこにでも生えているわけではないのと同様に、ハート形土偶の出土分布にも一定の傾向があることがわかったのである。

考古学の資料からの検証

ここからは随時、考古学の資料を参照しながら検証していこう。

ハート形土偶が本格的に製作されたのは縄文後期からで、とりわけ後期初頭にその数が一気に増加したといわれている。[*3] また、ハート形土偶は東北地方南部から関東地方北部にかけて多く見つかり、分布の中心は福島県の阿武隈《あぶくま》山地である。栃木県立博物館の上野修一によれば、この土偶の「故郷」は後期前葉の阿武隈山地であり、時間の経過とともに山間部の遺跡を経由しながら関東地方北部まで伝播したとされる。[*4]

さらに具体的に見てみよう。図9は、縄文後期の福島県域における遺跡分布図[*5]をもとに私が作製した地図で、ハート形土偶の出土した遺跡が丸でプロットしてある。ご覧のように丸は阿武隈山地と会津盆地に集中しており、この地域からハート形土偶が多出している状況がよくわかる。ハート形土偶が集中的に出土している阿武隈川上流域の右岸は、標高五〇〇メートル前後の微高地が南北に続く阿武隈山地（現在の郡山市）に位置している。

私もさっそく現地でフィールド調査を行ったが、ハート形土偶が多く見つかっている三春町の周辺には阿武隈川の支流である大滝根川をはじめ多くの沢筋が存在しており、オニグルミの生育に好適な環境が広がっていることが確認できた（渓畔林には実際にオニグルミが多数自生していた）。

これらは現在の福島県域の状況であるが、古環境学的にもハート形土偶が多く造られた縄文後期と現代の自然環境は大きく異なるものではなかったことがわかっている。たとえば縄文後期、阿武隈山地周辺にオニグルミが繁茂する植物相があったことは花粉分析からもすでに明らかになっている。[*6]

＊3　山内幹夫（1992）「福島県の土偶」、『国立歴史民俗博物館研究報告』第37集、国立歴史民俗博物館
＊4　上野修一（2012）「関東地方における山形土偶の出現」、『土偶と縄文社会』、雄山閣
＊5　山口晋（1999）「福島県の後期土偶」、『土偶研究の地平』第3巻、勉誠出版

図9・ハート形土偶の出土分布図（福島県域）　竹倉作成

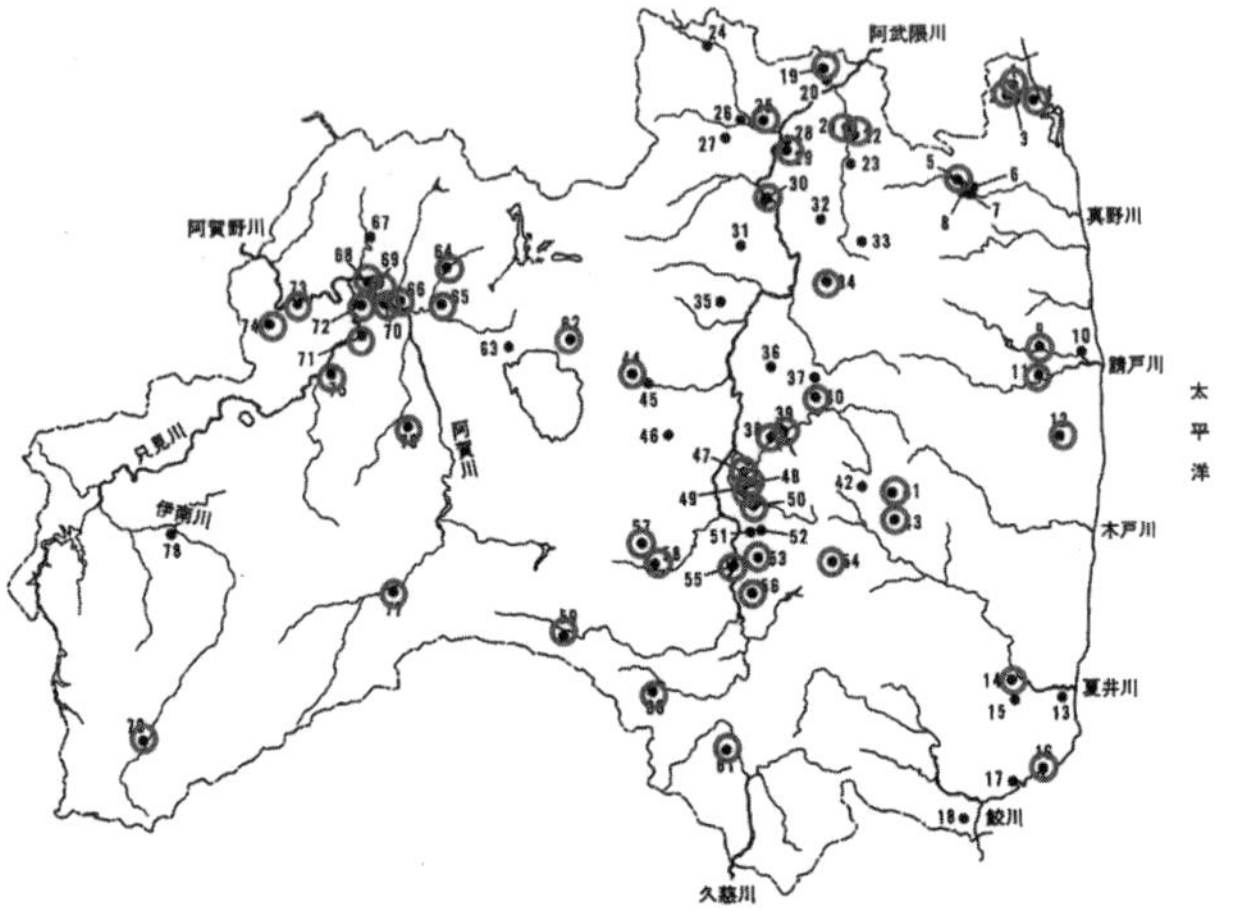

ハート形土偶が集中的に出土する阿武隈川の上流域の遺跡に注目すると、柴原A遺跡の土坑（中期中葉）からオニグルミ核果が見つかっている[*7]ほか、高木遺跡の土坑からオニグルミの炭化種実遺体（中期後葉）が、一斗内遺跡の泥土から大量のオニグルミ核果（後期後葉）が、そして仲平遺跡からは土坑から二六八個、自然流路から一一二個のオニグルミ核果（ともに晩期）が発見されており[*8]、少なくとも中期以降の阿武隈川上流域において、オニグルミが食料資源として広く利用されていたことは確実である。

同じくハート形土偶が多出する会津地方の遺跡周辺も実地調査してみたが、やはり現在でも非常に多くのオニグルミが繁茂している状況が確認された。会津地方の当該の遺跡は、阿賀川と只見川水系の中山間地域の周辺に集中的に分布しているが、これらの水系には万年雪を頂く飯豊《いいで》山《さん》から多量の雪解け水が流れ込んでおり、盆地周辺の高地にはやはり多くの沢筋が発達している。

江戸時代には会津のオニグルミは藩の名産品として知られ、昭和三〇年代頃には会津若松市内にクルミ屋が十数社存在していたという。[*9] つまり、ハート形土偶が集中的に出土している会津地方は、日本有数の〝オニグルミの里〟だったのだ。

念のため、福島県域以外にも目を向けておこう。飯豊山と同じく磐梯《ばんだい》朝日国立公園内に位置する新潟県村上市の奥三《おくみ》面《おもて》ダム付近、あるいは群馬県吾妻郡の八ッ場《やんば》ダム付近の吾妻川流域からもハート形土偶の優品が複数見つかっている。こちらも実際に訪れてみたが、どちらも渓畔林を多く持つ山間地で、典型的なオニグルミの好適地であった。[*10]

文化庁の原田昌幸は、福島県から茨城県北部へ続く阿武隈山地から、また栃木・群馬両県の北部の関東山地の地域圏にハート形土偶の分布がみられることから、「**山棲みの文化**」がハート

*6　山内幹夫(2008)「あぶくまの古植生を探る」、『福島考古』第49号、福島県考古学会。福島県域からは縄文全期を通じてオニグルミ遺体(核果や内果皮など)が検出されている。
*7　福島雅儀(2012)「阿武隈川上流域における縄文中期から後期への集落変化」、『国立歴史民俗博物館研究報告』第172集、国立歴史民俗博物館
*8　山内幹夫(2008)前掲書
*9　「会津クルミプロジェクト協議会」のホームページ(https://aizu-kurumi.com/onikurumi/)を参照した。

形土偶の伝播の主体であったと指摘している。[*11]

このように、ハート形土偶は山間部・中山間部を中心に出土しているという事実が考古学の資料から確認することができた。そしてその出土分布が、オニグルミの生育分布と近接性を有しているということも判明したのである。

ハート形土偶とオニグルミの分布の近接性

こうなると、ハート形土偶とオニグルミの見た目の類似を単なる偶然として無視することはもはや適当ではない。少なくとも、ハート形土偶がオニグルミをかたどって製作された可能性について、まじめに考察するだけの価値があると主張することは許されるだろう。

その一方で、このオニグルミ&ハート形土偶の事例だけでは、イコノロジーの脆弱性が十分に克服されたとは言い難い。考古学の資料を活用することで、たしかにイコノロジーの可謬性のリスクは低減した。しかし、これだけで「ハート形土偶はオニグルミをかたどったフィギュアである」と結論することはできない。

というのも、オニグルミは平野部でも生育可能であり、量の多寡はさておき、生育環境は山間部に限定されない。また、全国各地の縄文遺跡からオニグルミ遺体は検出されており、その分布がハート形土偶の出土した地域に限定されているわけでもない。つまり、本章での検証作業によって満たされたのは十分条件ではなく必要条件に過ぎないのである。

したがって、「土偶は当時の縄文人が食べていた植物をかたどったフィギュアである」という私の仮説の妥当性を検証するためには、このハート形土偶のような事例、つまり、推定モチーフと土偶とのあいだに「見た目の類似」がみられるだけでなく、当該の土偶を所有していた社会集団が推定モチーフの植物を実際に資源利用していたことが発掘調査資料によって確認できるような事例を、一つでも多く枚挙していく必要があるといえるだろう。

＊10　切手にもなったハート形土偶は群馬県吾妻郡東吾妻町の郷原から出土した縄文後期の土偶だが、郷原から二キロメートルほど上流にある唐堀遺跡（縄文後期〜晩期）からは大量のオニグルミの殻が検出されている。これはすなわち、郷原のハート形土偶を所有していた社会集団を含む吾妻川の上流域の人びとが、当該時期にオニグルミを重点的に資源利用していたことを示している。

＊11　原田昌幸（２０１０）「土偶とその周辺Ⅱ」、『日本の美術』No.527、至文堂

第2章

合掌土偶・中空土偶

土偶プロファイリング②

合掌土偶

ハート形土偶の次に私が目を付けたのは「合掌土偶」［図1］と「中空土偶」［図2］である。

「合掌土偶」は縄文後期後半（約三五〇〇年前）の土偶で、両掌を合わせた珍しいポーズからこの愛称で呼ばれている。一九八九年に風張1遺跡（青森県八戸市）の竪穴住居跡から出土し、二〇〇九年に国宝に指定された。座った状態でも一九・八センチメートルの体高があり、合掌ポーズとあいまって異彩の存在感を放っている土偶である。しかし、私が注目するのは「合掌」ではない。この印象的な「顔」である。[*1]

多くの場合、われわれ人間は対面する相手をまず「顔」で認知することからもわかるように、相手がフィギュアであっても、やはりわれわれが最初に注目するのはその顔だろう。それゆえハート形土偶と同様、顔部に何らかの示差的な特徴が造形されているならば、そこに製作者が伝達したい最重要の情報——土偶のモチーフを解読する最大のヒント——が表現されていると考えるのは自然なことだ。そういうわけで私は、**合掌土偶の顔面のど真ん中を横断する大胆な線刻**に目を奪われずにはいられなかった。

図1・合掌土偶

風張1遺跡（青森県）　八戸市埋蔵文化財センター是川縄文館

この「横断線」によって区画された下の領域に目をやると、そこには方向が一定しない斜線によって繁雑な施文がなされている。この施文は「髭」ではないかと考えるむきもあったが、合掌土偶の股間部に女性器のような造形が見られることもあり、現在では「文身《いれずみ》」であろうと説明されている。

顔面の横断線の他にも、頭頂部には髪を結わえたような「尖端」の造形が見られたり、あるいは他のタイプの土偶には見られないヘリンボーン様の珍しい紋様が腿、脛《すね》、腕などに丁寧に施文されているのも特徴的である。

中空土偶

一方、「中空土偶」は一九七五年に北海道の南茅部町（現・函館市尾札部町）著保内野《ちょぼないの》のジャガイモ畑で、農作業中の主婦が偶然掘り当てたものである。後の発掘調査によって、この土偶の発見地点の周辺に環状配石と複数の土坑墓が確認され、この地は縄文後期後半に集団墓地として利用されていたことが判明した。中空土偶は副葬品として埋納された可能性がある。二〇〇七年、北海道初の国宝に指定された。

図2・中空土偶　著保内野遺跡（北海道）　函館市教育委員会

体高四一・五センチメートルの大型土偶であり、よく研磨された表面には精巧な施文がなされている。中空土偶はその名の通り、土器と同様に粘土紐を輪にして積み上げる「中空構造」で造られており、粘土の塊で塑造する合掌土偶の「中実構造」とは製作方法が異なっている。また、座像と立像という違いもある。しかし、どちらも同時期（後期後半）の土偶で、地理的にも同じ「津軽海峡文化圏」に属している。そして何より、造形的にも重要な特徴を共有しているため、この二つの土偶の分析をセットで進めることにした。

中空土偶にも腰から脚部にかけて合掌土偶と同じヘリンボーン様の施文があり、また頭頂部にはやはり小さな「尖端」が造形されている。それに加えて注目すべきポイントは、中空土偶の顔面にも奇妙な「**横断線**」がみられる点である［図3］。合掌土偶の横断線とは位置こそ異なっているものの、横断線で区画された下の領域にはやはり繁雑な施文がみられ、特異な印象を与える造形となっている。合掌土偶と同様、やはりこれも「文身」と説明されている。

図3
顎に走る横断線と頭頂部の尖端
函館市教育委員会

合掌土偶と中空土偶は女性像なのか？

合掌土偶と中空土偶の胴部には軽いくびれが見られ、股間には女性器（？）のような造形も見られる。また中空土偶の腹部には妊娠を想像させるような膨らみもみられる。とはいえどちらも乳房はまったく膨らんでおらず、肩幅の広さや厚みは男子の水泳選手のようであり、全体としては剛健な体軀として造形されている。したがって、両土偶のフォルムからは「このフィギュアを女性像として見てもらいたい」という製作者の積極的な意図は感じられない。

顔面表現も同様だ。あなたが人間女性像を製作するとき、このような「顔」で表現するだろうか。少なくとも両土偶の造形のなかに、これらが人間女性像であると判断できるだけの客観的な根拠は存在していないというべきだろう。

＊1　厳密に言えば顔ではなく「仮面」である。合掌土偶の場合、身体が3Dで造形されているため、顔面だけが平板な仮面になっているのがわかりやすい。じつは合掌土偶に限らず、そもそも土偶には「顔」はないのである。一目で仮面とわかるように造形されている土偶と、ほとんど顔と同一化しており仮面には見えない土偶とがあるが、原則として土偶の顔面はすべて仮面であると考えてよい。精霊は常に仮装してこの世界を来訪するからである（なお本書では便宜上、いちいち「仮面」とはせずに「顔」と表記することもある）。

図4・クリをかたどっていると考えれば……

むしろ、両土偶の観察から引き出されるべき情報は、製作者がこのフィギュアの性表現に造形的なコストをほとんど割いていない、という事実である。製作者にとっては土偶に性表現を造形することよりも、顔面の横断線の下側に丁寧に施文をすることの方が重要な意味を持っていたとさえ考えられる。

さて、それではモチーフの推定に移る前に、ここまでみてきた合掌土偶と中空土偶の造形的な共通項をまとめておこう。

①「顔面の横断線」
②「横断線の下側における繁雑な施文」
③「尖端のある頭頂部」
④「体表にあるヘリンボーン様の施文」

私が両土偶に共通する造形的特徴として抽出したの

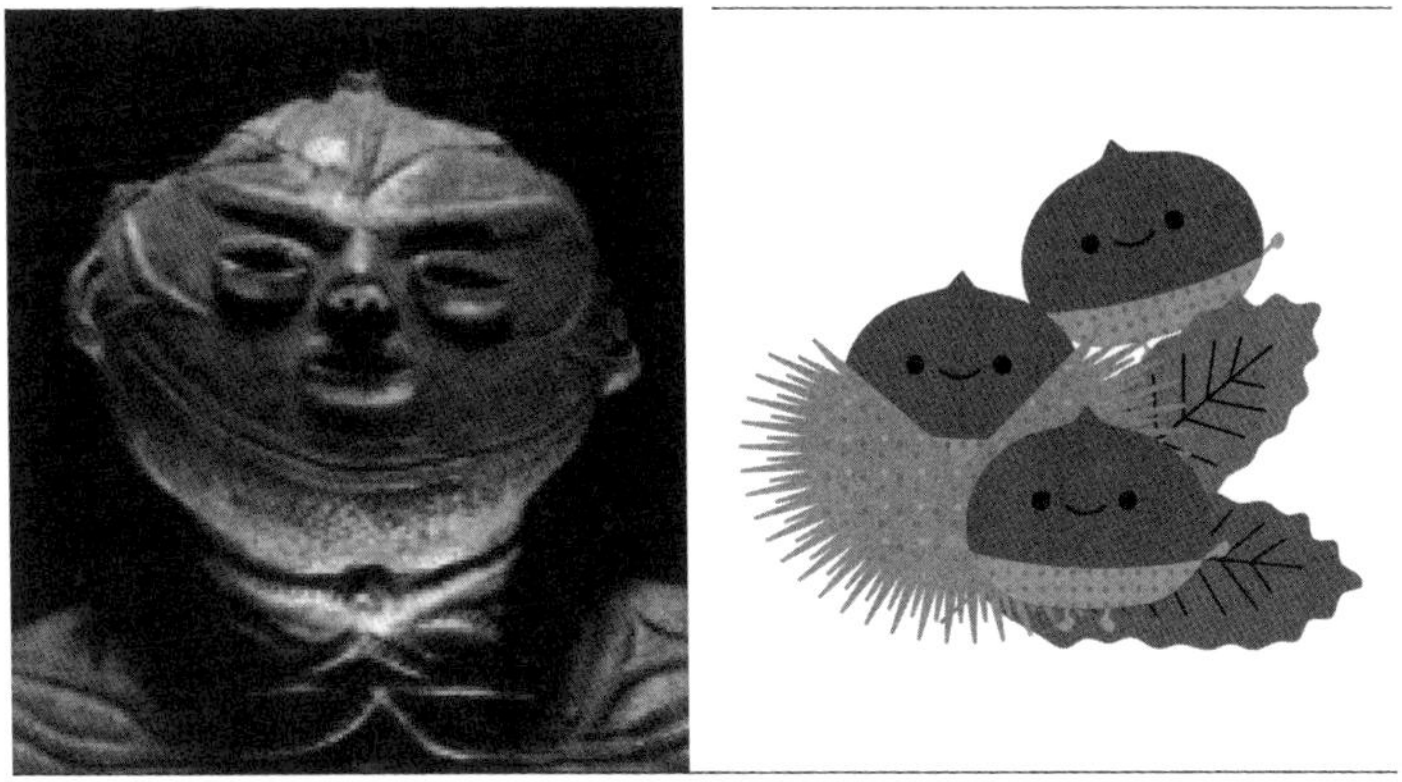

図5・頭頂の尖端や顎の横断線の正体は……　©イラストわんパグ

はこの四点である。

モチーフの推定作業

合掌土偶と中空土偶は身体表現が通常の人体像に近いこともあり、どちらも「文身の入った人間女性をかたどった像である」というのが現在の〝通説〟となっている。しかし、多くの人はこの説明に対して何か〝モヤモヤ〟したものを感じる。なぜか。

それはこの〝通説〟が、「どちらの土偶の頭部の造形も、女性はおろか、そもそも人間の頭部にすら似ていない」というわれわれの感覚に反しているからである。われわれの頭頂部には尖端などないし、われわれの顔面には横断線など走っていない。

では、さしたる根拠を持たない〝通説〟をいったん脇へ置き、「土偶は食用植物をかたどったフィギュアである」という私の**仮説フレーム**を設置して二つの土偶を観察すると、そこからどのような**認知が生成する**だろうか。

そう、そこにはこれまで誰も見たことのない、まったく新しい土偶の「顔」が浮かび上がってくる。すなわち、私のイコノロジーが導くのは、「**合掌土偶と中空土偶はクリをかたどったフィギュアである**」という新しい認知である。

ここでは比較しやすいように、実物のクリの画像と、顔と手足を持つクリのキャラクターのイラストを両土偶に並置してみた。見比べてみよう［図4・5］。

二つの土偶がクリをモチーフにして製作されたフィギュアだと考えれば、「文身のある人間女性像」という説明が惹起《じゃっき》する違和感はきれいに払拭され、むしろ誰が見ても納得できる自然な認知がそこに形成される。クリの果実を頭部に見立てれば、そこには尖端も横断線も存在しているからである。

ここで、私が先に挙げた両土偶にみられる四つの共通項について検討してみよう。

①「顔面の横断線」は、クリの果実の様態を表現したものである。鬼皮の色の薄い部分は一般に〝へそ〟と呼ばれるが、土偶の顔面を横断する曲線はこの〝へそ〟の部分を区画する線として解読できる。横断線の位置については、合掌土偶では顔面の中央付近（口と鼻のあいだ）を、中空土偶では顎の下を走っており、両者の位置は異なっているが、この点についても現代のクリ

オンラインのフリー素材集の栗のキャラクター

なかまろ（中山道歴史資料館マスコットキャラクター）中津川市中山道歴史資料館

いらすとや

図6・キャラ化されたクリのイラスト

のキャラクターの製作例を参考にすればよい。

すなわち、現代のクリのキャラクターにおいても、デザイナーによって横断線が鼻と口のあいだに配置される場合もあれば、顎の下に配置される場合もある〔図6〕。要はそれがクリに見えればよいのであって、その位置の違いには本質的な意味はないということである。

②「横断線の下側における繁雑な施文」は、クリの〝へそ〟の部分の独特な凸凹感のあるマチエール（＝肌合い・質感）を表現していると考えればよい。これも現代のキャラクター造形が参考になる。クリが図像化される場合、大抵は〝へそ〟の部分に「繁雑」な斑点などが描き込まれるのである。

合掌土偶は「斜線」で、中空土偶は「丸い斑紋」で「繁雑さ」がそれぞれ表現されているわけだが、これも横断線と同様、要はそこが〝へそ〟の部分に見えればよいのであって、どのような造作でそれが表現される

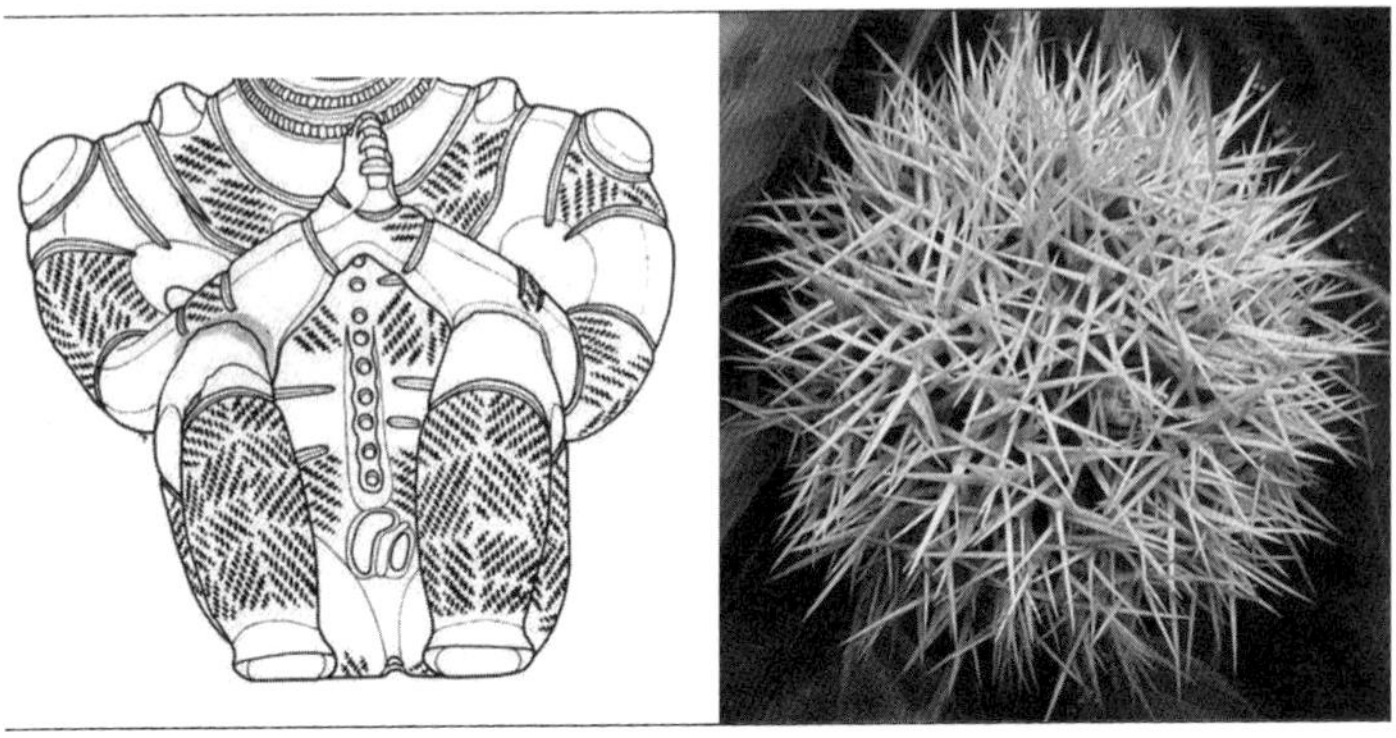

図7・クリの毬　『国立歴史民俗博物館研究報告書第37集』(1992)

かはやはり本質的な問題ではない。

③「尖端のある頭頂部」、これもまたクリの形態そのものである。特に中空土偶の頭頂部の小さな尖端などは、逆に中空土偶がクリをかたどっていると仮定しなければ説明のできない造形である。また、合掌土偶の頭頂部が髪を結わえているようにみえるのは、まさにそこがクリの発根する部位であるからだと私は考えている。

「根毛」という表現が、あるいは「毛根」という表現があることからもわかるように、古来「根」と「体毛」はアナロジーによって相同的なものとして理解されてきた。[*2] 細くて長い形状も似ているし、どちらも「伸びる」という特徴を共有している（爪や体毛など、身体のパーツのなかでも「伸びる」という可視的な変化をする部位は多くない）。このように、両土偶の頭頂にみられる尖端の造形は、横断線同様、頭部がクリをかたどっていると考えればまことにスッキリと腑に落ちる。

④「体表にあるヘリンボーン様の施文」、これはクリの毬《イガ》をモチーフにしたものだと考えたい。われわれがクリ、と聞いてイメージするのはやはりこのトゲトゲしい毬である。この比類ない毬の形状は、われわれにとってもクリの認知的メルクマールとなっている［図7］。

また、これは特に合掌土偶において顕著であるが、この体表のヘリンボーン様は、土偶の素肌の部分というよりは、「衣服」の部分の模様になっている。これは果実が毬に包含されるという関係が、土偶の身体が衣服に包含されるという関係において類推的に再現されたものと考えることもできる。

このように「合掌土偶と中空土偶はクリをかたどったフィギュアである」という仮説は、これらが人間女性像であるという〝通説〟よりも、はるかにわれわれの一般的な感覚に適合する表象を生み出してくれるのだ。

＊2　『日本書紀』（720年）には次のような神話がみられる。「〔素戔男尊〕乃抜鬚髯散之 即成杉 又抜散胸毛 是成檜 尻毛是成柀 眉毛是成櫲樟」（第八段一書）。これを現代語訳すると、「〔スサノオが〕ヒゲを抜いて放るとスギになり、胸毛を抜くとヒノキになり、尻毛はマキに、眉毛はクスノキになった」となる。これは地上の植物が神の体毛に由来するという一種の植物起源神話である。スサノオの息子、イソタケルがこれらの樹木の種をもって天下り、日本全土に種をまいて森林を作った。

発掘調査資料からの検証

では、合掌土偶と中空土偶が発見された遺跡の周辺では、実際にクリは資源利用されていたのであろうか。

日本列島域におけるクリの資源利用の歴史は古く、最終氷期が終わって温暖化が進み、東日本に落葉性広葉樹林が拡大した一万三〇〇〇年前頃から、縄文人たちはクリの資源利用を開始したと考えられている。たとえば、お宮の森裏遺跡（長野県木曽郡上松町）の竪穴住居跡からは縄文草創期にあたる一万二九〇〇年前〜一万二七〇〇年前のクリ果実が見つかっている。クリは食用だけではなく、堅くて湿気に強い木材が建築材として重用された。また、薪は燃えやすいため燃料材としても利用された。

ここでいう「クリ」は現在スーパーなどで売られている栽培種のニホングリや中国原産のシナグリではなく、**一万年以上前から日本に自生しているシバグリ（ヤマグリ）**のことである。栽培種に比べるとシバグリの果実は小ぶりである。現在、シバグリはほとんどの都道府県に分布しているが、縄文期においても同様に全国的に資源利用されていた。

合掌土偶が出土した八戸市の風張1遺跡は縄文後期中葉から後葉にかけて営まれた集落で、貯蔵穴と思われる土坑からはクリ果実が出土している（ちなみに現在でも遺跡周辺にはクリが自生している）。しかしここで注目したいのは、この風張1遺跡から新井田川を挟んで八〇〇メートルほど西に位置する是川遺跡である（是川遺跡は縄文後期後葉から弥生前期にかけて営まれた拠点的な集落で、優れた漆工芸品が数多く出土することで知られている）。

というのも、新井田川の河岸段丘の低地に位置する是川遺跡は古代の遺物が良好な状態で残存しやすい、いわゆる「低湿地遺跡」のエリアを含んでおり、土壌に含まれる花粉の化石の分析によって、当時の遺跡周辺の植生が復元されているからだ。

図8は、是川遺跡の縄文後期の花粉組成と、晩期の景観復元図を示したものである。[*3] これを見ると、当時の遺跡周辺にはクリとトチノキを主体とする森林が広がっていたことがわかる。クリやトチノキがこれだけの密度で集中的に自生することは考えにくいため、遺跡周辺には現代でいう「里山」が広がっていたことがわかる。つまり、人為的に植栽・間伐などが行われ、有用な樹種が優先するような森林環境が維持管理されていたのである。

＊3　吉川昌伸・吉川純子（２０１６）「是川遺跡の縄文時代晩期の景観復元」、『八戸市埋蔵文化財センター是川縄文館研究紀要』第５号、八戸市埋蔵文化財センター是川縄文館
＊4　小林圭一（２０１７）「風張から是川へ――新井田川下流域における縄文時代後・晩期の遺跡動態――」、『環境動態を視点とした地域社会と集落形成に関する総合的研究』、東北芸術工科大学東北文化研究センター

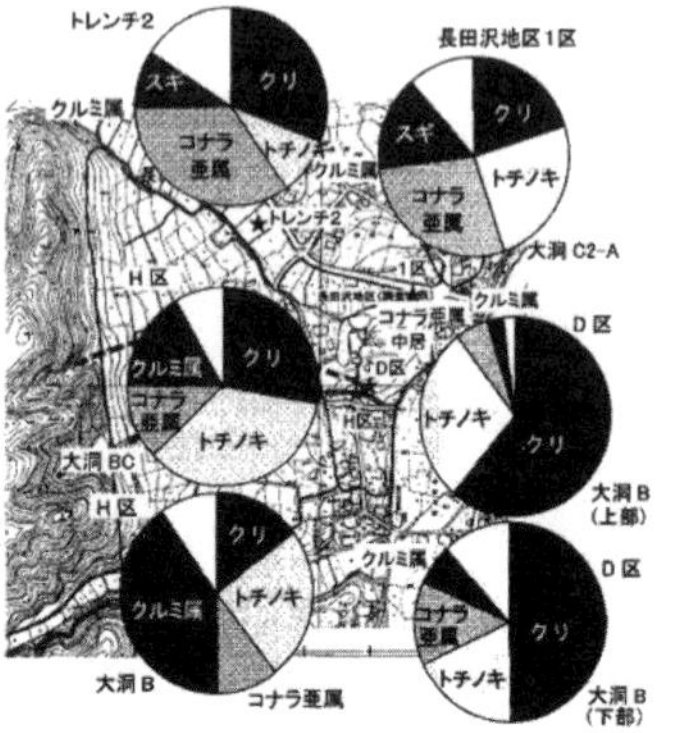

是川遺跡の縄文時代晩期の
樹木花粉組成

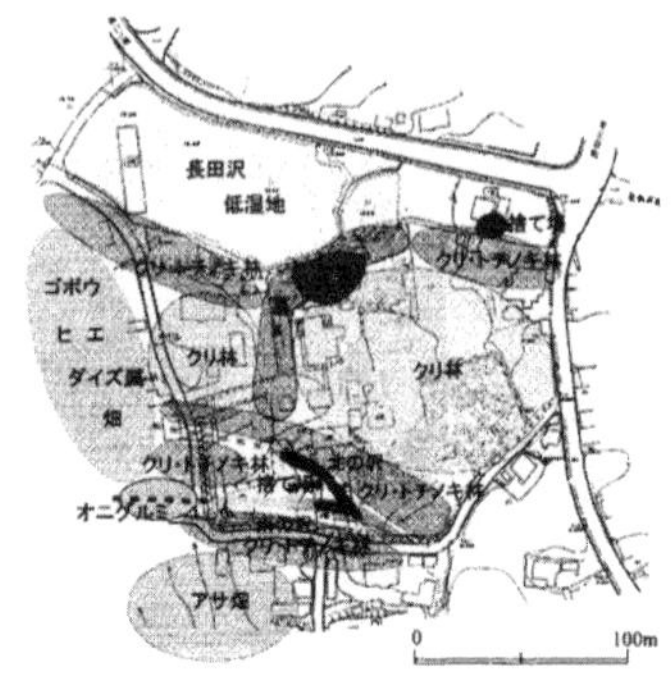

是川中居遺跡の景観復元図

図8・吉川昌伸・吉川純子（2016）「是川遺跡の縄文時代晩期の景観復元」より

そして、是川遺跡と風張1遺跡はセットで考えられるべき遺跡でもある。八〇〇メートルしか離れていないという地理的な近接性はもちろん、是川遺跡の住人は後期末葉に風張1遺跡から移住してきた人びとだと考えられているからである。[*4]

こうした状況から、縄文後期に新井田川の下流域に暮らす人びとが、集落周辺の原生林に手を入れ、クリ林を人為的に管理していた可能性は十分に考えられるだろう。いずれにせよ、合掌土偶を使用していたのは日常的に食料資源・建築材・燃料材としてクリを重点的に資源利用していた人びとであることはほぼ確実である。

では、中空土偶が出土した著保内野遺跡はどうだろうか。

こちらは集団墓であった可能性が高いため、近隣の遺跡の状況を含めて確認してみよう。著保内野遺跡は渡島《おしま》半島の南東端、東に太平洋を望む亀田半島の海岸段丘に位置している。亀田半島の海岸段丘に位置する付近の集落からは、クリ果実やクリ材が数多く検出されている。ハマナス野遺跡（旧・南茅部町）からは縄文前期末葉のクリ炭化材、中期中葉のクリ果実が検出されており、著保内野遺跡周辺でのクリの資源利用は五〇〇〇年以上前まで遡ることができる。また、前期後半（約五二〇〇年前）から中期後半（約四〇〇〇年前）頃に営まれた大船《おおふね》遺跡（旧・南茅部町）の竪穴住居の覆土からは、炭化したクリ果実が二〇〇粒ほど発見されている。また、住居の柱材の八〇パーセントがクリ材を使用していたこともわかっている。中空土偶が使用された縄文後期に限れば、旧・南茅部町の磨光《まこう》B遺跡と豊崎N遺跡の住居跡からそれぞれクリ炭化材が発見されている。[*5]

以上より、合掌土偶と同様、中空土偶を所有していた人びともまた、日常的にクリを資源利用していた人びとであったと考えて問題ないだろう。

なお先述の通り、クリの植生分布は国内でも広域に及ぶため、他にもクリをかたどった土偶が存在すると考える方が自然である。合掌土偶と中空土偶は、そうした複数存在するクリをモ

＊5　山田悟郎・柴内佐知子（1997）「北海道の縄文時代遺跡から出土した堅果類——クリについて——」、『北海道開拓記念館研究紀要』第25号、北海道開拓記念館

亀ヶ岡遺跡（青森県）縄文時代後期〜晩期
九州国立博物館

栗太郎（霧島山麓湧水町ゆるキャラ）
霧島山麓湧水町観光協会

図9・顎周りの造形の比較①

古沢町遺跡（愛知県）縄文時代晩期

「可愛い栗キャラ」
illust image.jpg

図10・顎周りの造形の比較②

チーフにした土偶の様式の一つであると私は考えている。図9・10で示したのは、クリをモチーフにしていると思われるその他の土偶の一例である。参考として、こちらにもクリをモチーフとしたキャラクターを並置してみた。その造形の類似は一目瞭然である[*6]（なお、中空土偶の頭部には二箇所の欠損があり、元々は図9の土偶のような突起部が造形されていたと思われる。ゆるキャラの「栗太郎」と同様、何らかの装飾部であった可能性がある）。

というわけで、合掌土偶と中空土偶を使用していた人びとが日常的にクリを資源利用していた人びとであることが確認できたため、少なくとも私の仮説が考古学的な事実に矛盾するものではないことが示された。そして何より、両土偶がクリをかたどったものであると仮定すると、従来の「人間女性説」よりもはるかに合理的にその造形を説明することができた。その意味では、ハート形土偶に続き、真剣な考察に値するだけの成果を収めることができたといってよい。

しかし、その一方で、仮説の妥当性を厳しく吟味する研究者《アカデミシャン》としての立場からみると、この事例も私の仮説の妥当性を検証するにはまだまだ〝強度〟が足りない。

＊6　縄文人と現代日本人とでは時代的に大きな隔たりがあるが、これらがよく似ていることは決して偶然ではない。なぜなら、このようなキャラクターの造形原理は特定の文化によるものではなく、人類の認知に関わる生理的なものだからである。この点についてはあらためて第6章で論じる。

というのも、クリはクルミよりも生育分布が偏っておらず、割合どこにでも生えている樹種だからである。たしかに合掌土偶・中空土偶を使用していたのはクリを重点的に資源利用していた人びとであるが、縄文時代を通じてクリは年代的にも地域的にも広汎に利用されていたのであって、それは両土偶を保有していた社会集団に限定されるわけでもない。その意味では、ハート形土偶と同様、本章での検証によって満たされたのはやはり必要条件に過ぎない。

ということで、われわれは先に進み、さらなる検証事例を積み重ねていかなければならない。そして次に私は、自らの仮説の正しさを確信することになる、極めてユニークな土偶たちとの出会いを果たすのであった。

第3章

土偶プロファイリング③

椎塚土偶

（山形土偶）

椎塚土偶（山形土偶）

宇宙人のような不思議な姿をしたこの土偶は、一八九三（明治二六）年に茨城県稲敷市、霞ヶ浦の南西岸に位置する椎塚貝塚から発見された。明治期の土偶研究の黎明期に出土した、いわば「古参の土偶」の一つである［図1］。

やはり何と言っても目を引くのは頭部の形状だろう。三角形の頭の形にちなみ、このタイプの土偶は長らく「山形土偶」と呼ばれてきた。図1の土偶は縄文後期中葉（約三七〇〇年前）のもので、体長一二・二センチメートルと大きくはないが、細部まで丁寧に作られており、山形土偶を代表する土偶といえるだろう。なお、本書ではこの土偶を出土遺跡にちなんで「椎塚土偶」と呼ぶことにしよう。

そもそも私がこの椎塚土偶と出会ったのは、クリをかたどった土偶を探しているときのことだった。頭部が三角形だったため、「これもクリの土偶かな?」と目に留まったのである。しかし、椎塚土偶を眺めているうちにその印象は霧散した。クリだったら頭頂部はもっと尖っているはずだし、細く反り返った腕先のかたちや腰回りの紋様などを見ても、この土偶がクリをイ

図1・椎塚土偶
椎塚貝塚(茨城県)　大阪歴史博物館

メージして作られたものには思えなかったからである。

とはいえ、こんなかたちの植物があるだろうか？　縄文後期の関東平野に暮らす人びとが食べていた植物を一通りチェックしてみたが、形態が近似するものは特に見つからなかった。しかし、この椎塚土偶はどこかファニーで可愛げがあり、フィギュアとしての造形も美しく、すっかり私のお気に入りの土偶となっていたので、何か直感が降りてこないかなと、ことあるごとにちょくちょく眺めていた。

結局、それでもピンと来る植物は浮かんでこなかった。このままでは埒が明かないということで、「縄文脳インストール作戦」の一環としてアシスタントの池上と一緒に土偶が出土した遺跡へ行ってみることにした。直接現地に行けば何かヒントが得られるかもしれないと思ったのである。

ところが、椎塚貝塚は史跡指定されていないこともあり、ネットで調べても詳しい情報がほとんど見つからない。また、今でこそ私の仕事場は「土偶資料館」と言ってよいほど土偶関連の資料が充実しているが、当時はまだ資料を収集している最中だったこともあり、遺跡の詳しい位置すらわからなかった。

唯一手元にあったのは「常陸國椎塚介墟發掘報告」（以下「発掘報告」）という一〇〇年以上前の資料であった。これは一八九三年に発刊された『東京人類學會雜誌』（8巻87号）に掲載された記事で、八木奘三郎と下村三四吉という考古研究者によって書かれた発掘調査報告書である。[*1]

なぜこんな昔の資料を持っていたのかというと、当時私は土偶の解読作業と並行して、土偶研究の歴史を記号論的観点から分析する論文を書いており、明治時代の文献を片っ端から読み込んでいたためであった。[*2]

「発掘報告」には「貝塚所在の地は昔時より貝殻山の称あり」、「一見直に其場所を知り得べきなり」とあったから、とりあえず周辺まで行けばすぐにわかるだろうと思い、私はこの記事に掲載されていた古地図を手に池上と椎塚貝塚へ向かった。

いざ、椎塚貝塚へ

東京から椎塚までは車で一時間半ほど。椎塚に到着して車から降りると、われわれは古地図

*1　『東京人類學會雜誌』はデジタル化されているため、現在オンラインで無料で読むことができる（国立研究開発法人科学技術振興機構が運営する「J-STAGE」https://www.jstage.jst.go.jp/browse/-char/ja）。考古研究だけでなく、明治期のアカデミズムの空気感を味わえるためぜひ閲覧してみて欲しい。

*2　この論文は未発表であるが、概要をまとめたものを私のホームページ（「竹倉土偶研究所」https://www.dogulab.tokyo/）に掲載する予定である。

図2・椎塚貝塚

とスマホのグーグルマップを交互に見比べながら田んぼの脇の舗装路をしばらく進んだ。

「田間の経路に従いなお右方に進めば一帯の丘の下に出でん、かくてまた丘腹の小径を上ることおよそ二丁余りにして、路側に貝殻の点々散布せる」という「発掘報告」の記述通り、われわれはさらに「二丁」（＝約二二〇メートル）ほど緩やかな上り坂を歩いた。

さすがに一世紀以上前の記事であるから、まさか貝殻など落ちてないだろうと思って道端を見たら、草むらのところに何やら白いものが散らばっているのが目に入った。近づいてよく見たら、それらは紛れもなく脱色して白くなった貝殻であった。池上と二人で「いやーすごいな、一〇〇年経ってもずっとここに落ちてたとは！」と驚いていたのだが、すぐにそれが誤りであることに気付いた。一〇〇年ではない。貝殻は四〇〇〇年近くここに落ちていたのである。

「これすなわち目的とせる該貝塚にして、殊に此部は連岡中に在りて」――どうやら目当ての貝塚は丘の中腹にあるようなのだが、そこは背丈より高い草がびっしりと生い茂る藪になっており、とても中に進入できるような状況ではなかった。「発掘報告」によれば当時の丘は桑畑として利用されていたようであるが、さすがに今はただの藪へと遷移したようである。

とはいえ、せっかく東京からやって来たのだからこのまま帰るわけにもいかない。藪の方を見ながら池上に目配せをすると、――ここに入るんですか⁉　という驚きの表情を浮かべたが、私がしばらく沈黙していると観念したのか、彼は自ら藪の中へ入っていった。私は藪をかき分ける彼に続き、急勾配の斜面を登っていった。すると、その先には驚くべき光景が広がっていた。

深い藪を抜けると、文字通りそこは「貝殻山」であった。

標高二五メートルほどの丘の中腹には、無数の白い貝殻が散乱していた。池上と私は思わず顔を見合わせた。もちろん二人とも貝塚など見たことはなかった。内陸の丘の上に数千年前の貝殻が散らばっている――初めて見るその不思議な光景に、われわれは鳥肌の立つような思いであった。これらの貝殻はすべて、縄文人がその手で拾い上げ、身を剥《む》いてここに置いたものなのだ。

この日、われわれが見た貝塚が形成されたのは加曽利B_1〜B_2式土器の時期と推定されている。[*3]これは縄文後期中葉にあたり、今からおよそ三九〇〇年前〜三五〇〇年前である。[*4]

＊3　宮内慶介（2012）「福田貝塚・椎塚貝塚①現地踏査」、『共同研究成果報告書6』、大阪歴史博物館

＊4　上野修一（2012）「関東地方における山形土偶の出現」、『土偶と縄文社会』、雄山閣

思えば貝殻とは炭酸カルシウムの結晶であり、立派な生体鉱物である。それゆえほとんど風化することなく、この貝殻たちは四〇〇〇年近い歳月をここで過ごしてきたのである。そして椎塚土偶もまた、明治時代に掘り起こされるまで、ここで四〇〇〇年近い眠りについていたということになる。

貴重な遺跡を荒らしてはならないため、われわれは地表に露出している貝殻を観察するだけに止《とど》めたが、それでも十分に興味深い情報を得ることができた。それは貝塚に落ちていた貝の種類についてである。

貝であればどのような種類でも落ちているわけではなく、ほとんどが決まった貝種なのだ。なかでも目についたのがハマグリである。他は名前がわからなかったのでその場でスマホで調べると、アカガイに似たものが「サルボウ」、殻頂に隆起がみられるのが「シオフキ」、そして大きな巻貝が「アカニシ」であることがわかった。

仕事場に帰ってからあらためて「発掘報告」を見てみると、そこには椎塚貝塚から採取された一五種類の貝が記されており、続けて「右十五種の中、最多量を占むるははまぐり、あかがいにして、さるぼう、しおふき、あかにし等これに次ぎ」との記載があった。これは私たちの観察結果と一致するものであった。[*5]

初めて見た貝塚の壮観に、東京へ戻ってからも私の興奮は冷めやらなかった。数千年前の遺

ハマグリ

サルボウ

アカニシ

シオフキ

図3・椎塚貝塚から出土する代表的な貝種

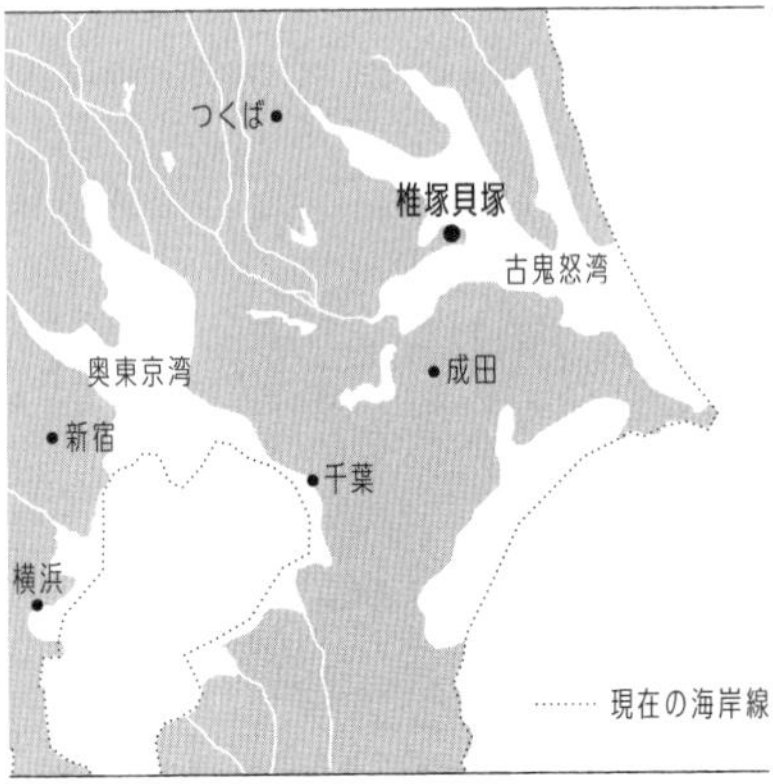

図4・縄文時代後期の南関東
海岸線および河川は縄文時代後期（約4000年前）のもの
※推定

物がまるでタイムカプセルのようにそのまま落ちていたことは衝撃であった。すっかり貝塚に魅了された私は、縄文時代における関東地方の地形や海岸線、貝塚の分布、貝類の生態などについても専門書で詳しく調べ始めた。

縄文海進による関東平野の水没

そもそもなぜ、内陸である椎塚の丘の上に貝殻が落ちているのだろうか。

図4を見てほしい。これは縄文後期の関東南部の海岸線を復元した地図である。[*6] これを見てもわかるように、現在は淡水湖である霞ヶ浦は、縄文時代には太平洋から海水の流入する内湾だったのである。この巨大な内湾は「古鬼怒湾《こきぬわん》」と呼ばれ、現在の利根川下流域や印旛沼《いんばぬま》などともひとつながりの海となっており、そこには複雑に入り組んだ海岸線が形成されていた。

これは温暖化が進行した縄文前期（約六〇〇〇年前）に海水面が二〜三メートル前後上昇したためである。[*7] この海面上昇は地球規模で起きた環境変動によるもので、ヨーロッパでは「フランド

図5・現在の椎塚貝塚付近　Google Earth

ル海進」、日本では「縄文海進」と呼ばれている。この縄文海進がもたらした環境変化は凄まじく、関東平野はほとんどが水没し、東京湾の最奥部は埼玉県はおろか、なんと栃木県の南端まで達していた。

縄文後期にはすでに海退が進んでいたが、霞ヶ浦南西沿岸部では依然として漁労活動が盛んに行われていた。現在の椎塚貝塚は南北に延びる痩せ尾根状の台地に位置しており、西側に霞ヶ浦へ注ぐ小野川が流れ、現在ではその両岸の低地（沖積地）には田んぼが広がっている。しかし、現在は内陸に位置する椎塚も、かつては古鬼怒湾に面する海沿

＊5　アカガイとサルボウは殻の形態がよく似ているため、私は現地で見分けることができなかった。帰宅後、アカガイの放射肋《ほうしゃろく》が四二本前後であるのに対して、サルボウは三二本前後であるということを知った。ちなみにアカガイの缶詰に入っているのはたいていサルボウである。

＊6　遠藤邦彦（２０１７）『改訂版　日本の沖積層』（冨山房インターナショナル）を参考にした。

＊7　温暖化のピーク時には、年平均気温は二度ほど上昇したと推定されている。「二度」というと大したことないと思われるかもしれないが、総務省がまとめている一九八一年から二〇一〇年までの三〇年間の平均気温（「平年値」）から「二度の差」を探してみると、宮崎県の一七・四（全国三位）と東京都の一五・四（同二五位）という数字が見つかる。つまり、平年値が二度上昇するということは、東京が宮崎くらい温暖になるということなのである。

いの集落だったのである［図5］。

当時の椎塚の環境を復元する際に役に立つのが、われわれが観察した椎塚貝塚における貝類の〝優占種〟である。ハマグリ、サルボウ、シオフキ、アカニシ――これらはみな「内湾性の砂泥質の潮間帯」に生息する貝である。これはわかりやすくいえばわれわれが潮干狩りをするような場所、つまり波が穏やかな内湾で、海底は細かい砂や泥、そして満潮時には海面下に沈み、干潮時には陸地となるような「干潟」のことである。

つまり、椎塚貝塚の優占種は、現在貝塚付近の田んぼとなっている低地が、かつては広大な干潟であったことを如実に物語っている。当時の小野川の河口は現在よりも上流にあり、そこから内湾であった霞ヶ浦へ陸水が注がれていた景観が想像される。

日本考古学の原点、陸平貝塚の貝類組成データ

さて、土偶よりも貝塚の話がすっかり長くなってしまったが、最後にもう少しだけお付き合い頂きたい。

椎塚貝塚は明治時代以降、何度も発掘調査が行われてきた遺跡であるが、乱掘が多かったり、

先述の通り史跡指定されていないこともあり、出土する貝類の定量的な調査は行われていない。それに対し、椎塚貝塚から八キロメートルほど離れた陸平《おかだいら》貝塚〔図6〕は「日本考古学の原点」と呼ばれることもある巨大な史跡で、こちらは出土した貝類を年代別に集計したデータが公表されている。陸平貝塚と椎塚貝塚はどちらも霞ヶ浦の南西岸に臨む台地上の遺跡という点で環境的にも共通点が多く、実際に両遺跡から出土する貝類の組成はほぼ同じであるといわれている。[*8]

ということで、参考までに陸平貝塚における貝類組成のデータも確認しておこう。図7は陸平貝塚における貝類組成の時代ごとの変遷を示したものである。[*9] まず目を引くのは早期後葉から前期後葉にかけて貝類組成が大きく変化している点である。早期後葉にはマガキとハイガイが組成の主体を占めていたものが、前期後葉以降には一転してハマグリが主体となっていることがわかる。[*10]

中期後葉にはサルボウ・シオフキの増加がみられるが、ハマグリ主体の組成は後期に至っても安定して継続していることがわかる。[*11] したがって、陸平貝塚の周辺では、前期後葉から後期に

＊8　八木奘三郎・下村三四吉（1893）「常陸國椎塚介墟發掘報告」、『東京人類學會雜誌』8巻87号、日本人類学会。茨城県立歴史館編（1987）『霞ヶ浦の貝塚文化』、茨城県立歴史館

＊9　樋泉岳二（2018）「動物遺体からみた霞ヶ浦の貝塚の特徴――陸平貝塚の調査成果を中心に――」、『霞ヶ浦の貝塚と社会』、雄山閣

＊10　明治大学の樋泉岳二はこうした貝類における優占種の遷移の理由について、前期後葉に海面低下あるいは土砂の埋積によって泥質干潟の縮小と砂泥質干潟の拡大が進行したと推定している。

図6・陸平貝塚

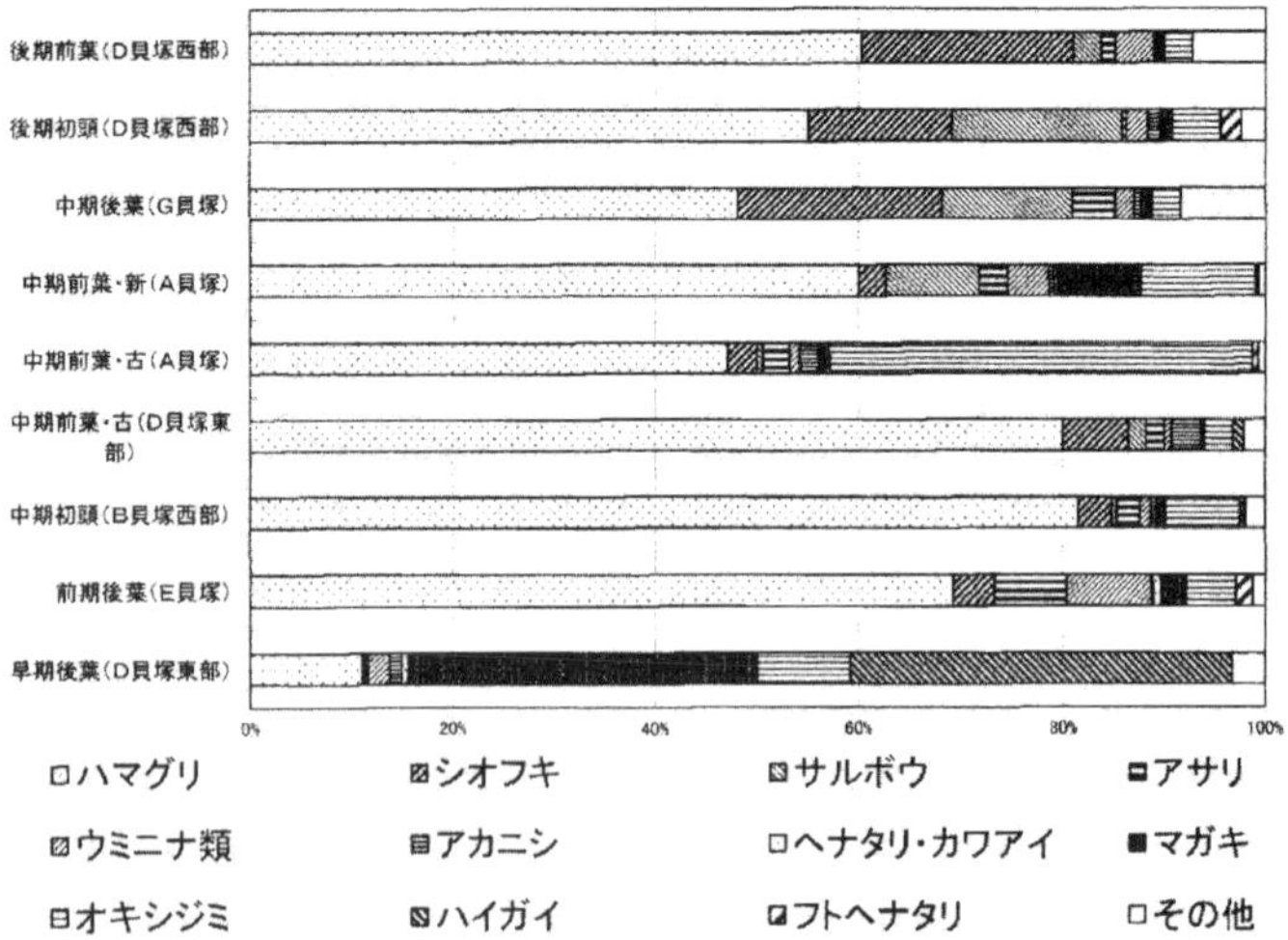

図7・陸平貝塚における貝類組成の変遷

樋泉岳二（2018）「動物遺体からみた霞ヶ浦の貝塚の特徴」

かけて、ハマグリを中心とする採貝活動が行われていたことが定量データからも確認できた。

さて、話を椎塚貝塚に戻そう。これまで述べた事実から、縄文後期中葉にこの地で暮らし、椎塚土偶を所有していた社会集団の姿が浮かび上がってくる。つまりかれらは干潟のそばに暮らし、積極的な漁労活動に勤しみ、毎年ハマグリを中心とする貝類を大量に採集する人びとだったのである。

椎塚土偶の正体

いくら眺めていてもわからなかった椎塚土偶の正体——勘のいい読者はすでに気づいているだろう——そう、**椎塚土偶はハマグリをかたどった土偶**だったのである。

見てほしい［図8］。頭部の扇形のフォルム、頭頂部の丸み——もはや言葉は不要ではないかと思うほどの形態の酷似。「ハマグリは植物ではない！」という点については後ほど説明するとし

＊11　陸平貝塚では後期中葉の加曽利B式期に比定される確実な貝層は発掘されていないが、出土遺物の状況から当該時期の貝層が存在していることは間違いないと考えられている。中村哲也（2018）「陸平貝塚の形成過程」、『霞ヶ浦の貝塚と社会』、雄山閣。

椎塚土偶の頭部

ハマグリ

図8・椎塚土偶の頭部とハマグリの形態比較

て、これだけかたちが似ていて、さらにこの土偶を所有していた社会集団が日常的にハマグリの採取を行っていた人びとだとしたら――この「見かけの類似」が偶然によるものだと考える方がオカルトだろう。

腕の形態にも注目してみよう。これは椎塚土偶に限らず、「山形土偶」の多くに共通して見られるのだが、肩から腕先にかけてカーブを描き、先端は鳥の嘴《くちばし》のように細く反り返っている。この腕部の形態は、ハマグリなどが属するマルスダレガイ科の二枚貝の「足」と呼ばれる部位にじつによく似ている［図9］。

二枚貝類は「斧足類《ふそくるい》」とも呼ばれるが、それはこの「足」の形態が「斧」に似ているからである。また、トリガイは「足」の形状が「鳥の嘴」に似ているからその名が付けられている。こうした命

図9・独特のカーブを描く腕部の形態は……
（写真はバカガイ）

名法は（「足」という呼称も含め）すべてアナロジーに基づくものだが、これは二枚貝から伸びる「足」の形態が、その認知的メルクマールになりうるほど印象的な部位であることを意味している。

二枚貝はこの「足」をあたかも手足のように自在に操って、砂を掘ったり移動したりする。こうした「足」の機能と形態を観察した〝野生の哲学者〟たちが、これを人間でいう手足にあたる器官であると比定したことは想像に難くない。

現在われわれが「足」と呼んでいる部位を縄文人が「腕」と呼んでいたかどうかはわからないが、いずれにせよ、椎塚土偶をはじめとする山形土偶の腕部の独特なフォルムは二枚貝の「足」をかたどっていると考えれば腑に落ちる。

他にも、椎塚土偶の腰回りに見られるギザギザの刻線（いわゆる「鋸歯文《きょしもん》」）は、ハマグリやアサリなどの殻表に現れる山形の模様（放射彩や斑紋）をあしらったものと考えてもよいだろう。

ハマグリ以外にもさまざまな貝が土偶に

椎塚土偶以外のモチーフ推定作業を進めていくと、土偶のモチーフの対象となったのはハマグリだけではなく、これまで「山形土偶」と呼ばれてきたものの多くが貝類をかたどったものであるという興味深い解読結果が得られた。つまり、「山形」と呼ばれてきた土偶の頭部は二枚貝のことだったのだ。

考古学者の江坂輝彌は、山形土偶について以下のような特徴を挙げている。[*12] ①関東地方平野部の後期中葉の加曽利B式土器を出土する遺跡から発見される、②霞ヶ浦周辺の加曽利B式土器を出土する貝塚から大量に発見される、③土偶の頭部は「スルメいかの頭部」のような三角形をしたいわゆる山形のものから、不整楕円形のものまで、形には若干の変化が見られる、④分布は利根川下流域を中心に関東平野に限られる、である。

江坂のこれらの指摘が、椎塚土偶を含む山形土偶が貝類をかたどったものである、という私の解読結果と整合的であることは言うまでもない。というより、年代的にも地域的にも符合し、そして貝塚から多量に出土するという状況があるにもかかわらず、一世紀以上にわたって山形土偶と貝類との関連性が指摘されてこなかったことの方が驚きである。[*13]

さて、江坂が「不整楕円形」と表現した頭部を持つ土偶は椎塚貝塚からも出土しているが、これらはたとえばオオノガイやアサリなどの横長の（ハマグリやシオフキのような鋭い殻頂を持たない）二枚貝をかたどったものであろう［図10・11］。

どちらもハマグリ同様に砂泥質の干潟に生息し、椎塚貝塚を含む霞ヶ浦南西岸の貝塚からよく見つかる代表的な貝種である。ただし、貝殻の形態が近似している貝種が少なくないため、個々の土偶の「不整楕円形」の形態からピンポイントに貝種を同定することは難しいだろう。

一方、その独特な形状ゆえ、モチーフとなった貝種をはっきりと特定できる土偶も存在している。椎塚貝塚から出土した図12の土偶である（以下、「椎塚土偶Ⅱ」）。

椎塚土偶Ⅱの頭頂部にはひときわ注意を引く凸型の突起がみられるが、①頭頂部の凸型の突起は真上ではなく（土偶から見て）左斜め上方へ突出している。また、②「頬」の輪郭部分が左右

---

*12　江坂輝彌（1960）『土偶』、校倉書房

*13　言われればわかるが、言われなければわからない――これが人間の認知の恐ろしさである。冗談のような話だが、海のものに「山形」などという呼称が付けられたことも不運であった。先入観や常識は「認知バイアス」を発生させ、対象物をありのままに見ることを困難にするからである。もちろん第1章で述べたように、実証主義を標榜する昭和期以降の考古学が土偶の「見た目」について語ることをタブー化したことも大いに関係があるだろう。

図10・オオノガイと土偶（椎塚貝塚）　大阪歴史博物館

非対称になっており、土偶の「左頬」には尖端がないのに対し、「右頬」には尖端がみられる。

この①と②の造形と極めてよく整合するのが「サルボウ」である。図13のサルボウの形態を注意深く観察して欲しい。やはりサルボウの凸型の殻頂も真上ではなく（サルボウから見て）左斜め上方へ突出している。また、サルボウの貝殻も左右非対称となっており、（サルボウを顔に見立てると）「左頬」には尖端がないのに対し、「右頬」には尖端がみられる。

このように、「殻頂の突出する方向の反対の側部に尖端を持つ」というのは、多くの二枚貝に共通してみられる形態である。とりわけ殻頂が斜め上方に突出しているサルボウにおいてはこの特徴が顕著になっているが、椎塚土偶IIの頭部の形態はまさにこのサルボウのフォルムの特徴と見事なまでに一致している。この土偶を製作した者は、おそらく実物のサルボウを観察しながら塑造したのであろう。このように土偶は「デフォルメ」でも「抽象」でもなく、極めて写実的精神に富

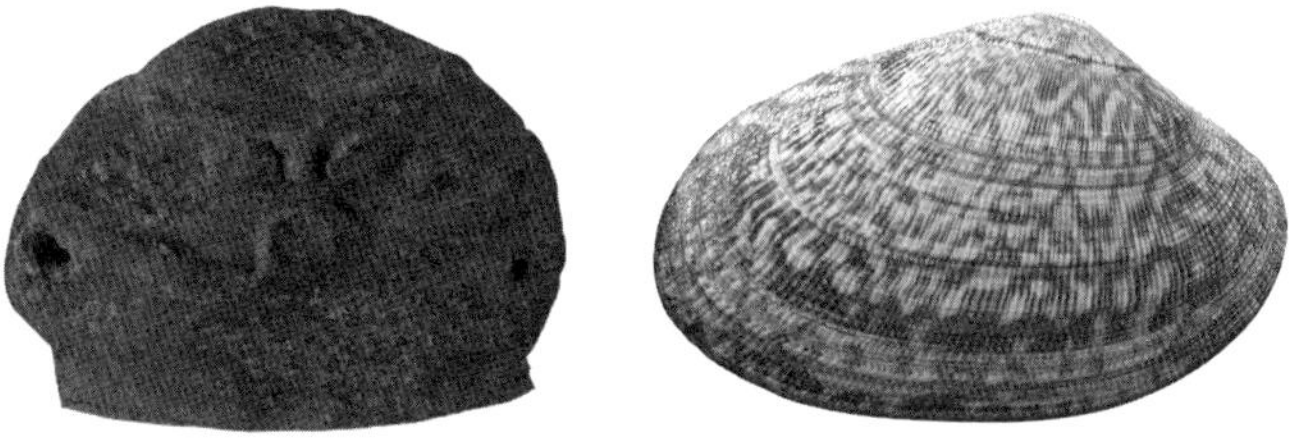

図11・アサリと山形土偶　東京大学総合研究博物館

む造形物だったのである。

ハマグリも十分に説得力のある事例であったが、サルボウの貝殻の形態がハマグリよりも示差的である（＝他に似たものがない）分だけ、サルボウの事例はより強い説得力を持つといえるだろう。

これでわれわれがとるべき道は二つに絞られたように思う。これまでの事実をふまえてなお「椎塚土偶IIとサルボウとの形態の類似は単なる偶然である」という説明を受け入れるか、それとも「椎塚土偶IIはサルボウをかたどったフィギュアである」という私の仮説を受け入れるか。

椎塚土偶IIの頭部とサルボウはこれだけの形態的な類似を示している（イコノロジー的事実）うえに、さらにこの土偶が出土した椎塚貝塚からは同時代のサルボウが大量に検出されている（考古学的事実）。

ここで〈**イコノロジー×考古学**〉という本研究の方法論を

図12・椎塚土偶II　大阪歴史博物館

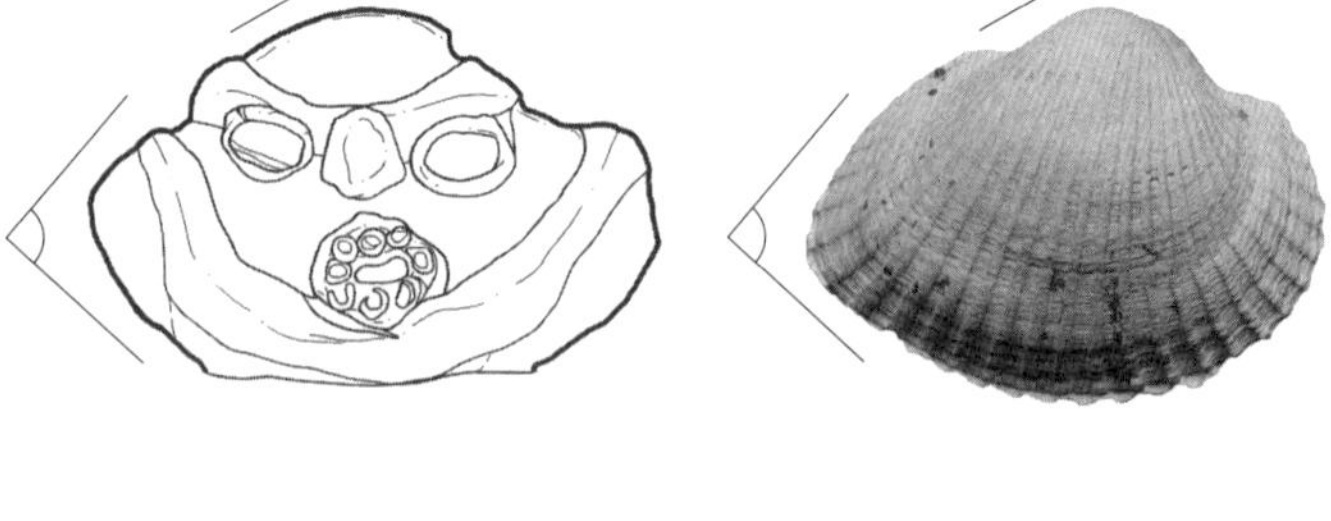

図13・驚くべき形態の近似

適用すれば、椎塚土偶IIとサルボウとの形態的類似が「単なる偶然」である可能性は極めて低いと判断するのが妥当であろう。したがって、われわれがもし十分に合理主義者であるならば、この「単なる偶然」の可能性は棄却され、「椎塚土偶IIはサルボウをかたどったフィギュアである」という推認を受け入れざるを得ないのではないだろうか。

ちなみに、サルボウは波の穏やかな内湾の砂泥底に生息するフネガイ科の二枚貝である。興味深いことは、「サルボウ」の語源が「猿頬」であるという点である。貝殻のかたちが猿が両頬を膨らませているように見えることに由来している。つまり、古代日本人はこの貝の形態を動物の顔に見立てたのである。

一方、椎塚土偶IIの土偶の顔面も両頬が膨らんでいるように造形されている。つまり、縄文人もまたこの貝を顔に見立てたのである。これもまたアナロジーの働きであり、認知科学的な観点からも注目すべき符合といえるだろう。

海は水のある森であり、森は水のない海である

さて、私が立てた仮説は「土偶は食用植物をかたどったフィギュアである」というものであった。その一方で、本事例では椎塚貝塚から出土した土偶は貝類をかたどったフィギュアであるという結論が新たに得られた。これについて、われわれはどのように考えるべきなのだろうか。

椎塚土偶の解読から私が気づかされたことは、そもそも「植物」とか「貝類」といった観念は現代人の認知カテゴリーに過ぎないということである。たとえば縄文人が動物を見て「これは哺乳類」とか「これは爬虫類」といった分類をしたわけもなく、かれらはわれわれには未知の、独自の分類体系によって生物種を認知していたはずである。したがって、そもそも「植物」というわれわれの認知カテゴリーをそのまま縄文人に当てはめようとすること自体が不適切だったのである。

そこから私が直感したのは、ひょっとして縄文人は貝類と堅果類を近似したカテゴリーとして認知していたのではないか、ということである。

というのも、「縄文脳インストール作戦」を実行中に気づいたのだが、貝類と堅果類というのはじつに共通項が多いのである。海と森という違いはあれど、どちらも地面に小さな粒が落ちている。それを拾い集め、堅い殻を剥いて中の身＝実を食べるという挙動も似ている。貝類と堅果類とをつなぐような、古代的な認知の痕跡がどこかに残っていないだろうか。そう考えた私はアイヌ語を調べてみた。[*14] そしてそこで私はある興味深い事例を見つけた。アイヌ人言語学者・知里真志保の『分類アイヌ語辞典 植物編』[*15]によれば、アイヌ語で「栗の殻（＝イガ）」は“yam-sey”、また「オニグルミの殻」は“ninum-sey”というのだが、この“sey”というのは「貝殻」という意味だということがわかった。

つまりアイヌ語においては、貝類と堅果類の外被はともに同じ“sey”という言辞によって指示されているのである（両者を直訳すれば「栗の―貝殻」「オニグルミの―貝殻」ということになる）。こうした語法もまたアナロジーによって言葉が転用されたものと思われるが、いずれにせよこの事例はアイヌ文化において貝類と堅果類とが近接的に認知されていたことを示唆している。ところがその後、日本語の中にもっと直接的な事例が存在していることがわかった。オンラ

＊14　近年の縄文研究においてはアイヌ文化に注目するトレンドがある。アイヌ民族の成立自体は縄文時代の終焉から年代的にかなり隔たっているが、アイヌ文化が縄文文化のアニミズム的要素を色濃く継承している可能性が十分に考えられるからである。

＊15　知里真志保（1976）『知里真志保著作集　別巻I』、平凡社に収録。

インの語源辞典で「ハマグリ」を検索すると、以下のように解説されている。

形が栗の実に似ており、浜辺に生息していることから「浜栗」の意味が定説。(中略)植物の栗も古代から重要な食糧であるため、「山の栗」に対して「海の栗」と考えたのであろう。[*16]

そもそも「ハマグリ」の語源は「浜に落ちている栗」、つまり「浜栗」だったのだ! 貝類と堅果類との認知的な近接性は、アイヌ語どころか日本語の中にもはっきりと示されていた。本章の冒頭で述べた通り、私が椎塚土偶に出会ったのは「クリをかたどった土偶」を探しているときであったから、その感覚もまんざら間違ったものではなかったということになる。

以上のように、私が直感した貝類と堅果類とのアナロジー的関係はアイヌ語の中にも日本語の中にも見られた。こうした事実を考慮すれば、縄文人も貝類と堅果類とを近接するカテゴリーに分類し(あるいは両者を包含する認知カテゴリーが存在し)、どちらの精霊も土偶祭祀の対象になっていたと考えても不自然ではないだろう。**海は水のある森であり、森は水のない海なのである**。

そういうわけで、椎塚土偶の解読を経て、私は自らの仮説を修正することになった。すなわちそれは、「土偶は食用植物および貝類をかたどったフィギュアである」というように拡張されたのである。

椎塚土偶からの贈り物

ハート形土偶や合掌土偶&中空土偶の分析の段階では、私はまだ自らの仮説の妥当性に十分な自信を持てなかった。しかし、椎塚貝塚の土偶たちの分析を終えたとき、私は自らの仮説が正しい（=現段階において最も確からしい説明である）ことを確信した。出土する年代や地域によって多様な特性を持つ縄文土偶の各形態を、これ以上に合理的に説明できる仮説は現在のところ存在していないからである。

また、この椎塚土偶の事例は、「見た目の類似」に依拠するイコノロジーの脆弱性が、考古学の実証データを組み合わせることで十分に克服可能であることも示してくれた。そう、適切な方法論さえ用意されれば、**土偶は読むことができる**のだ。

＊16 「語源由来辞典」http://gogen-allguide.com/ha/hamaguri.html（二〇二一年一月閲覧）

第4章

土偶プロファイリング④

みみずく土偶

みみずく土偶

つぎは「みみずく土偶」をみていこう。明治時代に人類学者・坪井正五郎から「みゝづくの様な顔付きのもの」と評されて以来、この名称で呼ばれるようになった土偶である。年代的には山形土偶の最盛期の少し後、おおむね縄文時代の後期後葉から晩期前葉（約三四〇〇年前～三〇〇〇年前）にかけて作られたもので、そのほとんどが関東地方の遺跡から見つかっている［図1］。

みみずく土偶は発見された当初からその独特な頭部の造形が注目され、これまで「石器時代人の結髪（＝縄文人の髪型）」を表現したものとして説明されてきた。たしかにこの土偶には、前頭部だけではなく後頭部にいたるまで縦横に細かい線刻がみられるため、「結髪」と言われればそのように見えなくもない。

しかし、われわれはもはや、顔にしても手足にしてもまったく人間のそれには似ていないこの土偶を、無理やり縄文人をかたどったものだと考える必要はない。植物や貝類の中から形態が近似しているものを探し、考古学的事実に照らし合わせて検証すれば、きっと誰もが納得できるモチーフが判明するだろう。

①後谷遺跡（埼玉県）　桶川市教育委員会

②滝馬室遺跡（埼玉県）　東京国立博物館

③真福寺貝塚（埼玉県）　ColBase

図1・みみずく土偶

このみみずく土偶の解読はかなり難儀することになった。椎塚土偶と同様、みみずく土偶を観察してもピンと来るモチーフが浮かんでこなかったのである。とはいえ、縄文後期から晩期にかけての関東地方という出土状況、しかも貝塚から多く出土しているということもあり、やはり貝類の可能性が高いだろうという目途はつけていた。

取り急ぎ、私はみみずく土偶に関連する考古学の資料を収集し、さらには東京、埼玉、千葉、茨城にある博物館や埋蔵文化財センターを回り、実際のみみずく土偶の観察を行うことから始めた。数十点のみみずく土偶の頭部を見て気づいたことは、真福寺貝塚（埼玉県さいたま市）や滝馬室遺跡（埼玉県鴻巣市《こうのす》）から出土したみみずく土偶のように装飾性に富んだ「結髪」を持つものも存在しているが、その一方で、至ってシンプルな頭部を持つみみずく土偶も数多く存在しているということであった［図2］。

私はモチーフ推定の際に、こうしたシンプルな造形をみみずく土偶の原型《プロトタイプ》＊1とみなし、装飾性のみられるものはその「亜種」として設定した。なお、この土偶に限らず、よりシンプルな意匠を原型《プロトタイプ》に設定し、そこからモチーフを推定していくのが私の解読作業の基本的な方針である。

①神明遺跡（茨城県）　取手市教育委員会

②神立平遺跡（茨城県）　上高津貝塚ふるさと歴史館

③上高井貝塚（茨城県）　東京大学総合研究博物館

図2・みみずく土偶の原型

みみずく土偶の造形的特徴

私が注目したみみずく土偶の造形的特徴は四つある。それぞれについて説明しよう。

一つ目は、頭部の造形。

シンプルなものと装飾性に富んだものがあることは先述の通りだが、いずれにおいても上方へ突き出すような突起が前頭部に取り付けられており、それが立体的なレイヤーをなしている。これは他の土偶には見られない特異な造形である。

さらに、このレイヤー部分を含め、頭部全体に細密な刻線が施されている。縦横に走る沈線は細密に、また余白部分を埋め尽くさんばかりに徹底的に刻まれている。**造形的に高コストな部位にこそ多くの情報量が隠されている**——これは私の土偶解読の綱領であるが、この意味において、手間のかけられている頭部の造形は注目に値する。

二つ目は、顔面がはっきりと区画されている点。

みみずく土偶の顔面は円板状に造形されており、その輪郭には放射状の沈線が丁寧に刻まれている（私が連想したのはロレックスの〝オイスター・パーペチュアル〟である。ベゼルの部分などよく似ている）。当然ながら人間にはこのような顔面の輪郭は存在しないため、この造形にもモチーフのヒントが隠されていることが予想される。

三つ目は、目と口が円板状に造形されている点。

よく見ると、目と口の円板には立体感のある凹みが表現されており、周縁に細かい線刻が入っているものもある。こうした細部にも造形コストが投入されていることから、円板状の目と口は〝手抜き〟の結果ではなく、明確に意図されたデザインであると考えるべきだろう。

四つ目は、みみずく土偶の左右の「耳」の位置に、目や口と似たような円板が配される点。

これは坪井正五郎[*2]や江坂輝彌[*3]が夙《つと》に指摘しているように、縄文人が装着していた滑車型の耳飾りをかたどったものとみなしてよいだろう。みみずく土偶が作られた縄文後期後半から晩期前葉にかけて、関東地方では直径三〜五センチメートルの木製や土製の輪状のピアスが流行していた。当時の服飾のトレンドが土偶の造形にも反映したのだと考えられる。

ただし「結髪」と同様、あくまでこれは土偶製作者による「見立て」と考えるべき造形であ

＊1　ここでいう「原型《プロトタイプ》」とは認知言語学／認知心理学の用語で、「必要十分条件を満たす要素で構成される集合」ではなく、「事物の類似性によって形成される集合（＝認知カテゴリー）」における「典型事例」を意味する。人工知能研究においても重要な概念であり、文理を問わず諸学における「類型化」という方法論とも関係が深い。解説書としては西村義樹・野矢茂樹（２０１３）『言語学の教室』（中公新書）／専門書としてはジョージ・レイコフ（１９９３）『認知意味論』（紀伊國屋書店）を推奨する。

＊2　坪井正五郎（１９０６）「日本石器時代人民の耳飾り」、『東京人類學會雜誌』21巻２４１号、日本人類学会

＊3　江坂輝彌（１９６０）『土偶』、校倉書房

る。つまりそれは、「結髪」にしても「耳飾り」にしても、そのように見える形態をみみずく土偶のモチーフが有しているという意味である。いずれにせよ、ほとんどのみみずく土偶にこの耳飾りが見られることからも、これもまた見逃すことのできない意匠といえる。

貝類図鑑でわかったみみずく土偶の正体

さて、次に私は、みみずく土偶の出土分布を調べてみることにした。利用したのは国立歴史民俗博物館がウェブ上で一般公開している〝土偶データベース〟である。[*4]

これは研究者たちが協力して全国の土偶の情報をデータベース化したもので、二〇二一年現在で一万六四一件の土偶の情報が入力されている。出土年代、地域、土偶のタイプ、残存部位などの項目別にコーディングされているため、特定の土偶の出土分布などを調べる際には役に立つ。

さて、この土偶データベースで「みみずく土偶」のタグで検索すると、計二七三件がヒットした。[*5] 図3は、縄文後期の関東平野の復元図に、ヒットしたみみずく土偶の出土地点をプロット

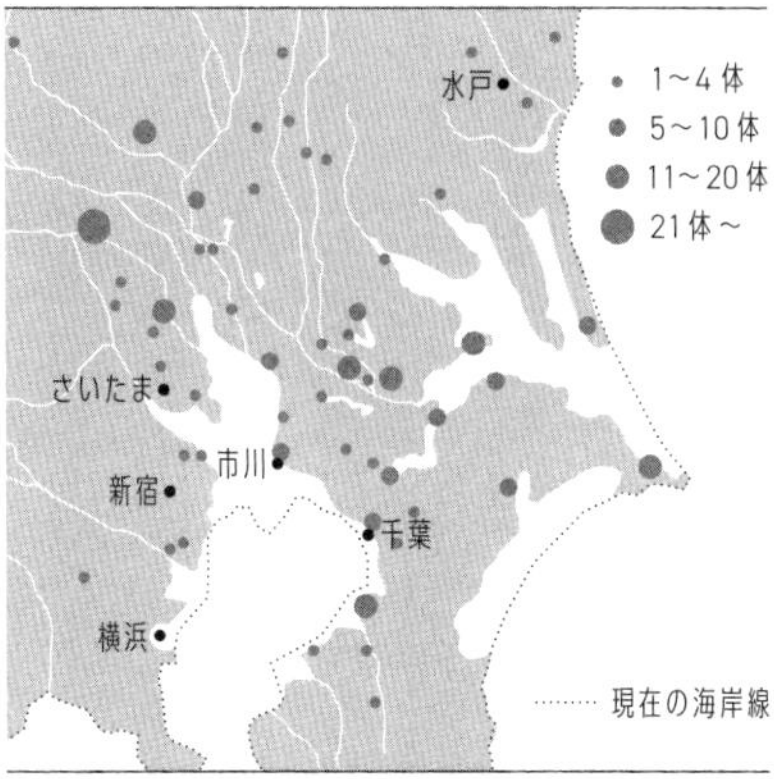

図3・みみずく土偶の出土分布
海岸線および河川は縄文時代後期（約4000年前）のもの
※推定

したものである。

こうして見ると、みみずく土偶の多くは奥東京湾と古鬼怒湾の内陸側の沿岸部とその周辺の遺跡（大半が貝塚である）から出土していることがわかる。都道府県別でみると、多い順に千葉県九七点（約三六パーセント）、茨城県九三点（約三四パーセント）、埼玉県五三点（約一九パーセント）、栃木県一五点（約六パーセント）群馬県七点（約三パーセント）、東京都六点（約二パーセント）となっており、このほか神奈川県と愛知県から一点ずつ発見されている。

図3を見る限り、やはりみみずく土偶にも偏在性があることがわかる。つまり、どこからでもランダムに出てくるわけではなくて、その出土には一定の傾向性があるということである。特に、漁労活動が活発で多くの貝塚が形成された縄文後期の千葉県域と茨城県域（とりわけ内湾部）

＊4　国立歴史民俗博物館「土偶データベースの検索」https://www.rekihaku.ac.jp/up-cgi/login.pl?p=param/dog2/db_param

＊5　考古学者が「みみずく土偶」と呼ぶ一連の土偶と、私が「みみずく土偶」と呼ぶ土偶は必ずしも一致しないが、大部分は重複しているため、このデータベースを活用している。こうした「○○土偶」という呼称はあくまで暫定的な便宜によるものであり、学術的に統一された厳密な類型ではない。

からの出土が全体の七割を占めているという事実は、この土偶が内湾性の漁労活動と関係があったことを想像させる。

ということはやはり、みみずく土偶のモチーフは植物ではなく貝類の中から探すのが妥当だ。私はさっそく都内の図書館へ向かった。そこで私が手に取ったのは貝類図鑑である。みみずく土偶は絶対この中にいる——私は集中して注意深くページを手繰っていった。そして十数分後、それはあっけないほど簡単に見つかったのである。

それは「**イタボガキ**」という名の貝であった。

東京で暮らす私にとって「カキ」と言えば、冬にスーパーで養殖の剝き身がパック詰めで売られている「マガキ」か、夏場にオイスターバーで食す「イワガキ」のどちらかであり、イタボガキなるものは見たことも聞いたこともなかった。しかし、図鑑に載っていたイタボガキの写真を見た瞬間、私はこの貝がみみずく土偶の正体に違いないと確信した。自分でも不思議なくらい確かな手応えがあった。

とはいえ、図鑑の写真だけでは十分な検証ができないため、実物を入手すべく、その場でスマホでイタボガキを販売している業者を探してみた。しかし、見つかるのはマガキやイワガキばかりで、イタボガキを販売しているサイトは見つからなかった。とりあえず貝殻だけでも、と思って食用ではなく標本の類も探してみたが、それすらどこにも売っていなかった。

翌日には各地の漁協に問い合わせの電話をしてみた。しかし、どこも「イタボガキ？　すいません、うちでは扱ってないですね〜」という回答が返ってくるばかりだった。図鑑のイタボガキの項目には「房総半島から九州地方に生息」と確かに書いてあったのだが……。

そこであらためてネットで調べてみたところ衝撃の事実が判明した。

じつはイタボガキは四〇年ほど前までは至るところで採集できたものの、近年個体数の減少が急速に進み、現在では絶滅寸前の「幻のカキ」となっていたというのである。[*6] 環境省が発表しているレッドリストでも確認してみたが、確かにイタボガキは最も深刻な「絶滅危惧I類」に分類されていた。

イタボガキとの出会い

そういうわけで、私はイタボガキの入手はなかば諦めていたのだが、半年後、ひょんなこと

＊6　東京大学総合研究博物館の佐々木猛智によると、イタボガキは1980年以前までは食用種として大量に漁獲されていたという。ところが「1980年代中頃より全国各地の沿岸から忽然と姿を消し、誰も気がつかぬうちに超貴重種になっていた」ということらしい。http://umdb.um.u-tokyo.ac.jp/DKankoub/ouroboros/06_02/collection.html（二〇二一年一月閲覧）

からチャンスが訪れることになった。ネットで「ふるさと納税」のページを見ていたら、「【超希少】幻の牡蠣イタボガキ　15個セット」という返礼品を発見したのだ。

水産業者のウェブページの説明によると、大分県の豊後高田市で赤貝や海苔の養殖をしていたら、たまたま養殖用のカゴにイタボガキが付着しているのを発見し、それから実験的に養殖を開始したということらしい（市場に安定した量は供給できないため、市販ではなくふるさと納税の返礼品というかたちになっているようである）。

私は即座に送金し、数週間後、わが家に待望の活《い》きたイタボガキが到着した。

さっそくアシスタントの池上を呼び、発泡スチロールの箱からぎっしり詰められたイタボガキを取り出し、氷を敷いた皿の上に並べていった（編集部注：返礼品は生食用ではありません）。意外だったのはイタボガキの感触である。カキとは思えないほど殻が軟らかく、あのゴツゴツした手触りがないのである。二人で牡蠣ナイフを使って殻を開けていったが、イワガキやマガキよりもはるかに開けやすかったのが印象的であった。

われわれはシャンパンを開け、あっという間に「幻の牡蠣」を平らげた。お味はというと、これまた非常に美味で、貝柱が大きく、イワガキに似た濃厚な旨みと独特の渋みがあり、辛口の美酒との相性は抜群であった。

海の恵みを堪能しながら私たちが祝福したのは、もちろんこの稀少なカキの食味だけではない。掌の中から〝イタボガキの精霊〟が私をじっと見つめていたのだから。

ご覧頂きたい。図4は入手した一五個のイタボガキのうち、形態的に最もみみずく土偶に近似している殻を撮影したものである。結論を出すために解決すべき疑問点はいくつか残されてはいたが、そうした小さな疑念が吹き飛ぶくらい、イタボガキはみみずく土偶に酷似していた。カメラを構えた私はアルキメデスさながら、心の中で「ユリイカ！」と叫びながらシャッターを切った。

図4・イタボガキの左殻

イタボガキとみみずく土偶の形態的類似

みみずく土偶がイタボガキをかたどっていると考えると、先ほど挙げた四つの造形的特徴が合理的に説明できるようになる。イタボガキの殻の形状とともに確認していこう。やや冗長ではあるがお付き合い頂ければ幸いである。検証にはこういう細かい作業が必要なのだ。

イタボガキは二枚貝である。大きくて膨らみがある方が左殻で、やや小型で膨らみが小さい方が右殻である。イタボガキの左殻の大きな特徴はその「**放射肋**《ほうしゃろく》」と「**成長肋**」にある。放射肋は殻頂から放射状に広がる隆起線のことで、これがみみずく土偶の「結髪」の正体だったのである。

図4のイタボガキは養殖ものということもあり最もシンプルな形態をしている。しかし、天然ものであれば、マガキやイワガキがそうであるように、固着生物であるがゆえ着生《ちゃくせい》環境（どのような場所で何に付着するか）によって各個体の殻の形態は大きく異なる。みみずく土偶の「頭髪」にシンプルなものから装飾的なものまで見られるのは、土偶製作者たちのあいだに多様な趣向が存在していただけでなく、モチーフに選ばれたイタボガキの殻の形状の多様性が反映した可能性も考えられる。

一方、成長肋は殻が成長する方向に同心円状に形成されていく年輪のような隆起線のことだ。図5のように、カキではこの成長肋が檜皮のように**レイヤー状**に重なりながら形成されていくが、この構造はまさにみみずく土偶の頭部に立体的に取り付けられた突起部の造形を説明してくれる。

そして、イタボガキの殻表、特に外縁部にかけては、成長肋による「横線」と放射肋による「縦線」がまさに文字通り縦横に走り、あたかもミルフィーユのような様態をなしている。土偶

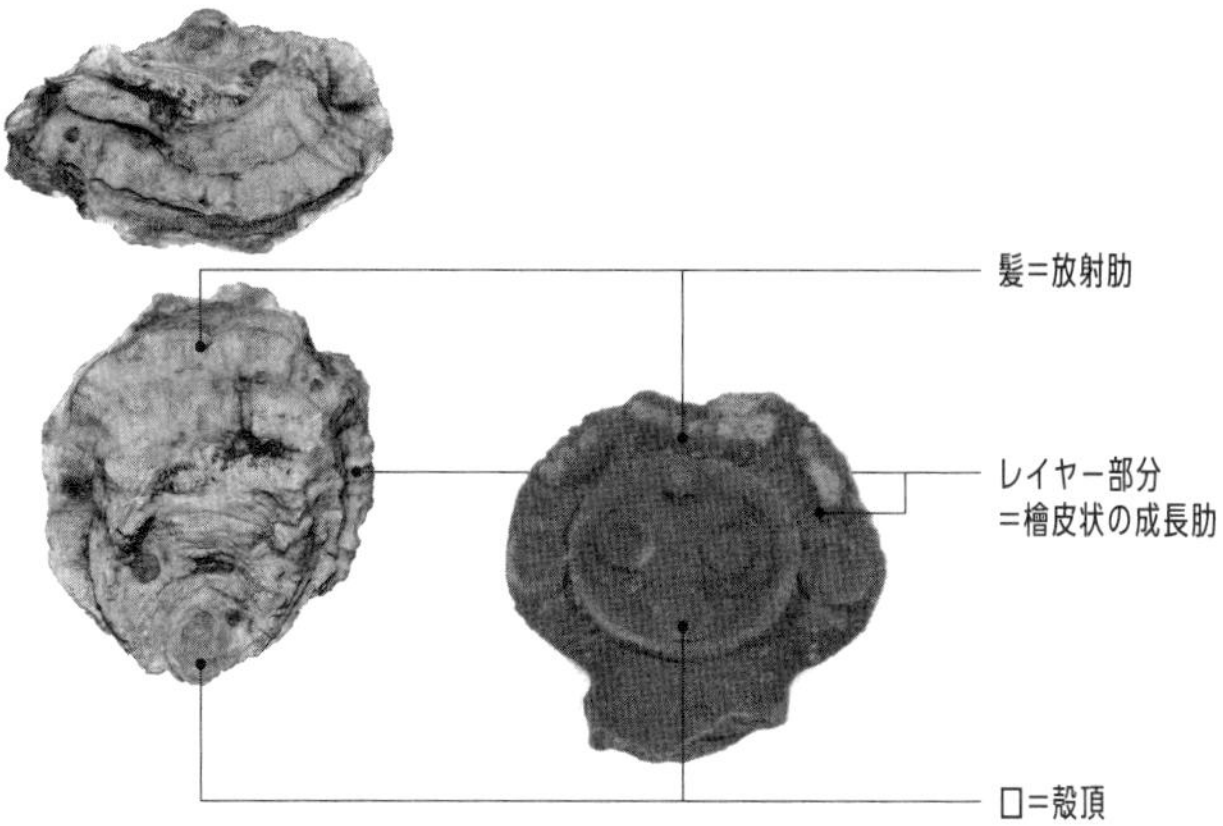

図5・イタボガキ（左殻）とみみずく土偶の形態比較

製作者がみみずく土偶の頭部を造形する際、余白部分を埋め尽くさんばかりに細密な縦横の沈線を刻んだのは、それによってイタボガキの殻表を表現しようと意図したからだろう。

また、みみずく土偶の顔面が円板状に造形され、明確な輪郭線によって区画されていたのは、それが成長肋によって区画された「**イタボガキの顔面**」だったからである。また、顔面の輪郭部分にロレックスのベゼルのような放射状の沈線が刻まれたのも、イタボガキの放射肋の様態を写実的に表現しようと企図したからだろう。

多くのみみずく土偶の顔面の輪郭は、よくみると完全なる円形ではなく、どちらも上部がやや直線に近いラインに造形されている。これもまたイタボガキの「顔面」の輪郭線に類似している。

祇園原貝塚（千葉県）　市原市埋蔵文化財調査センター

図6・イタボガキには「目」がある

さらに、みみずく土偶の円板上の目と口の造形も説明できる。イタボガキは左殻の殻頂付近で他物へ付着するため、採取の際には他物から殻を剝がす必要がある。そのため採取後のイタボガキの左殻には、殻頂に図6のような剝離跡が形成される。これが「**口**」の正体であろう。

祇園原貝塚（千葉県市原市）から出土した図6のみみずく土偶の口を見てほしい。土偶の口の下端と顎のラインが一致している。言うまでもなく、これは人間の顔をかたどっていたならばあり得ない造形である。したがって、これは土偶製作者が実際にイタボガキの殻の剝離跡を見ながら、これを忠実に再現すべく顔の造作を塑造したと考えられる。

また、カキ殻にはフジツボなどの小型生物が付着するため、これがイタボガキの「**目**」と解釈されたことは想像に難くない。図6のイタボガキは「片目」しかないが、ご覧のようにそれでも十分に顔に見える様相を呈してい

太岳院遺跡(神奈川県)　秦野市　　山口県坊府市向島漁港(撮影:佐々木猛智)

図7・イタボガキには「耳」もある

る。

さて、最後にもう一つ。

先述した、多くのみみずく土偶が耳飾りをしているという問題である。この耳飾り問題の解決には時間がかかったが、それはどうやら私が入手したイタボガキが養殖ものであったことと関係があったようである。

『日本大百科全書』(小学館)で「イタボガキ」を調べると、殻の形状の説明のなかに「殻頂の左右に**耳状**の突起が出て」という記述がある。*7 実際に天然物のイタボガキの写真をみると、たしかに「耳」がある！　どうやら天然のイタボガキの殻には耳状の突起が形成されるようである。

図7の「耳」のあるイタボガキと太岳院遺跡(神奈川県

＊7　この執筆者もイタボガキの殻に「耳」を見ているのは興味深い。なお、このような認知は「顔パレイドリア」と呼ばれる現象である。詳しくは第6章であらためて論じる。

秦野市）出土のみみずく土偶を並べてみると、耳まわりのフォルムの類似は驚くべき符合をみせる。つまり、土偶製作者たちはイタボガキの殻頂の左右にある突起を「耳」あるいは「耳飾り」に見立てたものと考えられる。三〇〇〇年前の関東地方の社会風俗が土偶の造形に反映している興味深い事例といえる。

ということで、みみずく土偶がイタボガキをかたどっていると考えると、これまで不可解でしかなかったこの土偶の姿を合理的に説明できるようになる。また、この仮説は、みみずく土偶が縄文後期の奥東京湾や古鬼怒湾沿岸の貝塚から多く見つかっているという事実ともよく符合している。

それゆえ私は「**みみずく土偶はイタボガキをかたどったフィギュアである**」という結論をここに導く。

さて、この後の「みみずく土偶付記」では、さらに踏み込んだ考察を二点ほど加えておく。①なぜ縄文人は、より多く採集されていたはずのマガキではなくイタボガキを土偶のモチーフに選んだのか、②埼玉県の東半部（大宮台地周辺）の内陸部の遺跡からみみずく土偶が発見されているのはなぜか、という疑問に答えていきたい。とりわけ考古研究者であれば気になるポイント

図8・縄文時代に製作されたカキ殻の仮面　阿高貝塚（熊本県）
黒住耐二（2017）「東アジアにおける貝製仮面および
その類似製品に利用された貝類の同定」、『千葉県立中央博物館研究報告』13（2）

「のとカッキーくん」
（七尾市マスコットキャラクター）

厚岸町ご当地キャラクター候補

「オイスター・ボーイ」のフィギュア

図9・人体化（アンソロポモファイズ）**されたカキの表象事例**

だろう。

やや専門的な内容を含むので、早く他の土偶の正体について知りたいという読者は、この後の「みみずく土偶付記」を飛ばして次の第5章へと進んでもらって構わない。

みみずく土偶付記

1　なぜイタボガキがモチーフに選ばれたのか

みみずく土偶がカキをかたどっているとするならば、それはマガキではなくイタボガキであることは確実である。なぜなら、これまで見てきたように、みみずく土偶とイタボガキは多くの形態的特徴を共有しているのに対し、マガキの殻は細長く、その形態はみみずく土偶の丸型の顔面にまったく近似していないからである。

しかし、ここで一つの大きな疑問が生じる。

なぜマガキではなくイタボガキが土偶のモチーフに選ばれたのだろうか。

というのも、縄文時代の貝塚から見つかるカキは、イタボガキよりもマガキの方がはるかに多いのである。土偶を用いて「カキの精霊」を祭祀するなら、なぜより多く食べられていたはずのマガキが土偶のモチーフに選ばれなかったのだろうか。まずは両者の生態について確認しておこう。

マガキは塩分濃度の低い水域を好み、内湾奥の岩礁に付着するか、河口付近に堆積した砂泥底（干潟）にカキ礁を形成して生息するため、いずれにせよ採集が容易である。*8 みみずく土偶が多く作られた縄文後期後葉から晩期にはすでに海退が進んでいたが、それでも奥東京湾と古鬼怒湾の内陸の入り江には、マガキを採集できる干潟が数多く存在していた。[*9]

一方、イタボガキは内湾の浅海に生息するものの、マガキよりも濃い塩分濃度を好み、生息するのは干潮時の海面下数メートル〜三〇メートルと言われている。[*10] 湾口部の潮の流れがある砂礫底《されきてい》に固着したり、互いに付着しあって団塊状になるが、いずれにせよ採取には簡単な潜水が必要であることが想定される。したがって、イタボガキの採取はマガキより手間がかかり、この差が貝塚での出土量の差に反映していると考えられる。

こうした事情もふまえつつ、みみずく土偶のモチーフにマガキではなくイタボガキが選ばれた理由は何が考えられるだろうか。

結論から言うと、私は以下のような可能性について考えている。

すなわち、われわれにとっての〈マガキ／イタボガキ〉という認知カテゴリーが、縄文人にとっては〈**男のカキ／女のカキ**〉という区分になっていたというシナリオである。つまり、味も中身もよく似ている両者は同一の種族として認知されたうえで、殻が大きくてゴツゴツと固いマガキに「男」が、そして殻が小さくて丸くて軟らかいイタボガキに「女」が割り当てられていたのだろうというのが私の推定となる。[*11]

ここから先は土偶の用途論に関わるので深入りはしないが、多くの土偶が女性的性徴を有していることから、一部の土偶が豊饒を祈願する儀礼と関係していると考えれば、土偶祭祀の対象となるのは必然的に受胎能力を有する「女性の精霊」になる。[*12]

縄文人は採集するカキのうち、マガキを「男のカキ」、イタボガキを「女のカキ」と分類したうえで、マガキは浅海に棲むイタボガキが産むものと考え、それゆえ女であり母でもあるイタボガキを土偶のモチーフに選んだのではないだろうか[*13]（もちろん単純にイタボガキの円形の殻の方が人面の形態に近いから、という理由もあっただろう）。

したがって、イタボガキがみみずく土偶のモチーフになっているものの、この土偶祭祀のなかには当然マガキの精霊も包含されていたはずであろう。すなわち、「母のカキ」たるイタボガキを土偶のモチーフに選定して祭祀を行うことで、マガキを含めたカキ類全般の

＊8　京都府農林水産技術センターによると、マガキに好適な塩分濃度は〇・五〜三・二パーセントである。かなり幅広い環境条件に適応していることがわかる。http://www.pref.kyoto.jp/kaiyo2/62-iwagaki-03.html（二〇二一年一月閲覧）

＊9　縄文前期のピーク時には栃木県の南端にまで侵入していた奥東京湾は、後期には現在の埼玉県草加市や川口市のあたりまで後退していたと考えられている。遠藤邦彦（２０１７）『改訂版　日本の沖積層』、冨山房インターナショナル

＊10　『日本大百科全書』（小学館）によれば、イタボガキの好適な塩分濃度は二一・七〜三一・四パーセントである。

＊11　現代の生物学的な観点からいえば、カキは基本的に雌雄同体で、その後の栄養状態によって雌雄が決定される。なお、カキの卵巣と精巣は見分けがつきにくいため、古代中国ではカキはオスしかいないと考えられていた。そのため「蠣」にわざわざ「牡」の字を付けて「牡蠣」と表記するようになったと言われている。

＊12　精霊にはふつう老若男女の違いがあるのが一般的である。そのうえで、ほとんどの民族事例において、豊饒祭祀される穀霊などの精霊は「母」として、つまり受胎能力のある女性として表象される。

＊13　さらに巨大な殻を持つ武骨なイワガキは「カキの父」として表象されていたかもしれない。

増収が目論まれていたと私は考えている。

イタボガキは、殻の丸みのあるフォルムや繊細な手触りがマガキの武骨なそれとは大きく異なるため、手に取った人に「たおやか」な印象を与える。じつは、このような感覚的印象から、互いに近似する生物種に生物学性（sex）とは無関係の認知的性（gender）を割り当てるという分類法は世界中の民族事例のなかに見出《みいだ》すことができるものである。

たとえばボリビアにおいてフィールド調査を行ったベルン大学のB・セバスチャンは、アンデス地方でみられる、一部の植物を男女に分類する慣習を報告している。[*14] そこでは、より小さく、より薄く、より丸い葉を持つ植物が「女」に、より大きく、より硬くて直線的な葉を持つ植物が「男」に分類されるという。

また、ゴツゴツして硬い殻を持つ「オニグルミ」に対して、滑らかで柔らかい殻を持つその亜種が「ヒメグルミ」、すなわち〝女のクルミ〟として表象される本邦の事例もこの典型例といえる。こうした事例は枚挙に暇《いとま》がなく、アナロジーを基調とした思考様式を持つ文化においては、このように生物にジェンダーを付与することはむしろ一般的にみられる。

イタボガキが女性と関係が深い貝であったことも付け加えておこう。縄文中期頃より、貝殻を加工してブレスレットにする「貝輪」が女性を中心に流行するのだが、中期の貝輪素材として重用されたのがイタボガキなのである。入手の容易さ、サイズ感や加工のしやすさ、独特な放射肋の模様などが選好された理由と考えられる。
このように、中期において女性たちが好んでイタボガキの貝輪を装着したという経緯が、イタボガキを「女のカキ」として表象する認知傾向を強化した可能性もあるだろう。

2　なぜみみずく土偶が内陸からも見つかるのか

もう一つの疑問は、奥東京湾・古鬼怒湾の沿岸部のみならず、埼玉県の東半部などの内陸からもみみずく土偶が多く見つかっている点である。みみずく土偶がカキの精霊像であるならば、なぜ海から離れた内陸の遺跡からも出土しているのか。この点について考えてみよう。

私が注目したのは、近年綿密な発掘調査が進められている真福寺貝塚である。大宮台地の中央付近、東北自動車道の岩槻インターチェンジにほど近いこの貝塚は、縄文後期前葉から晩期中葉（およそ三八〇〇年前～二六〇〇年前）に営まれた集落に伴って形成されたものである。

縄文前期のピーク時（およそ七〇〇〇年前～六〇〇〇年前）には、東京湾は世界的に発生した

＊14　Boillat, Sébastien.(2007) Traditional ecological knowledge, land use and ecosystem diversity in the Tunari National Park (Bolivia) Centre for Development and Environment Geographisches Institut, Universität Bern.

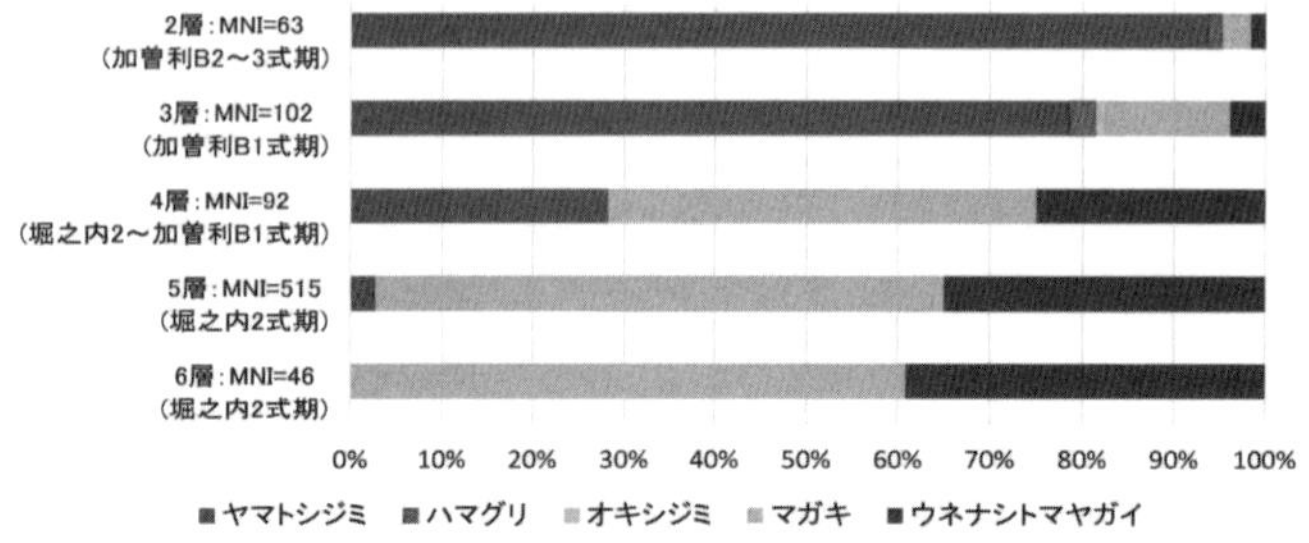

図10・後期前葉〜中期の貝類組成

吉岡卓真（2020）「真福寺貝塚 K・L地点」

海面上昇によってじつに栃木県南端にまで到達していた。しかし、中期（およそ五〇〇〇年前）からは一転して海退が始まり、後期には現在の埼玉県草加市や川口市の付近まで海岸線は後退していたと考えられている。したがって、真福寺貝塚が営まれていた縄文後期には、この集落は海岸線から直線距離で二〇キロメートル以上離れていた可能性が指摘されている。[*15]

それにもかかわらず、真福寺貝塚からは後期の貝塚が検出され、マガキ層も確認されている。図10のように、貝類組成の主体は後期前葉は鹹水性《かんすい》で、後葉になるにつれて汽水性の貝（ヤマトシジミ）へと変化しているものの、いずれにせよ淡水性の貝はみられない。つまり、真福寺貝塚を構成する貝は集落の近隣で採集されたものではないということになる。

貝類は傷むのが早いことや、量の多さから考えれば、これらが交易で得た貝であると考えるより、集落民自身が採集したものと考える方が自然であろう。また、真福寺貝塚から直線で八キロメートルほど北西に位置する伊奈氏屋敷跡遺跡の低地からは、縄文後期〜晩期の丸木舟が二艘発見されており、当時より内陸部において水路が活用されていたことが確認されている。可食部に対する貝殻の重量比が大きい、つまり貝は重いため、陸路で数十キロメートル規模でこれを運搬することは重労働となることを考えると、真福寺貝塚の集落民も丸木舟を活用し、水路から奥東京湾へアクセスしてマガキの採集を行っていた可能性は高い。

いずれにせよ、実際に内陸部に位置する真福寺貝塚から後期のマガキが出土しているので、この事例により内陸の遺跡からからみみずく土偶が出土してもまったく問題がないことが確認できたわけだ。[*16]

なお、真福寺貝塚からは重要文化財のみみずく土偶の優品がすでに出土しているが、二〇二〇年にも三一〇〇年前〜三〇〇〇年前の晩期の地層からみみずく土偶の上半身が発見されてニュースとなった［図11］。

*15　吉岡卓真ほか（2020）『国指定史跡　真福寺貝塚（K地点）―史跡整備に伴う発掘調査概報―』、さいたま市教育委員会

*16　なお、さらに内陸に位置する神明貝塚（埼玉県春日部市）からも後期のマガキが検出されている。

図11・みみずく土偶
さいたま市教育委員会

平坦な関東平野には大小の河川が網状に走っており、水運は非常に利用しやすい環境にある。関東平野の遺跡からは一五〇近い丸木舟が検出されているが、そのうちの多くが縄文後期のものであることを考えると、真福寺貝塚の集落民のように、内湾まで数十キロメートル規模の距離を移動して漁労活動を行っていた内陸民は少なくなかったのだろう。

数量はわずかではあるが、後藤遺跡（栃木県栃木市）、谷地遺跡（群馬県藤岡市）や下新井遺跡（群馬県北群馬郡）などの内陸部の遺跡からみみずく土偶が出土していることも、当地の集落民が水路を利用して海浜部へアクセスしていたことを推定させるものである。このように、土偶のモチーフから当時の人びとの行動様式を復元することも、今後の研究に期待される成果である。

コラム

非常に凝った造りのみみずく土偶がみられることからも、縄文人にとってカキは特別な存在であったことがうかがえる。丸木舟で遠征してまでも、そして精巧な土偶を造って祭祀してまでも手に入れたい特別な食料だったのである。

ところで皆さんは、製菓会社江崎グリコの創業者・江崎利一のエピソードをご存じだろうか。グリコのホームページには次のように説明されている。[*17] 浜辺で牡蠣の煮汁を捨てている漁師たちの姿を見た江崎は「牡蠣にはエネルギー代謝に必要なグリコーゲンが多く含まれている」という記事を読んだことを思い出し、このグリコーゲンを子どもたちの健康づくりに生かせないかと考えた。そこで江崎は、廃棄されている牡蠣の煮汁を譲り受け、それを煮詰めてグリコーゲンを抽出する研究に取り組み始めた。

そんな最中、江崎の八歳の長男がチフスにかかり、医者がさじを投げるほどの病状に陥った。江崎は箸の先に牡蠣エキスをつけて長男に舐めさせたが、苦くて嫌がるため、そこ

＊17　https://www.glico.com/jp/health/contents/glicogen/

図12・発売当初のグリコ（1922年）
画像提供：江崎グリコ

に砂糖を加えて飲みやすくする工夫をしたという。そうやって牡蠣エキスを与え続けたところ容体が回復し、長男は一命をとりとめた。

この経験をきっかけに商品化されたのがかの有名な「グリコのキャラメル」である。江崎はキャラメルに牡蠣エキスを加え、グリコーゲンにちなんで「グリコ」と名づけ〝栄養菓子〟として売り出したのである［図12］。

冬場になると、私の冷蔵庫にはたいていカキが常備してある。自分でオイル漬けにしたり潮煮にしておいて、仕事の合間につまむのである。カキは脂質が少なく低カロリー、しかもグリコーゲンや必須アミノ酸、ビタミンB1・B2・B12などのビタミン類、亜鉛・鉄などのミネラル、タウリンなどが豊富に含まれている。私が特に重宝しているのはグリコーゲンと亜鉛である。

グリコーゲンは〝動物デンプン〟とも呼ばれる多糖類で、食べると血糖値が上がって満腹感が得られ、さらに頭の働きもよくなるため、仕事の能率を上げてくれる。また亜鉛は精力を目に見えて向上させてくれる。つまり、カキ一粒で上半身と下半身にすこぶる力が漲《みなぎ》るのである。私にとってカキはまさに〝スーパーフード〟といえる。

縄文時代には江崎のように病気の子供のためにカキを求める親たちや、カキの力で救われた小さな命も数知れずあったことだろう。みみずく土偶の力強い造形のなかには、そうした海の恵みがもたらす生命力への讃美と感謝の気持ちが込められているのだろう。

第5章

土偶プロファイリング⑤

星形土偶

謎の星形土偶

続いて検証されるのは図1の土偶である。貝塚からみみずく土偶と共に発見されたこともあり、こちらも考古学者たちから「みみずく土偶」と呼ばれてきた土偶であるが、ご覧のように「みみずく」には微塵も似ていない。あまりに奇怪な姿をしており、何かに喩《たと》えようもないため、惰性でそのように呼ばれてきたというのが実情だろう。それくらい謎めいた姿の土偶である。

ちなみに、一般的に用いられている「合掌土偶」、「山形土偶」、「遮光器土偶」といった呼称は、土偶を観察する際に不必要な認知バイアスを発生させるため、学術的な観点からはまったく好ましくない。しかし、そうした呼称はすでに巷間に広く浸透しているため、本書でも便宜的に用いることにしている。

しかし、さすがにこの土偶を「みみずく土偶」と呼ぶのは憚《はばか》られるため――みみずくの要素がないからである――私はこれを「**星形土偶**」と呼ぶことにした。これは頭頂部の星形の形態に因《ちな》んで私が命名したものである。

星形土偶はサイズが一三センチメートル余りと大きくはないが、極めて精巧に塑造・施文さ

星形土偶　余山貝塚（千葉県）　辰馬考古資料館

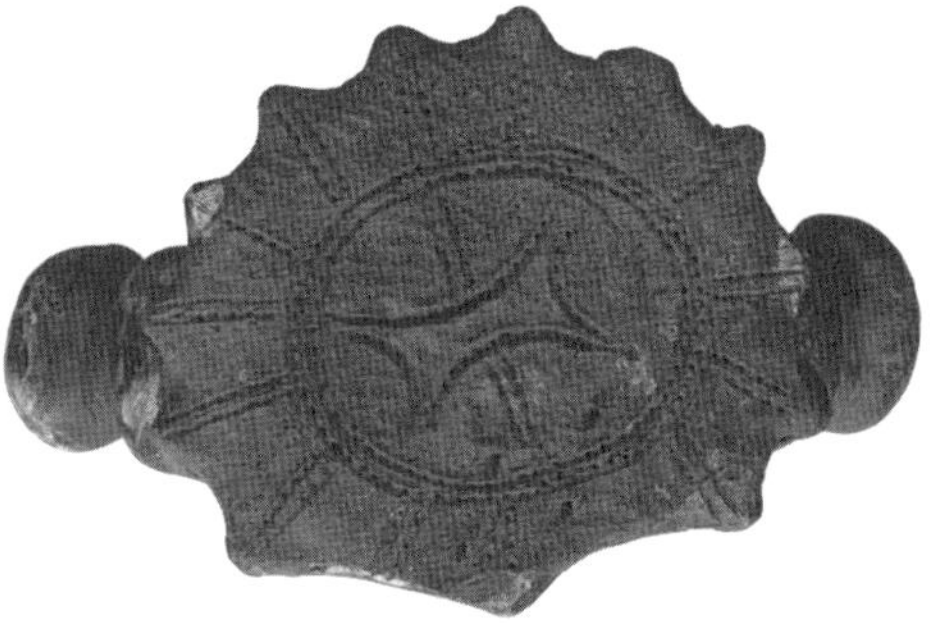

頭頂部

図1・星形土偶

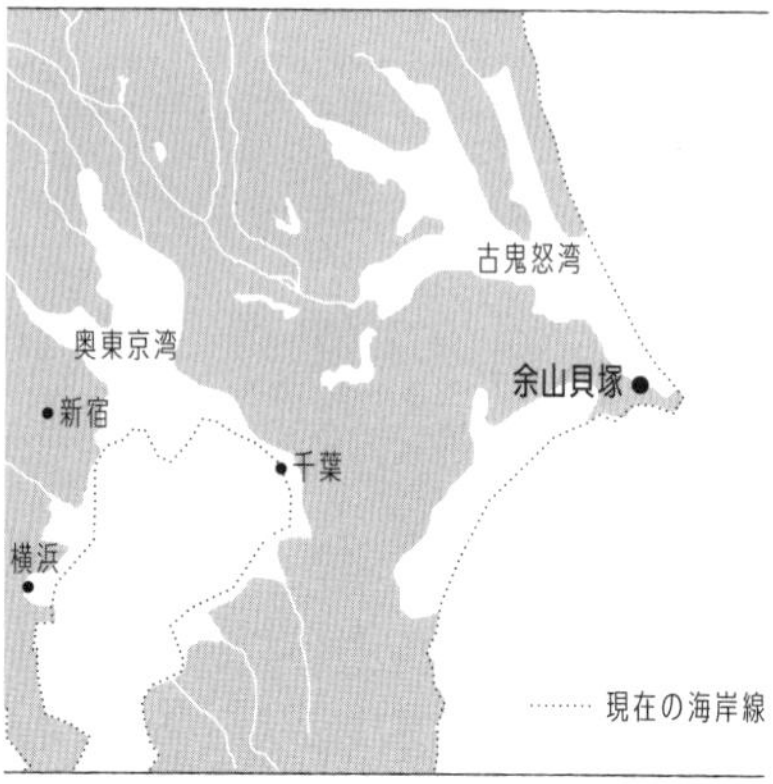

図2・銚子半島に位置する余山貝塚
海岸線および河川は縄文時代後期（約4000年前）のもの
※推定

れており、相当な熟練工によって製作されたことがわかる。ちなみにデザイン的に同系統の、つまり頭頂部が平らな星形に造形されている土偶は、私が確認した限りでは一〇点にも満たず、いずれにせよ稀少性の高いデザインの土偶であるといえる。

星形土偶は千葉県銚子市の余山貝塚から出土した［図2］。余山貝塚は一〇〇点以上の土偶が出土している拠点的集落で、後期前葉から晩期末葉まで営まれたと考えられている。星形土偶は後期後葉、およそ三三〇〇年前のものと推定されている。*1 同系統の土偶もほぼすべて後期の関東地方の貝塚から出土しているため、この土偶も貝類の中からモチーフを探すのが合理的であると私は判断した。

夏真っ盛りということもあり、今度はアシスタントの池上とともに海へ出かけることにした。「縄文脳インストール作戦」の一環として、実際に貝の観察と採集を行うことにしたのである。

星形の貝

われわれが向かったのは三浦半島の最南端、海蝕《かいしょく》の進んだ遠浅の岩礁地帯である。星形土偶には、内湾の砂泥底に生息する二枚貝の雰囲気がないため、磯場で貝の観察を行うことにしたのだ。ここでわれわれが探したのはもちろん「星形の貝」。そしてそれは呆気ないほど簡単に見つかった［図3］。

磯場に到着したのは正午過ぎ。ちょうど干潮の時間で、潮間帯の岩場に生息する様々な貝を見ることができた。そのなかに、岩にびっしりと張り付く綺麗な星形の貝があった。私は夢中になって「星」を採集した。一仕事終えると、今度はシュノーケルとフィンを装着して素潜りで探索を行ったが、海底では「星」を見つけることはできなかった。

帰宅後、採集した貝を一通り試食してみることにした。

収穫したのはマツバガイ、ベッコウガイ、ウノアシガイ、キクノハナガイである。鍋で塩茹

＊1　MIHO MUSEUM編（2012）『土偶・コスモス』、羽鳥書店

でにして、まず池上に食べさせ、問題がないようであれば私も食べてみた。

このなかで私が注目したのはウノアシガイである［図4］。文字通り「鵜の足」に似ていることからこの名前が付けられた貝だが、まさに星形であり、実際に各地の縄文貝塚からも見つかっている。私は最初これが星形土偶のモチーフかなとも思ったが、翌日にはその考えは却下された。

というのも、ウノアシガイの殻長は百円玉より少し大きいくらい、せいぜい三センチメートル程度である。身にいたってはさらに小さく、茹でればさらに小指の先ほどもないサイズに縮み、食用とするにはあまりにも小さすぎる。

現金な話だが、資源価値の少ない生物種に対して、星形土偶ほどの凝った土偶を製作して祭祀することは考えられない。縄文時代においても、というより生活が厳しい縄文時代だからこそ、そうしたコスト感覚と経済原則は厳密に機能するのである。

また、星形土偶の頭頂部の放射線は一四本あるのに対し、ウノアシガイの放射肋は七本しかない［図4］。これまでみてきたように、**縄文の土偶製作者は抽象芸術家でもデフォルメ造形家でもなく、あくまで写実主義のキャラクター作家**なのであるから、この差異は致命的である。

星形土偶の頭頂部が何らかの貝をかたどっているならば、形態的にもっと近似し、かつ資源価値の高いものでなければならない。そういうわけで、ウノアシガイは美しい海の星ではあっ

図3・3000年前の星を探して…アシスタントの池上と

図4・岩場に張り付くウノアシガイ

図5・採集した貝

たが、星形土偶のモチーフ候補から外れることになった。

しかし、この夏の体験は決して無駄にはならなかった。

山形土偶やみみずく土偶が「二枚貝」をモチーフにしていたのに対し、この星形土偶は「笠貝類」の貝をモチーフにしているはずだ、という着想を得ることができたからである。

というのも、笠貝類の多くは、ウノアシガイのように中心部、つまり殻頂から辺縁部に向かって幾条もの放射肋を持っているのである。星形土偶の頭頂部の中央に描かれている円形の区画と、そのまわりの放射条とはまさにこの笠貝類の放射肋を表現しているに違いない――海でのフィールドワークを経て、私はそのように確信したのである［図5］。

ぬか喜びの後の落胆からの――

私はさっそく目黒区にある八雲中央図書館へ向かった。ここに『日本近海産貝類図鑑』が所蔵されているからである。この『貝類図鑑』、じつに一一七三ページにわたっておよそ五〇〇〇種の貝類が掲載されている世界最大級の図鑑である。全部を調べるとなると大変な作業になるが、ウノアシガイのおかげで私は笠貝類の貝だけを集中的に調べればよかった。そして一〇分もしないうちにある貝の姿が私の目に留まった。それは私が探していた三〇〇〇年前の「星」に非常によく似ていた。

その貝の名前は「**オオツタノハ**」である〔図6〕（これもまた「蔦の葉」からのアナロジーによる命名である）。殻頂から伸びる放射肋の様子が星形土偶の頭部に非常によく似ている。石灰分が付着した発達した太い放射肋の本数も一二本前後みられる。他の笠貝もチェックしてみたが、オオツタノハ以上にしっくりくるものはなく、一気に星形土偶のモチーフの最有力候補となった（ちな

図6・オオツタノハ　一部竹倉加工
関西学院大学情報メディア教育センター
貝類データベース研究会

みに、ネット検索の最中にオオツタノハの中国語名が「大星笠螺」だということもわかった。「大きな星形の笠貝」、まさに私が探していた貝そのものである）。

しかし、私の興奮にはすぐに冷や水が浴びせかけられることになった。オオツタノハの生息地域に問題があったのである。日本では伊豆諸島南部と薩南諸島など、南方の温暖な島嶼《とうしょ》地域にしか生息していないというのだ。星形土偶が発見されたのは千葉県の銚子市である。房総付近にオオツタノハが生息していないのなら、土偶のモチーフになりようがないではないか。まさにぬか喜びであった。

それから数週間後、私は仕事場で一冊の本をパラパラとめくっていた。國學院大學考古学資料館が公刊している『余山貝塚資料図譜』という本である（書名通り、余山貝塚から発見された出土品のうちの三〇〇点余りが写真で掲載されている）。私は何か手がかりはないかと、星形土偶が出土した余山貝塚のことを調べていたのである。

天の助けが降ってきたのはまさにこの時だった。なんとこの本の中に――オオツタノハの写真が掲載されていたのである！

その写真に映るオオツタノハの殻は、中央に孔が開けられていた。つまり貝輪に加工されていたわけである。これはそれまでの疑問が一気に氷解する瞬間であった。南方の島嶼地方にしか生息しないこの貝がなぜ銚子の貝塚から見つかるのか。そう、オオツタノハは**食用としてで**

はなく、貝輪の素材として余山に持ち込まれていたのだ。そうであれば生息地など関係ない。ともかく、星形土偶が出土した余山貝塚からオオツタノハも出土していたのである。

オオツタノハ製貝輪

さらにオオツタノハについても興味深い事実が判明した。

オオツタノハの生息地や当時の流通経路など、体を張ったフィールド調査で多くの謎を解明した市原市埋蔵文化財調査センターの忍澤成視《おしざわなるみ》によれば、現在までに出土しているオオツタノハ製の貝輪は東日本を中心に二〇〇点ほどあるが、これは貝輪総数の五パーセント未満であり、極めて稀少な貝輪素材であったという。[*2]

オオツタノハが珍重された理由として、笠貝類としては最大級の一〇センチメートル以上に達する殻のサイズ、重厚感、研磨によって現れる淡いピンク色や濃い紫色の美しい色合い、そして何より捕獲が困難であるという稀少性を忍澤は指摘している。[*3]

＊2　忍澤成視（2011）『貝の考古学』、同成社
＊3　市原市埋蔵文化財センター考古学研究室ウェブページより（二〇二一年一月閲覧）。https://www.city.ichihara.chiba.jp/maibun/note25.htm

たしかに他の貝種と比べても、オオツタノハ製の貝輪はその偉容が卓越していることがわかる［図7］。オオツタノハ製の貝輪の出土は、関東地方を中心に縄文後期から増加するが、集落の中でもシャーマンなどの特別な女性だけが身に着けることのできる、極めて高価なものだったようである。

図7・オオツタノハ製の貝輪
（復元）市原市　埋蔵文化財調査センター
研究ノート25

オオツタノハは三宅島や御蔵島などの伊豆諸島南部で採集され、その後いったん伊豆大島の下高洞遺跡へと集められて一次加工（殻の中心に孔を開ける）が行われてから房総半島に持ち込まれたのだろうと忍澤は推定している。

つまり、房総のいくつかの集落が交易の中継地点となり、そこから各地へ貝輪が流通していったわけである。なお、下高洞遺跡からは大量のオオツタノハの細片が発見されており、ここでの一次加工は縄文後期前葉から晩期後葉まで継続したという。[*4]

余山貝塚はただの集落跡ではなかった

余山貝塚についても非常に興味深い事実が判明した。余山貝塚と貝輪の綿密な調査を行っている明治大学の阿部芳郎の研究[*5]を参照すると、余山貝塚がただの集落ではなかったことがわかった。概要は以下の通りである。

①余山貝塚は縄文時代後期前葉から晩期末葉まで継続する集落遺跡であり、とりわけ後期中葉から後葉に最も栄えた。
②貝輪は後期前葉に需要が増大し、中葉以降に貝輪の大量生産遺跡が出現した。
③余山貝塚からは大量の貝輪（その大半が未成品）や貝輪製作に用いたと思われる石器が出土し

＊4　忍澤成視（2001）「縄文時代におけるオオツタノハガイ製貝輪の製作地と加工法」、『日本考古学』8巻12号、日本考古学協会
＊5　阿部芳郎（2014）「貝輪の生産と流通」、『季刊考古学・別冊21』／同（2018）「余山貝塚の生業活動」、『霞ヶ浦の貝塚と社会』、雄山閣／同（2018）「縄文時代における貝製腕輪の研究」、『明治大学人文科学研究所紀要』第83冊、明治大学人文科学研究所

ており、貝輪製作の専業集団の居住地であった。

④余山貝塚における貝輪製作の最盛期は加曽利B式期から安行3a式期にかけてである。

『余山貝塚資料図譜』によれば余山貝塚から出土した貝輪は、未製品を含めると数千点にのぼるという。**余山はまさに貝輪製作の職人たちが居住する集落だった**ようで、ここで大量生産された貝輪は交換財として内陸部へ運ばれ、このムラに繁栄をもたらしていたのだろう。なお、④でいう「加曽利B式期から安行3a」というのは後期中葉から後葉にかけてであり、おおむね三九〇〇年前～三二〇〇年前ということになる。

これ以上ないほどの検証事例

では、これまでの事実を整理してみよう。

①星形土偶の頭頂部の造形は、オオツタノハの形状に物理的に近似している。

②星形土偶が出土した余山貝塚から、実際にオオツタノハ製貝輪が発見されている。

③余山貝塚で貝輪製作がピークを迎えていたのが縄文後期中葉から後葉（約三九〇〇年前〜三二〇〇年前）であり、星形土偶が使用されたのは後期後葉（約三二〇〇年前）である。

どうだろうか。星形土偶はオオツタノハに似ている（①）だけではない。両者はともに稀少品であるにもかかわらず、どちらも同一の遺跡から出土している（②）。しかも、星形土偶が使用された後期後葉は、まさに余山貝塚における貝輪製作の最盛期だったのである（③）。つまり、物理的な形状の近似のみならず、星形土偶の使用とオオツタノハ製貝輪の製作は場所も年代も見事に合致している。これだけの符合を前にして、これを「単なる偶然」と主張する人はもはやいないだろう。

くどいようで恐縮だが、さらにダメ押しということで、最後にオオツタノハの形態と星形土偶の造形のより詳細な符合を確認しておこう。それはオオツタノハの放射肋および星形土偶の放射条と、その先端部にある頂点との構造的関係である。

わかりやすいので最初にウノアシガイの放射肋で確認する。破線が示しているように、放射肋は必ず外縁の「頂点」へ向かって伸びている［図8］。言い換えれば、「放射肋の先端」が「殻の外縁の尖端」を構成している。

図8・ウノアシガイの放射肋と外縁部との構造的関係

これはウノアシガイに限らず、放射肋を持つ笠貝類の貝のほぼすべてに見られる構造的な特徴である。続けてオオツタノハの放射肋を見ると、ウノアシガイと同様、発達した放射肋が外縁の頂点へ向かって伸びていることが確認できる。

では、星形土偶の放射条はどうなっているだろうか。やはり、外縁へ向かって伸びる**放射条の先端に必ず頂点が造形されている**のである［図9］。厳密に言うと一本だけには頂点がないが、この部分は欠損部と思われる。つまり、これは〈放射条は必ず外縁の頂点へ向かう〉という法則が気付かれずに修復されたために発生したエラーであり、一四本のうちの一三本の放射条がそうであるように、本来はこの部分にも頂点があったに違いない。

というわけで、星形土偶の放射条と外縁との構造的関係は、笠貝類の貝の放射肋と外縁のそれと同型になっており、このような細部の造形の一致は、星形土偶の製作者が笠貝類の貝をモチーフにして土偶の頭頂部を造形したのでなければ説明ができない。

そして、貝輪製作集団の居住地であった余山貝塚において、笠貝類の貝をモチーフに土偶が作られたとするならば、それは後期に珍重され、暖地の笠貝類としては唯一貝輪素材に用いら

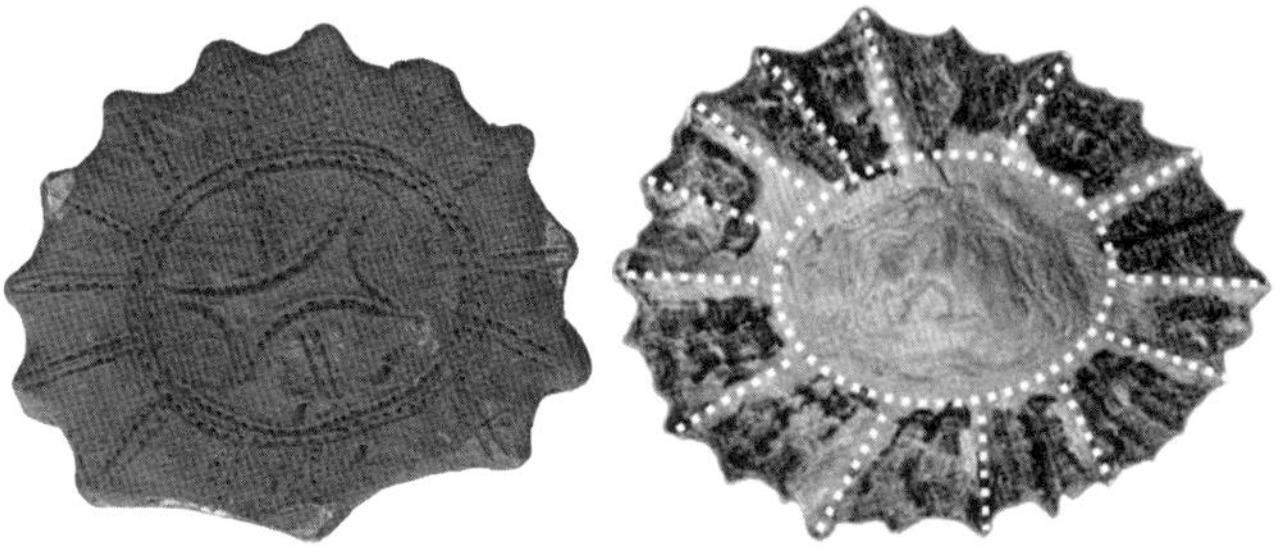

図9・オオツタノハの放射肋と外縁部との構造的関係

れた貝、オオツタノハ以外には考えられないというのが私の結論である。

こうして星形土偶の解読作業を終えた私は、「土偶は植物と貝類をかたどったフィギュアである」という自らの仮説が、これ以上ないほどの確からしさを獲得したことを確認した。サルボウに引き続き、オオツタノハも極めて示差的な形態をしているからだ。

結論は二つに一つ。

従来のように「土偶製作者が粘土を捏ねていたらたまたま頭頂部が星形のフィギュアができました。かたちには特に意味はありません」という説明を選択するか、あるいは私の仮説を受け入れるか、そのどちらかである。

第6章

土偶プロファイリング⑥

縄文のビーナス

（カモメライン土偶）

縄文のビーナスとカモメライン土偶

ここまで山形土偶、みみずく土偶、星形土偶と、縄文後期の関東地方の貝類をかたどった土偶を続けて見てきた。次は一〇〇〇年以上時代を遡ってみよう。

舞台は縄文中期、今からおよそ五〇〇〇年前の甲信地方（山梨県・長野県）である。とりわけ八ヶ岳の南麓は東日本でも人口が多く繁栄していた場所である。そして、この文化圏を代表する土偶が、かの有名な「縄文のビーナス」（以下「ビーナス」）である［図1］。

ビーナスは一九八六年、長野県茅野市の棚畑遺跡から発見された。造形はシンプルながらも流麗で品格があり、実物を見るとよくわかるが体表の刻線も極めて精確で、高度な技術を持った熟練工によって製作されたことは明らかである。ビーナスの体高は二七センチメートルと大型で、破壊されている土偶が多いなかでほぼ完形のまま出土したこともあり、一九九五年には国宝に指定された。

ビーナスには卓抜した造形美が見られるが、じつはデザイン自体はこれから説明する「**カモメライン土偶**」と名付けられた一連の土偶のフォーマットを踏襲しており、その意味ではいた

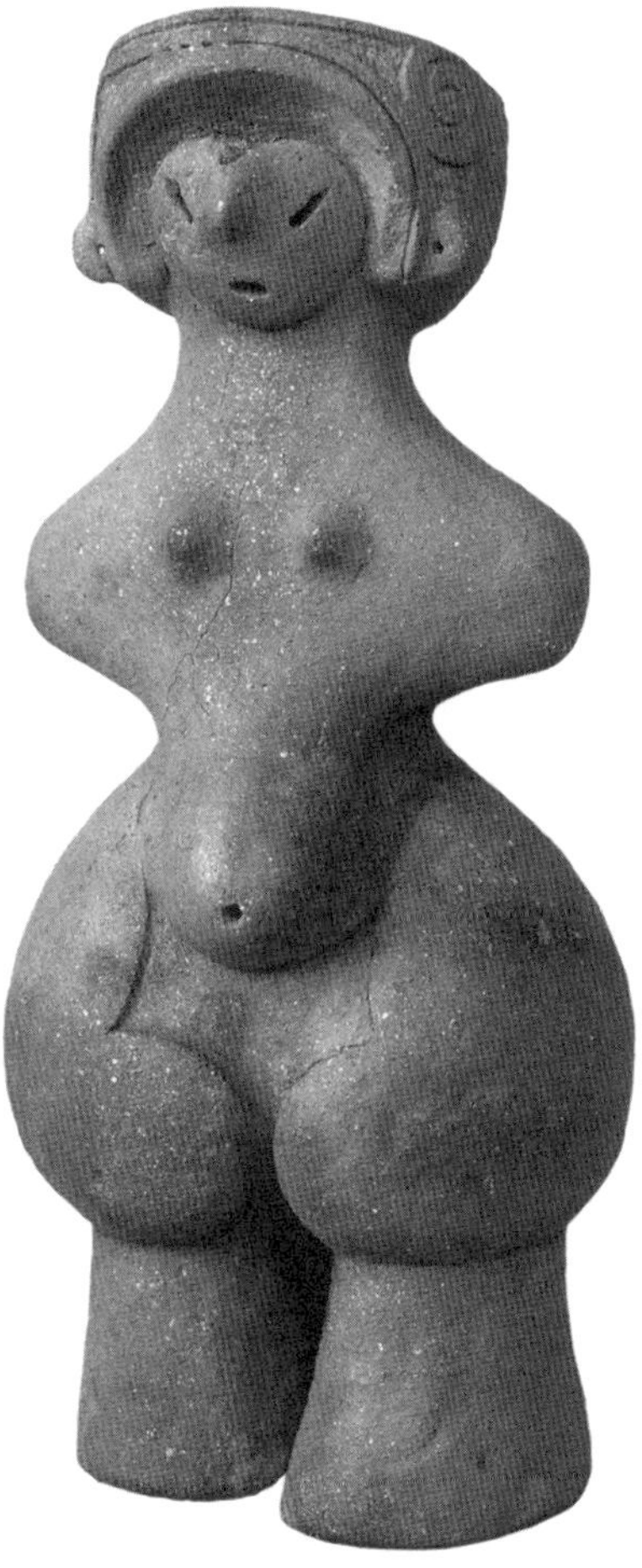

図1・縄文のビーナス　棚畑遺跡(長野県)　茅野市尖石縄文考古館

図2・勝坂式文化圏から出土するカモメライン土偶

って標準的な土偶であるともいえる。本章ではビーナスだけでなく、ビーナスが属する「カモメライン土偶」とともに、そのモチーフの解読を行っていくことにしよう。

　ビーナスが出土した棚畑遺跡は八ヶ岳の西、霧ヶ峰の南麓に位置している。[*1] 縄文中期前半の土器の型式名「勝坂式」にちなみ、この地域一帯を「勝坂式文化圏」と称することがある。勝坂式文化圏は、棚畑遺跡を中心にみると、北西は松本方面、南西には飯田方面、東は甲府盆地を越えて東京・八王子市や神奈川・相模原市にまで広がっている［図2］。

　このように勝坂式文化圏はかなり広域に及ぶが、各地から同系列の土器や土偶が見つかるため、一つの文化圏としてみなされている。そして、この勝坂式文化圏から出土する土偶の典型が「カモメライン土偶」である。「カモメライン土偶」とは、この文化圏から見つかる土偶の顔面に共通する特徴にちなんで私が命名したものである。ご覧のように、土偶の顔の眉弓の位置にカモメのような造形が見られる。[*2]本書ではこれを「カモメライン」、そしてこれを有する土偶を「カモメライン土偶」と呼ぶことにする。

そして、この一連の土偶においてカモメラインと同じくらい広汎に見られる特徴がある。それが「**細い吊り目&鼻孔**」である〔図3〕。人間の顔を表現したいなら、わざわざこのような細い吊り目にする必要はない。しかし不思議なことに、示し合わせたようにほとんどのカモメライン土偶にこの意匠が採用されている。

土偶の鼻孔はやたら縦に細長いものや、鼻そのものよりも目立つものがあったりと、およそ人間の鼻孔を表現したものとは考えられない造形が多い。これらの表現には何らかの具体的な意味があると考えるのが自然であろう。

＊1　霧ヶ峰は良質な黒曜石の一大産地であった。黒曜石は石器製品に加工され、霧ヶ峰南麓の遺跡から各地に運搬されていった。棚畑遺跡からは北陸地方や瀬戸内地方を中心に分布する土器、あるいは新潟県糸魚川原産の翡翠や千葉県銚子原産の琥珀なども見つかっている。棚畑遺跡は様々な交換財が流通するネットワークの拠点集落の一つとして栄え、そうした物質的繁栄を背景にして「ビーナス」のような卓越した土偶が製作されたと考えられる。

＊2　カモメラインには細い刻線(凹)のものもあれば、粘土が張り付けられた隆帯(凸)で表現されたものもある。

なお、勝坂式文化圏から出土する遺物のなかには「顔面把手付土器」と呼ばれる一群の土器があるのだが、カモメラインと細い吊り目&鼻孔という特徴は、土偶だけでなくこれらの土器に造形された「顔面」の中にまでもれなく適用されている[図4]。

カモメライン土偶の類型化とモチーフの推定

ビーナスの頭部は「ヘルメット」のようになっているが、これは唯一無二のデザインではない。作りの精緻さはビーナスに及ばないものの、山梨県北杜《ほくと》市や甲府市からも同様の頭部を持つ土偶が発見されている。その一方で、頭部に何も「被り物」をしていなかったり、「ヘルメット」とは異なる「被り物」をしているカモメライン土偶などもあり、頭部のデザインには多様性がみられる。

そもそもカモメライン土偶はその出土数が膨大である。釈迦堂遺跡（山梨県笛吹市・甲州市）からは一〇〇〇点以上のカモメライン系の土偶が出土していることもあり、このタイプの土偶の全容を把握することは難しい。そこで私は頭部の形状に注目して、カモメライン土偶を四つに分類することにした。それが①プレーン型、②とんがり型、③襟巻型、④ヘルメット型である[図5]。

図3・カモメラインおよび細い吊り目&鼻孔　竹倉作成

図4・顔面把手付土器(出産文土器)　津金御所前遺跡出土(山梨県北杜市)　北杜市教育委員会

①プレーン型　北杜市考古資料館

②とんがり型　北杜市考古資料館

③襟巻型　釈迦堂遺跡博物館

④ヘルメット型　北杜市考古資料館

図5・カモメライン土偶

「プレーン型」はその名の通り、被り物などが一切ない最もシンプルなカモメライン土偶である。「とんがり型」はプレーン型が被り物をしているタイプで、頭頂部が尖っているためにこの名を付けた。数量的には最も多く見られるものである。「襟巻型」は首の周りに襟巻トカゲのような造形が見られるもので、数は少ないがデザインの独自性が際立っているために類型として設定した。「ヘルメット型」は文字通りヘルメットのような被り物をしているもので、頭頂部は平らになっている。ビーナスはこのヘルメット型に分類される。

モチーフ推定の手順として、私はまずプレーン型を原型《プロトタイプ》に設定した。すると、さっそくモチーフの候補としてある植物が浮かんできた。それはトチノミである［図6］。

トチノミは、落葉広葉樹トチノキの果実である。図7はプレーン型を代表する土偶で、北杜市で発見された「チビーナス」である（体長五センチメートル余りと小型ゆえにこの愛称が付けられている）。チビーナスの頭部に注目すると、これがトチノミに酷似していることがわかるだろう。

図6・トチノミ

図7・「チビーナス」（山梨県）
北杜市考古資料館

トチノミにも「カモメライン」があり、この独特の曲線はトチノミの認知的メルクマールともいうべき特徴である。それゆえ土偶のメルクマールとして採用されたと思われる。また、トチノミのカモメラインには、トチノミを「人面」に見立てる認知傾向を強化する働きがある点も見逃せない。

図8は「トチノミ」をキーワードにしてグーグル検索を行った際にヒットした画像の一部である。ご覧のように、トチノミを見るとそこに顔を描き込みたくなる人は少なくないようだ。もちろんこれは偶然ではない。これは**人間の生理的な認知作用に基づく現象**だからである。

顔パレイドリア効果

図8の顔を描き込まれたトチノミをみると、トチノミのカモメラインは「眉弓」や「髪の生え際」として見立てられていることがわかる。これにはカモメラインの形状だけでなく、上下に区画された色の濃淡の違いも関係している（上：濃い：髪の色／下：淡い：皮膚の色）と思われるが、いずれにせよ、カモメラインはトチノミを人面に見立てる際の認知的なフックになっている。

第1章でみたオニグルミも、典型的な「見立て」の事例といえる［図9］。半割された殻の中央にある隔壁、そしてその両端に窪みがあれば、われわれは前者を鼻梁に、後者を眼窩《がんか》として解釈し、ついついオニグルミを人面に見立ててしまう。こうした現象は、認知科学において「**顔パレイドリア**」と呼ばれている。

顔パレイドリアとは、自然物・人工物を問わず、顔でないものが不随意に人間の顔のように見えてしまう現象を指す。これはわれわれの脳が視覚情報をパターン認識していることに加え、側頭葉に「顔ニューロン」と呼ばれる顔のみに特異的に反応する神経ネットワークを持つことが関係している［図10］。

顔ニューロンはヒト以外の哺乳類にもみられるが、社会集団のなかで対面コミュニケーショ

顔を描き込まれたトチノミ　三峯霧美／フォートラベル

立体キャラになったトチノミ

図8・顔パレイドリアを惹起するトチノミ

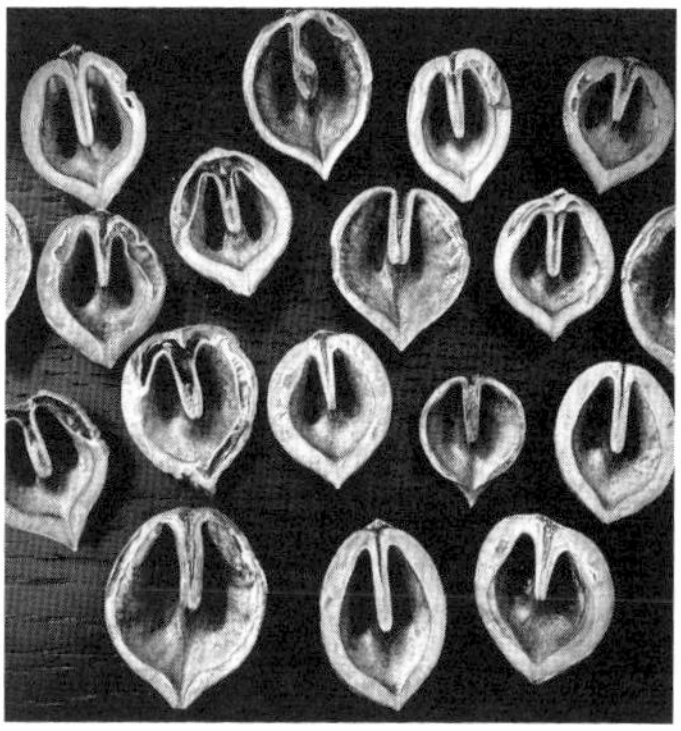

図9・オニグルミたちの視線を感じてしまう

ン能力を駆使して情報伝達を行っているホモ・サピエンスにとって、他者の顔を素早く認識することは生存上極めて重要な能力であったと思われる。

それゆえ、顔に関係する情報処理のシステムは特に発達しており、視覚の中に顔状のパターンを発見すると、その情報を優先的に抽出して「顔」としての認知を生成させる回路が実装されているのであろう（ご存じのように現在ではカメラにも「顔認識」の機能が搭載されている）。

顔パレイドリアはいわばその副産物であり、実際には顔でなくても、そこに顔に似たパターンが存在すると、それを自動的に顔として認知してしまうのである。図10・11はその一例だが、顔パレイドリアが不随意、つまりわれわれの意志とは無関係に発生することがわかるだろう。すなわち数ある視覚情報の中でも顔状のパターンは〝特別扱い〟されており、特異的な強制力をもって顔の認知が生成されるのである。

図12は栃木県庁前のトチノキから生まれたという栃木県のマスコットキャラクター「とちまるくん」である。チビーナスとの類似は驚くべきものがある。チビーナスはおよそ五〇〇〇年前の土偶であるが、その造形の根底にある認知様式は現在とそれほど変わっていないのだろう。

つまり顔パレイドリアという現象が特定の文化によらず、生理的な認知機能によるものであることを考えれば、五〇〇〇年前のキャラクターと現代のそれとが酷似していたとしても何ら不思議はないのである。

図10・顔パレイドリアの例:

(^-^) (-.-) (T_T) (*´艸`)

図11・顔文字も顔パレイドリアを利用している

図12・栃木県のマスコットキャラクター「とちまるくん」(©栃木県)と「チビーナス」

とんがり型と襟巻型の謎

ということで、プレーン型のチビーナスをヒントに、カモメライン土偶のモチーフはトチノミであろうという見通しが立った。しかしそうだとすると、他の類型のデザインにはどういう意味があるのだろうか。

「とんがり型」と「襟巻型」の分析に取り掛かった。

私はとんがり型の頭頂部の造形に注目した。バリエーションはあるものの、一般的な特徴を抽出すると、一定の厚みを持つ頭部周りの「被り物」は、頭頂部に尖端、つまり「とんがり」を持つように造形されている。また、この「とんがり」の部分には「縦線の切れ目」が入っているものが多い［図13］。これはいったい何であろうか。数週間悩んだが、やはり答えは森の中にあった。とんがり型の「被り物」の正体は、トチノミを覆う果実だったのである。

トチノキの果実、トチノミは九月に成熟する。枝からぶら下がる直径三〜五センチメートルの果実は、熟すと三つに開裂する。この果実の中に納まっている光沢のある赤褐色の種子がトチノミである。種子を取り出すには、果実を剝く必要があるが、三裂した一か所の果実を剝く

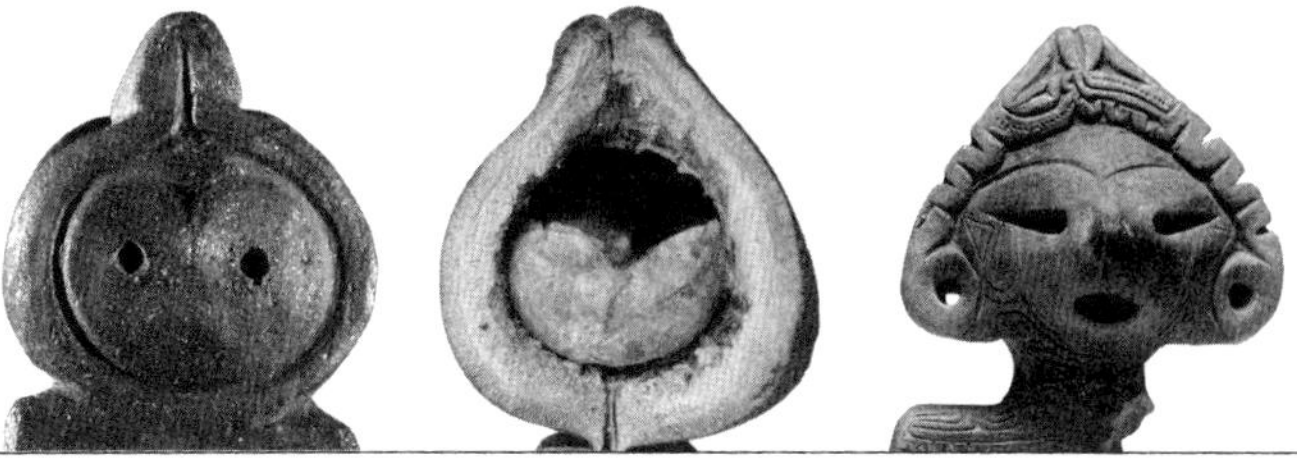

図13・「とんがり型」の正体は果実に包まれたトチノミ

と、まさにとんがり型のフォルムとなる。果実の部分の厚みも土偶の「被り物」に近く、また、尖端の部分には「縦線の切れ目」も観察できる。

このように、とんがり型の「被り物」の造形は、トチノキの果実をかたどったものであると考えると合理的に説明できることがわかった。頭部により複雑なフォルムを有するとんがり型の土偶は、こうした基本型に装飾を加えたデザインだと考えればよいだろう。

チビーナスのようにトチノミだけが造形される場合と、とんがり型のように果実の部分も一緒に造形されることがある——この発見によって、襟巻型の不思議な形態も説明することができる。

まるで襟巻トカゲのような、頭部あるいは首周りに奇妙な造形がみられるのが襟巻型のカモメライン土偶である［図14①］。ただし、ここに挙げた女夫石《めおといし》遺跡（山梨県韮崎市）、桂野《かつらの》遺跡（山梨県笛吹市）、宮之上遺跡（山梨県甲州市）から出土したものは、残念ながら粗製、すなわち造りが雑で情報量が少ないため、この造形の意味を解読することはできなかった。

そこで私は仕事場にある大量の土偶の図譜資料を片っ端から漁ってみた。すると、襟巻型はいわゆる勝坂式文化圏だけでなく、周辺地域にも伝播しており、富山県と滋賀県から丁寧な造りの優品が見つかっていることがわかった[*3]〔図14②〕。これこそが襟巻型の原型といってよいだろう。この二つの土偶を見て私は確信した。

図15を見て欲しい。鋭角の尖端を持つ「襟巻」の紡錘形は、熟すと三裂するトチノミの果実の形状に酷似していたのである。そう、つまり「とんがり」と同様、「襟巻」もまたトチノキの開裂した果実をかたどっていたのだ。

トチノミとは？

さて、最後の類型である「ヘルメット型」の分析に入る前に、ここでトチノミについて説明

＊3　富山県富山市八尾町の長山遺跡からは土偶が四八点見つかっているが、このうち頭部が残存し、「襟巻型」であることが視認できるものが少なくとも三点あった（『長山遺跡発掘調査報告書』）。また、滋賀県米原市の筑摩佃遺跡からも襟巻型の土偶が一点見つかっている。なお、どちらも縄文中期前半のものであり、年代的にも勝坂式文化圏の土偶と整合している。

①襟巻型のカモメライン土偶〔粗製〕　釈迦堂遺跡博物館

②襟巻型のカモメライン土偶〔精製〕
左:長山遺跡（富山県）:富山県埋蔵文化財センター／右:筑摩佃遺跡（滋賀県）:米原市教育委員会

図14・襟巻型のカモメライン土偶

図15・「襟巻」の正体は開裂したトチノミの果実（果皮）

図16・9月初旬の熟したトチノミ

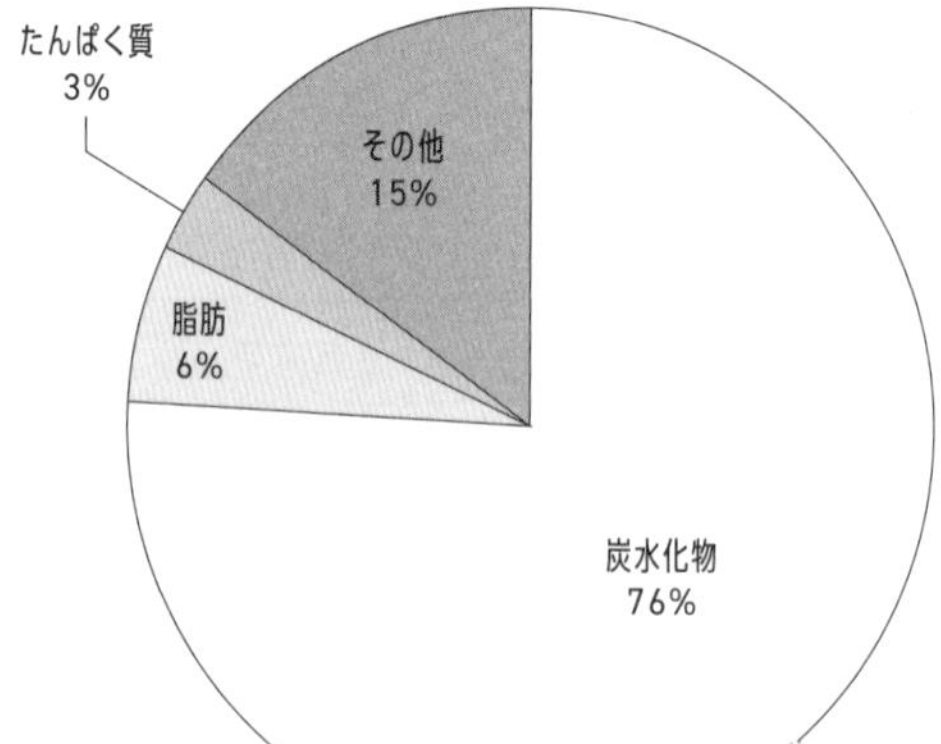

図17・トチノミ成分表　松山（1982）をもとに竹倉が作成

しておこう。

トチノキ *Aesculus turbinata* は、トチノキ科トチノキ属の落葉広葉樹である。北海道南西部から本州、四国、九州まで広く分布するが、冷温帯を好み、湿気と肥沃な土壌を好むため山岳地方の谷筋や渓流沿いに多く生育する。大木が多く、成長すると樹高二五メートル、直径二〇〇センチメートルを超えるものもある。

現在では杢目《もくめ》の美しさから家具材に利用されたり、五月に咲く香り高い花はハチミツの原料として珍重されているが、縄文人にとって特別な意味を持っていたのはその種子である。

先述の通り、トチノキの果実は九月に成熟すると三つに開裂し、中から光沢のある赤褐色の種子、トチノミが姿を現す［図16］。トチノミはクルミのような油性ナッツではなく、炭水化物たっぷりの〝**ごはん系ナッツ**〟である。一個体の重量が一〇～三〇グラムと大きく、さらにデンプンの含有率が七五・四パーセントと高い［図17］。精白米の栄養価が三五二キロカロリー／一〇〇グラムに対し、トチノミは三六九キロカロリー／一〇〇グラム（同じく縄文人が食べていたクリは一八〇キロカロリー／一〇〇グラム）*4であるから、文字通り主食級の栄養を摂取することができる［図18］。しかも含有されるタンニンには防腐作用があるため、適切に処理をすれば数十年という超長期貯

*4 松山利夫（1982）『木の実』、法政大学出版局

蔵も可能である。

しかし、縄文人が本格的にこの〝木になるごはん〟を食用資源として活用するようになったのは縄文中期以降のことで、それまで食べられていた堅果類はクリ、クルミ、ドングリ類である。なぜかれらはこの夢のような食用資源を中期まで利用しなかったのか。その答えは簡単である——**じつはトチノミは「毒の実」なのである。**

艶やかな種皮といい、見るからに美味しそうなトチノミだが、その外見につられてひとたび口にしようものなら悲惨なことになる。私も試しに口に運んでみたことがあるが、あまりのえぐみで即座に吐き出してしまった。加熱してみても同じことで、とても人間が食べられるような代物ではなかった。

このえぐみの正体はトチノミに含まれるサポニン、タンニン、アロインなどのアク成分で、そのまま食せば胃腸炎などの中毒症状を引き起こすこともある。棘で物理武装しているが種子は生食できるクリとは対照的に、一見非武装にみえるトチノミは有毒成分できっちり化学武装しているのである。

つやつやした美味しそうな木の実が目の前にたくさん落ちているのだから、何とかしてこの実を食せないかと縄文人たちが切望していたことは想像に難くない。しかし、コナラやミズナ

精白米	352 kcal / 100 g
トチノミ	369 kcal / 100 g
生クリ	180 kcal / 100 g

図 18・カロリー表
トチノミは縄文時代のスーパーフードだった

ラなどのドングリとは異なり、トチノミに含まれるアク成分は水さらしだけで除去することが困難である。民俗事例をみると加熱処理や木灰を用いた中和処理なども併せて行われており、天日干しの後、おおむね二週間から一カ月におよぶ十数の工程を経て、ようやく可食となる。

カモメライン土偶とトチノミ食文化

そういうわけで、堅果類の中で最も高栄養であるが、同時に食用に供するのに最も手間と技術を要するのがトチノミなのである。トチノミが検出される遺跡数が増加するのが縄文中期以降であるため、この頃にアク抜き技術が確立、普及したと考えられている。

トチノミに詳しい和田稜三は、縄文遺跡におけるトチノミの出土状況から、アク抜き技術が成立したのは中部地方においてであり、そこからトチノミの食習俗が東西に拡散していったと推定している[*5]。

トチノミ食という文化が「縄文中期の中部地方」から東西へ拡がったという状況は、私の仮

＊5　谷口真吾・和田稜三（2007）『トチノキの自然史とトチノミの食文化』、日本林業調査会

説とも非常によく整合する。なぜなら、カモメライン土偶が出現し、東西へ拡散する中心地がまさに「縄文中期の中部地方」だからだ。つまり、年代的にも地理的にも、カモメライン土偶の出現とトチノミ食文化の確立のあいだには近接性がみられる。

また、勝坂式文化圏に属する山梨県内の複数の遺跡から、実際にトチノミの皮の炭化物などが見つかっている。たとえば、拠点的集落であった上《うえ》の平《だいら》遺跡（甲府市）の二軒の住居跡からは炭化した堅果類（オニグルミ、シイ、カシ、クリ、ハシバミ、トチノキなど）の破片が多数出土しているが、全体に占めるトチノキ（種皮）の比率はそれぞれ五六パーセントと七七パーセントと推定されており、この集落でトチノミが重要な食料であったことが判明している。[*6] なお、この上の平遺跡からも複数のカモメライン土偶が発見されている。

さらに念のため、襟巻型が出土している長山遺跡と筑摩《ちくま》佃《つくだ》遺跡についても調べてみた。長山遺跡は富山県のほぼ中央に位置し、神通川によって形成された丘陵上にある。件《くだん》の襟巻型の土偶は中期前葉のものと考えられているが、これまで行われた長山遺跡の発掘は調査地点がかなり限定されていることもあり、残念ながら居住跡も植物遺体を含む包含層も発見されるに至っていない。しかし、富山平野にある針原西遺跡や小竹貝塚などからは縄文中期のトチノミが検出されており、周辺地域でトチノミ食が行われていたことは確実である。

一方、筑摩佃遺跡は滋賀県米原市の琵琶湖のほとりにある縄文中期に栄えた集落跡で、こちらは土中から多数のトチノミが検出されている。[*7]
さらに、筑摩佃遺跡と同じく琵琶湖に面した粟津湖底遺跡の縄文中期前葉の「第3貝塚」からは大量のトチノキ種皮が検出されている。滋賀県文化財保護協会の伊庭功はこの第3貝塚から見つかった動植物遺体の個体数を種類別に推計し、さらにその個体数に可食部の栄養価を乗じて食性の復元を試みた[*8][図19]。
その結果、じつにカロリーの半分以上が、トチノキ、ヒシ、イチイガシといった堅果類によって賄われていたことが判明した。しかも、従来の説ではトチノミ食の開始は東日本で中期後半、西日本では後期からと考えられていたのだが、この調査によってすでに縄文中期前葉の段階でトチノミを「主食級」の栄養源にしていた社会集団が西日本にも存在していたことが明らかとなったのである。
そして、トチノミが大量に出土したこの粟津湖底遺跡からも、やはりカモメライン土偶が見

＊6　吉川純子(1994)「上の平遺跡より出土した炭化種実類」、『上の平遺跡第6次調査』、山梨県教育委員会
＊7　筑摩佃遺跡から出土した土器の半数は「新保式」と「新崎式」と呼ばれるもので、これらは縄文中期に北陸地方を中心に流行した土器型式である(『米原市遺跡リーフレット40』)。このことから、筑摩佃遺跡と北陸地方とのあいだに深い交流があったことが判明している(筑摩佃遺跡に暮らす人びとが北陸地方から移住してきた可能性もある)。となれば、富山県の長山遺跡と滋賀県の筑摩佃遺跡から類似したデザインの襟巻型のカモメライン土偶が見つかることも不思議ではない。
＊8　伊庭功(1999)「粟津湖底遺跡から見た縄文時代の生業と環境」、『国立歴史民俗博物館研究報告』第81集、国立歴史民俗博物館

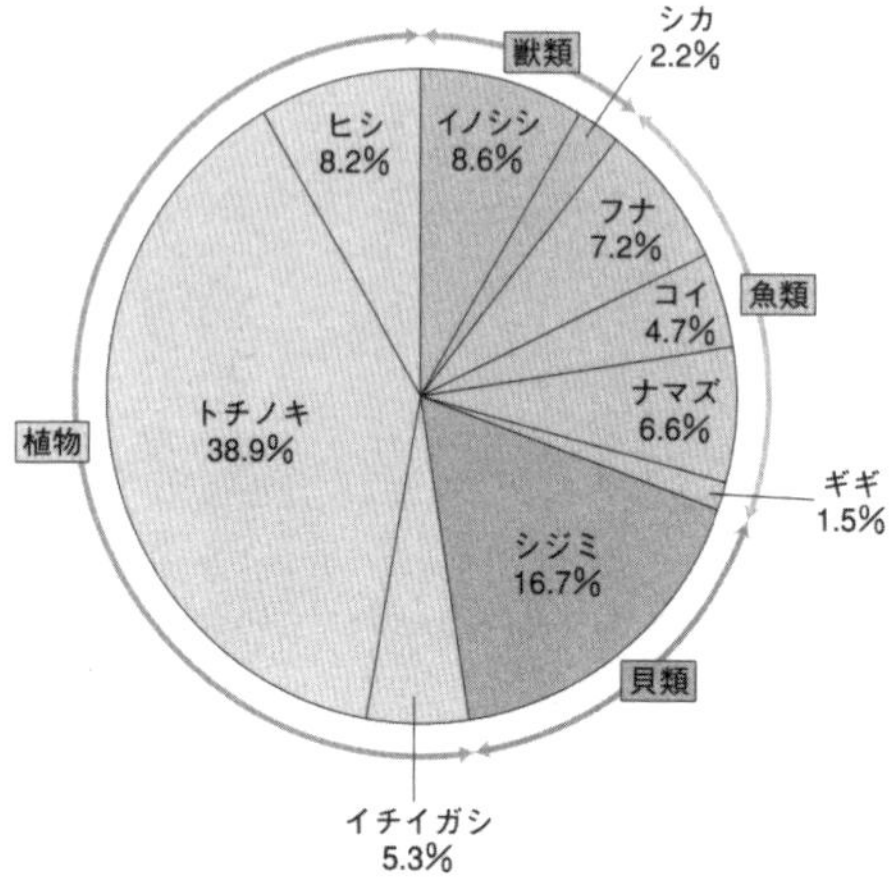

図19・粟津湖底遺跡の食性復元 瀬口眞司『琵琶湖に眠る縄文文化』(新泉社、2016年)

つかっている。つまりこれもまた、トチノミとカモメライン土偶が同じ遺跡から出土するという好事例の一つである。

ということで、筑摩佃遺跡の襟巻型のカモメライン土偶も、こうした琵琶湖周辺エリアのトチノミ食文化のなかで製作されたと考えてよいだろう。なお、筑摩佃遺跡の背後にある鈴鹿山脈は現在でも数多くのトチノキが繁茂する好適地である。

また、湖西の高島市朽木地域にはトチノキの巨木林があり、幹回りが八メートルを超えるトチノキ（推定樹齢四〇〇〜五〇〇年）が五〇〇本確認されており、現在は有志によって保護活動が行われている。このように、琵琶湖周辺には日本有数のトチノミ文化が見られ、それはじつに縄文中期以来、およそ五〇〇〇年間にわたって当地で受け継がれてきたものなのである。

ヘルメット型の解読

それではいよいよ、ビーナスに代表される「ヘルメット型」の解読に取り掛かろう。
先に一点触れておくと、ヘルメット型のフォルム自体は「**双子のトチノミ**」から生まれたものである可能性がある。私は二〇一八年の秋に東日本の各地で数百個のトチノミを拾ったが、おおまかな体感としては、一〇~二〇個に一個くらいの割合で双子のトチノミ、つまり一つの果実に二つのトチノミが入っているものがあった。
この場合、球形の果実の中に二個のトチノミが収納されるため、通常は球状であるトチノミが半球状に変形する。さらに、平らな面にはカルデラ状の凹みがみられる。この形態がヘルメット型のカモメライン土偶の頭部によく似ているのである。[*9]
生卵を割った時に黄身が二つあると気分が高揚するように、縄文人もたまに遭遇するこの「双

＊9　双子のトチノミをかたどった土偶は、他の地域で「河童(形)土偶」と呼ばれている場合もある。

子のトチノミ」に特別な感情を覚え、この形状がモチーフに選ばれたのかもしれない。

では、ビーナスの頭頂部から観察していこう。平坦に作られたそこには沈線によって渦巻きが表現されている［図20］。じつはこのように頭頂部に渦巻き状の造形を持つカモメライン土偶は（ヘルメット型に限らず）珍しくないのだが、これは何を意味しているのだろうか。

じつはこの渦巻きに関してはすでに「通説」がある。これはヘビをかたどっているというのである。これに関しては私も異論はない。なぜなら、渦巻きどころか、実際にとぐろを巻いたヘビが頭の上に載っているカモメライン土偶がいくつも存在しているからである。

図21は長野県諏訪郡の藤内遺跡から見つかった中期前葉のカモメライン土偶である。これを所蔵する井戸尻考古館では、三六〇度から眺められるように土偶がアクリルケースに入れて展示されているが、それもそのはず、土偶の頭頂部にはとぐろを巻いたヘビが造形されている。顔まで明瞭に表現されており、これは誰が見てもヘビで間違いない。

図22は山梨県笛吹市の一の沢遺跡から見つかった中期中葉のカモメライン土偶（通称「いっちゃん」）である。こちらはヘビの顔こそないが、やはりとぐろを巻いたヘビが頭部に造形されている。

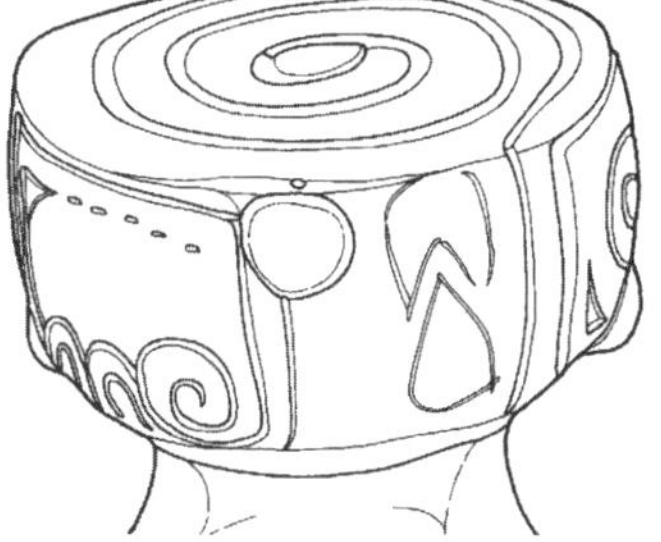

図20・「縄文のビーナス」の
頭頂部(背面)
茅野市教育委員会(1990)『棚畑』

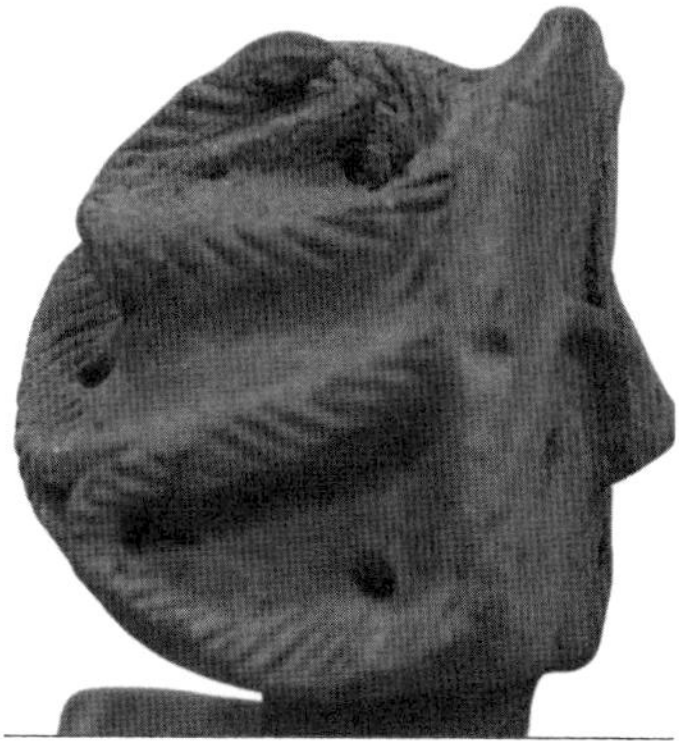

図21・「蛇を戴く土偶」
(長野県)

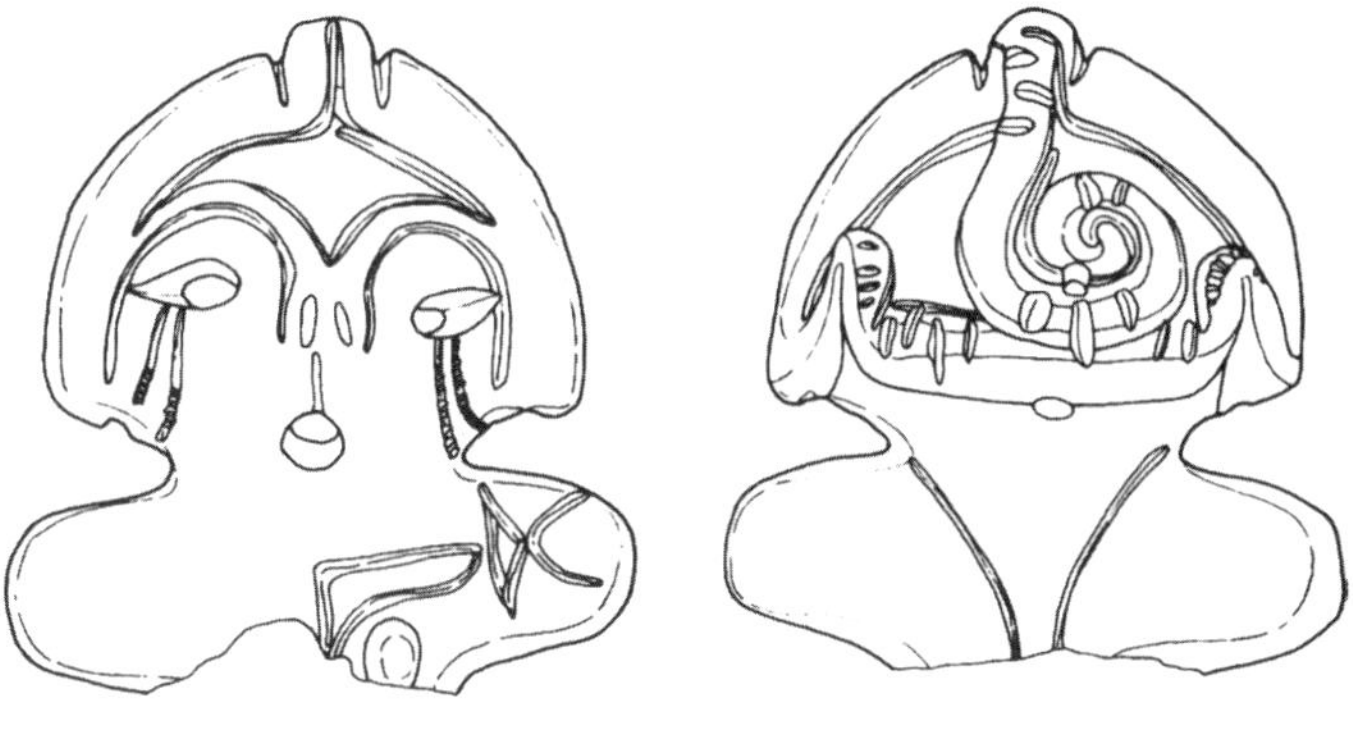

図22・「いっちゃん」(山梨県)
山梨県埋蔵文化財センター(1986)『一の沢西遺跡』

ヘビの種類の同定とカモメライン土偶の顔の秘密

ではどんなヘビだろうか。

勝坂式文化圏から出土する土器に「蛇体把手付深鉢」というものがあるのだが、この土器についているヘビの模様を見てほしい［図23］。胴体が線刻によって区画され、その中心には円が表現されている。これはマムシの「目玉模様」とも呼ばれる特徴に他ならない［図24］。

したがって、この土器のヘビはマムシであると判断していいだろう。では、カモメライン土偶の頭上のヘビもマムシであると考えてよいだろうか。結論から言うと、私はこの土偶の頭上のヘビもまた「マムシに違いない」と考えている。なぜか。

ここで思い出されるのが、カモメライン土偶の特徴である「細い吊り目&鼻孔」である。明らかに人間離れしているカモメライン土偶の顔——この一見不可解な顔のデザインも、そのモチーフが「マムシの顔」であったと考えれば、見事なまでに謎が解けるのである。

本州には八種類のヘビが生息しているが、このうち猫の目のように瞳孔が縦に細くなるのはマムシだけの特徴である［図25］。そう、このマムシの縦の細長い瞳孔こそが、カモメライン土偶の「細い吊り目」の正体だったのである。このように考えれば、カモメライン土偶の特徴的な鼻孔も解読可能となる。なぜならそれはヘビの鼻孔の形態に酷似しているからである。

というわけで、顔がマムシなのだから、土偶の頭上のヘビもマムシであると考えるのが最も合理的な判断といえるわけである。要は、**カモメライン土偶の顔**（＝仮面）**そのものがマムシの顔だった**のである。このように考えれば、そしてこのように考えることによってのみ、カモメライン土偶に共通する「細い吊り目&鼻孔」という造形コードを合理的に説明することができる。

図23・神像筒形土器（部分）
藤内遺跡出土
井戸尻考古館（撮影：田枝幹宏）

図24・ニホンマムシ

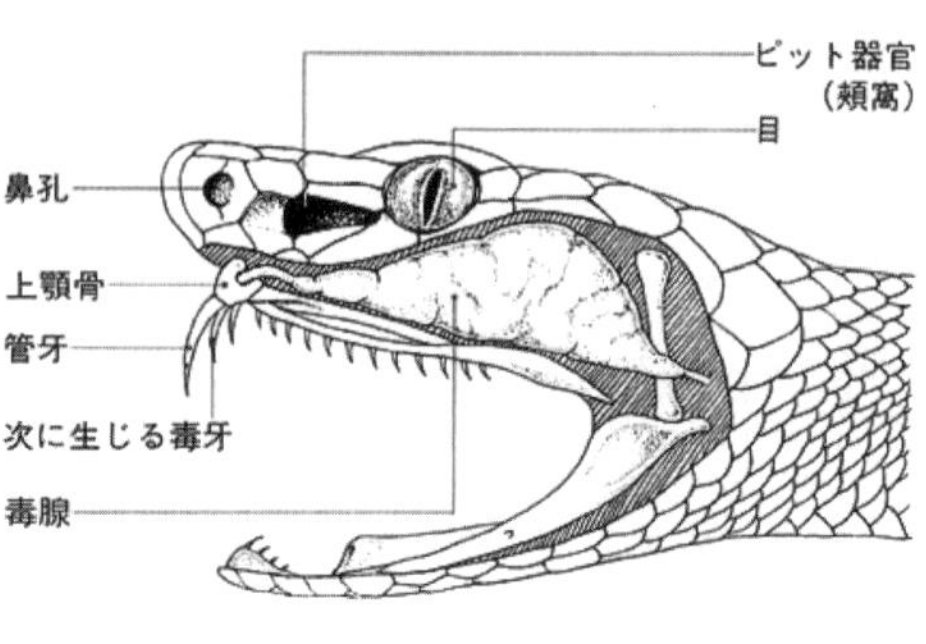

図25・マムシの瞳孔と鼻孔：
日本大百科全書（小学館）松井孝爾

なぜマムシが？

　では、トチノミの精霊像であるカモメライン土偶の仮面が「マムシの顔」で表現され、頭上のヘビもまたマムシをかたどっているとすれば、それはなぜなのだろうか。ここで注目すべきは、マムシとトチノキのあいだの環境生態学的な深いつながりである。

　トチノキは湿気を好むため渓畔林に多く生育している。マムシも湿地を好むため里山の水辺に多く生息している。つまりトチノキのある場所にはマムシもよく出没する。ここに人間が介在すると、トチノキとマムシの関係はさらに興味深い展開をみせる。

　トチノミは九月になれば熟して重力落下するが、じつはこの実を狙っているのは人間だけではない。人間の最大のライバルが「アカネズミ」である。アカネズミは北海道から九州の低地から高山帯まで広く分布している日本固有種であるが、このネズミには唾液タンパク質と腸内細菌によって有毒成分のタンニンを無害化するシステムが実装されており、化学武装したトチノミをそのまま食べることができる。[*10]

生態学者の山科千里によって滋賀県朽木地域のトチノキ巨木林で行われた調査によると、トチノミが落果を始める九月に計三〇〇個のトチノミを一二カ所の実験区に置いた結果、わずか五日間のうちに約九割が消失し、一か月後にはすべてのトチノミが消失したという。そして設置された赤外線自動撮影カメラにはトチノミを運び去るアカネズミの姿のみが撮影されていたという。[*11]

これまでの調査ではシカやツキノワグマによるトチノミ採食行動も報告されており、地域差はあるかもしれないが、大量のトチノミを持ち去る〝主犯〟の一人がアカネズミであることは確実である。そして、このアカネズミによる迅速かつ網羅的な「持ち去り」は、トチノミを食料資源として重点的に利用するようになった中期以降の縄文人たちにとっては重大な脅威であったに違いない。

そうしたなか、かれらにとって強力な味方となってくれる存在がいた。それがマムシである。

＊10　島田卓哉（２００８）「堅果とアカネズミとの関係――タンニンに富む堅果をアカネズミが利用できるわけ――」、『哺乳類科学』48（1）、日本哺乳類学会

＊11　山科千里（２０１７）「朽木地域における野生動物によるトチノミの捕食」、『日本地理学会発表要旨集』、日本地理学会

図26・アカネズミを丸呑みにするマムシ

マムシは生き餌《え》を好んで食すことが知られているが、そのなかでも特に好物なのがアカネズミなのだ［図26］。

　トチノキの群落があれば、その周辺にはトチノミを求めて多くのアカネズミが集まり、そして今度はそのアカネズミを求めて多くのマムシが集まっていたことだろう。トチノキ林のなかを巡回し、人間の天敵たるアカネズミを丸呑みして駆除してくれるマムシの姿を目撃した縄文人たちが、「トチノミの番人」としてマムシを崇敬したであろうことは想像に難くない。

　こうしてマムシはトチノミの精霊の使いとして表象されるようになり、それがマムシの仮面を装着したトチノミの精霊像、すなわちカモメライン土偶を生み出したのである。

トチノキ霊とその神使としてのマムシ

ヘビを神格化したり、神の使いとみなすのは古今東西で見られる普遍的な心性である。そのインパクトのある容姿、自在に泳いだり木に登ったりと融通無碍《ゆうずうむげ》な所作、不意に現れては消える神出鬼没な挙動、注連縄《しめなわ》の如く絡み合う雌雄の神秘的交合、そして不死を連想させる脱皮の習性など、ヘビはわれわれの注意を惹き付ける多くの生態的特徴を持っている。

また、多くの神話の中でヘビは植物の生命力（＝地霊の働き）と関係づけられてきた。寒くなるとヘビは大地に潜って冬眠し、暖かくなると再び地上に現れて活動を再開する。この活動周期は冬に眠り、春になれば再び覚醒して活動を再開する地霊および植物の生態とシンクロしており、それゆえヘビはしばしば「植物霊の化身」として表象されてきたのである。

毎年実るトチノミは精霊からの贈り物《ギフト》に他ならず、その神々の恵みを守護してくれるマムシはトチノミの精霊の「神使《しんし》」であると考えられていたと思われる。トチノミの精霊は目に見えないが、その化身であるマムシは目に見える。それゆえトチノミの精霊像であるカモメライン

図27・稲荷神社におけるキツネ（武蔵野稲荷神社）

土偶は顔を持たず、代わりに仮面にマムシの顔が表現されたのであろう。

「神使」とは「つかいしめ」とも呼ばれ、「神の使者」あるいは「神の眷族《けんぞく》」を意味する。神の意思を代行するためにこの世に現れる存在で、特定の動物が選定されることが多い。これは古今東西にみられる普遍的な観念であるが、私が特に注目するのは植物霊と神使の関係である[*12]。

日本人に最も馴染みのある植物霊と神使の関係は、稲荷《いなり》神とキツネの事例であろう。稲荷とは「稲成り」のことであり、すなわちイネの精霊を指す。稲荷神社は「ウカノミタマ（倉稲魂命）」という穀物霊を祭祀するための神殿であり、聖域の入り口には神使のキツネが鎮座していることは周知の通りである［図27］。

キツネは稲魂の神使として表象されることが多いが、稲霊そのものとして表象されることもあり、両者の境界はさほど明瞭ではない。ではなぜイネという植物とキツネという動物とのあいだに神秘的な連関が想像されているのだろうか。この理由として以下の四点を指摘することができる。

①コメを食い荒らすネズミをキツネが退治してくれる（寓喩《ぐうゆ》性）
②田んぼにキツネが頻繁に出没する（隣接性）
③キツネの出没周期とイネの生育周期とが符合している（周期性）
④実った金色の稲穂とキツネの尻尾の色や形が類似している（隠喩性）

キツネは決して人間のためにネズミを捕食しているわけではないが、人間はネズミを駆除してくれるキツネがあたかも「コメの番人」をしてくれているかのごとく感じる。これが①の「寓喩性」である。

また、フレイザーが指摘するように、イネが実る田んぼという神聖な場にキツネが出現すれ

*12　動物が植物霊の化身となるような民俗事例は世界中にみられる。フレイザーは『金枝篇　下』（ちくま学芸文庫）のなかで「農夫の習俗においてはごく普通に、穀物霊が動物の姿で考えられまた表象されている」（p.44）と述べ、不可視の植物霊（ここでは「穀物霊」）が動物に化身して現れるという表象事例について述べている。また以下のような記述も見られる。「穀物霊が化身すると考えられている動物は多く、狼、犬、野ウサギ、鶏、ガチョウ、猫、山羊、乳牛（牡牛、去勢牛）、豚、馬、などがある」（p.9）「なぜ穀物霊が動物の姿で、しかもこれほど多くの種類の動物の姿で現れると考えられるのか、という問いに対しては、つぎのように答えることができよう。未開人にとって、畑の中に動物や鳥が現れることは、おそらくそれだけで、動物や鳥と畑の穀物の神秘的な関係を示唆するに十分であった」（p.42）「未開人にとって、何かが魔法のように姿を変えるということはごく普通に信じられる事態であるから」（p.43）

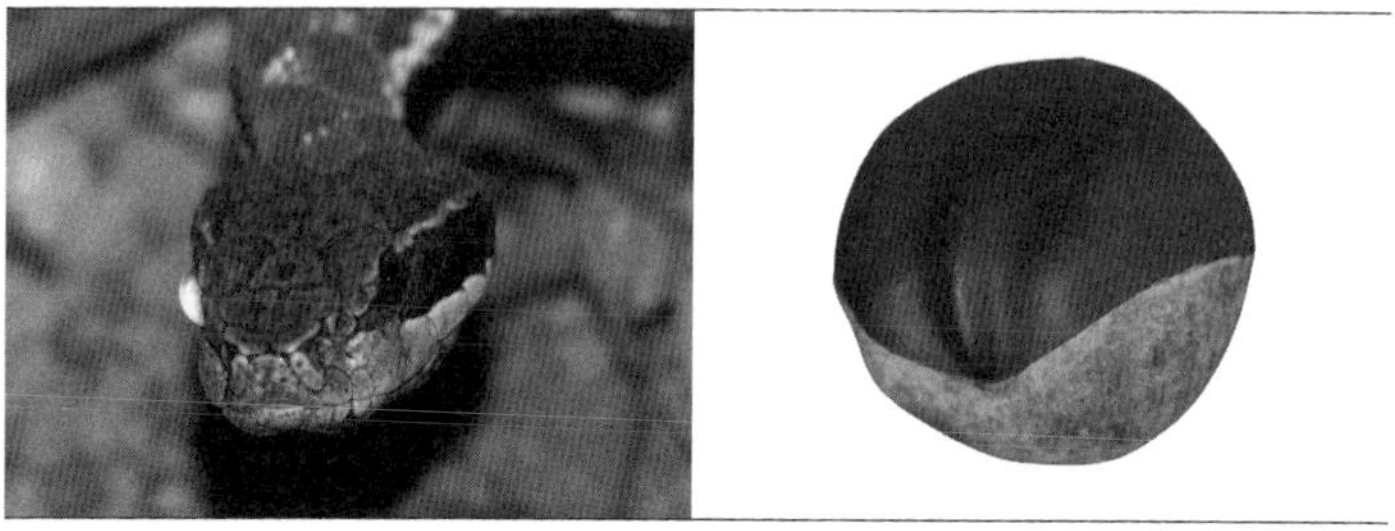

図28・マムシとトチノミの類似　©広島市安佐動物公園

ば、キツネが稲霊の化身または眷属であると想像されることもあるだろう。これが②の「隣接性」である。[*13]

③の「周期性」は柳田國男などが指摘しているもので、キツネが田植えが行われる春先に山から里に下りてきて、収穫が終わる秋になると再び山に帰っていくという周期の一致を指している。

そして、たわわに実って垂れる金色の稲穂はたしかにキツネの尻尾に似ており、この見た目の類似が④の「隠喩性」ということになる。

稲霊とキツネは、こうした複数の観念的な連合によって強固な結びつきを保ち、それが稲荷神社における稲荷神とキツネという表象様式を維持してきたのである。

ではトチノミとマムシはどうだろうか。

①トチノミを持ち去るアカネズミをマムシが退治してくれる（「寓喩性」）、②トチノキ林にはマムシが頻繁に出没する（「隣接性」）はすでに述べた通りである。また、マムシもトチノキも冬季に休眠す

るという点で③の「周期性」の条件も満たされている。

④の「隠喩性」はどうだろう、と思ってあらためてマムシとトチノミを見比べたとき、私は思わず声をあげそうになった。両者の上下がまったく同じ色分けになっていたのである［図28］。マムシにもあたかもカモメラインが存在するかのように。

つまり、イネとキツネの事例と同様、トチノミとマムシも①〜④の条件をすべて満たしていたのである。となれば、「稲霊とキツネ」という観念連合が稲荷神社において具現化されているように、「トチノキ霊とマムシ」という観念連合がカモメライン土偶において具現化されていると考えてもまったく不自然ではない。もちろんこれは私の個人的な想像ではない。土偶の造形がそのように語っているのである（これ以上に合理的な解読があるのならぜひ教えて欲しい）。

＊13　この場合の「隣接」とは、「イネ」と「キツネ」が物理的に近い距離にあるという意味である。たとえばフレイザーは『金枝篇』のなかで、ライ麦畑にいつも決まって野ウサギが現れると、人びとが「この野ウサギはライ麦の精霊の化身ではないか」と想像する事例を紹介している。この場合は「ライ麦」と「野ウサギ」が隣接してることになる。

なぜ頭上でヘビがとぐろを巻いているのか

さあ、いよいよ解読作業も終わりに近づいてきた。最後の謎解きである。

カモメライン土偶の頭頂部にしばしばマムシの造形がみられることは先に見た通りであるが、ではなぜ他ならぬ頭頂部なのだろうか。私の解読によれば、やはりこれもただの偶然ではなく、しかるべき理由が隠されていた。

ここでは装飾性が少なくわかりやすい造形をしている原の前遺跡(山梨県北杜市)のカモメライン土偶の頭部を見てみよう。後頭部を見ると、やはり細長い隆帯がクルッと円を描いているのがわかる。これ自体「とぐろを巻いたヘビ」には見えないが、同型の表現であることは明瞭である。

カモメライン土偶の頭部がトチノミであるとすれば、その頭頂部はトチノミの上部ということになる。そこに現れ、とぐろを巻いたヘビのようにも見える、円を描く細い隆帯の正体とは——。

図29②を見てほしい。これが答えである。トチノミの上部に現れた、円を描いて前方へ向か

①原の前遺跡のカモメライン土偶
（山梨県北杜市）：北杜市考古資料館

②トチノミの幼根

図29・カモメライン土偶の頭頂部の隆帯とトチノミの幼根

う細い隆起——これは**トチノミの「幼根」**である。トチノミを採取して果実を剝き、しばらく放置していると種子が乾燥して幼根がこのように浮き上がって見える。つまり、トチノミはこの部位から発根するのである。

一方、マムシは卵胎生といって、受精卵が母体内で発育・孵化し、幼ヘビとして母体から出てくるため、あたかも人間と同様に赤ちゃんを産むように見える。しかも本州では卵胎生のヘビはマムシだけである。他のヘビはみな卵を産んでいるのに、マムシだけ幼ヘビを出産するという事実は、縄文人たちをしてこのヘビに特別な感情を抱かせる要因の一つになったと思われる。

そして、「細くて長い」トチノミの幼根とマムシの赤ん坊は、互いにその姿がよく似ている。しかも「トチノミの発根」と「マムシの出産」は、どちらも新しい生命の発露という点において共通している。アナロジーを用いた〝野生の発生学〟によれば、これらはともに同型の事象であり、すなわち**トチノミは幼マムシが母体から発出するのと同じ生命原理によって発根するの**である。

図29②のように幼根が隆起として表現される場合もあれば、図21のようにそれが幼マムシに見立てられてヘビとして造形される場合もあったと考えられる。いずれにせよ、以上がカモメライン土偶の頭頂部にマムシが載っていることに対する私の回答である。

というわけで、これでビーナスを含むカモメライン土偶の解読はひとまず終了である。

本章では扱わなかったが、新潟県域からはトチノミの発根儀礼に用いられたと考えられるカモメライン土偶が多数出土しており、ここから土偶の具体的な使用方法についても議論を発展させることが可能である。

一方、ビーナスは幼児の墓の副葬品として埋納されたとも考えられている。[*14] カモメライン土偶がトチノミの精霊像であったとしても、それらがすべて植物の豊穣儀礼に用いられたとは私は考えていない。

本書の目的はあくまで土偶のモチーフの解明であるから、こうした土偶の用途論についての見解は、また稿を改めて発表するつもりである。

*14 宮坂光昭（1990）「第500号土壙出土の大形完形土偶について」、『棚畑』、茅野市教育委員会

縄文のビーナス付記

1　ビーナスは妊娠像ではないのか？

本章の分析によって、ビーナスを「トチノミの精霊像」と考えることが最も合理的な説明であることは示せたと思う。では、「ビーナスは妊娠像である」という従来の説明についてはどのように考えたらよいだろうか。

ビーナスの腹部は膨らみをもって造形されており、これは素直に「妊娠表現」と考えるのが妥当である。つまり、ビーナスはやはり妊娠像なのである。ただし、それは人間女性の妊娠像ではない。**トチノミの精霊の妊娠像**なのである。

民族事例からも明らかなように、精霊というのは無色透明な存在ではなく、それぞれに固有の人格を持った存在である。それゆえ精霊にも当然ながら老若男女の別がある。トチノキがトチノミを実らせることができるのはトチノキが妊娠するからであり、その意味でトチノキ（トチノミ）の精霊は受胎能力のある女性、すなわち「母」として表象されていたはずである。

私がその証左と考えているのが、やはり勝坂式文化圏に属している宮田遺跡（東京都八王

図30・子抱き土偶
（東京都八王子市）国立歴史民俗博物館

子市）から出土した通称「子抱き土偶」である［図30］。残念ながら母親の頭部は欠損しているが、その両腕には抱きかかえられた赤児の姿が造形されている。

この土偶は現在の考古学では「人間の母子像」として説明されているが、赤児の顔をよく見て欲しい。そう、そこには沈線によってはっきりとカモメラインが表現されており、かつ「細い吊り目&鼻孔」も表現されている。

つまりこれは人間ではなく、トチノミの子供なのである。というわけで、この土偶は「トチノミの母子像」とみなすべきものであり、縄文人が精霊にも人間と同じような存在様式を認めていたことを示す貴重な資料といえる。つまり、トチノミが実るのは、トチノミの母が妊娠するからなのである。

現代の日本語では「人間が妊娠する」とはいうが「植物が妊娠する」とはいわない。しかしその一方で、「穂孕み」という表現はいまだに残っている。この表現はアナロジー思考の典型であり、イネが実って膨らんでいく事象と、妊娠した女性の腹が膨らんでいく事象とが相同のものとして理解されているのである。つまりそこでは「植物が妊娠する」のである。[15]

あるいは「稲妻」という言葉がある。現代日本語で「妻」といえば「女性の配偶者」を指すが、古代では「つま」は男女の性別を問わず単に「配偶者」を指す言葉であった。そして「稲妻」の「妻」が指しているのは男性である。つまり、「稲妻」とはもともと「稲の夫」という意味であった。これは「夏に落雷が多い年はイネがよく実る」という民間伝承から、「雷がイネを妊娠させる」という観念が生まれたためである。[16] このように、「稲妻」という言葉の中にも「植物が妊娠する」という観念がみられる。

2　植物と動物が融合した表象について

私の解読によれば、カモメライン土偶はトチノミとマムシの融合したフィギュアであっ

＊15　「植物の妊娠」という観念は広くみられるもので、たとえばマレーシアでは開花をもって「イネの妊娠」とみなす事例が数多く報告されている。「ジャワ人は稲の花のついたのを稲の妊娠だと考え、これを人間と同じように妊婦 ngidam,njidan と呼んで、酸い物などすべて妊婦の好むような食物が必要だというので、未熟の酸い果物でこさえた副食物の rudjak とか、焼いて妊婦に食べさせる一種の石灰土 tanah ampo などを、田に送る水に投じる。またジャワの或る処では稲に花がつくと、その性欲を起して実りをよくするため、夜中田主夫婦が裸で田の中を駈け廻り、男根 lingam と女陰 yoni の供養といって性交を行うこともあるという」宇野円空（１９４４）『マライシアに於ける稲米儀礼』、日光書院

＊16　ちなみにこの伝承は科学的にも正しいことがわかっている。落雷の放電によって空気中の窒素分子が分解されて窒素酸化物などが生じ、これが天然の窒素肥料となって植物の生長を促すのである。したがって、雷はまさに「稲の夫」なのである。

た。このように植物と動物が一つのフィギュアの中でフュージョンして表現されることは珍しいことではない。とりわけ日本人にとっては。

上はLINEスタンプのキャラクター「くりくり」である。動物であるカワウソが植物であるクリを被っている。中央は長野県のPRキャラクター「アルクマ」で、クマがリンゴの被り物をしている。下は埼玉県深谷市のイメージキャラクター「ふっかちゃん」で、ウサギのようで鹿のような動物と深谷ネギがフュージョンしたものである［図31］。

これらはほんの一例に過ぎないが、どのキャラクターも被り物の部分が植物で、顔の部分は動物によって構成されている。これは当然と言えば当然である。動物には顔があって、植物には顔がないからである。

こうした植物＋動物というフュージョン系のデザインの最古のものが、トチノミとマム

くりくり © アレスカンパニー

長野県PRキャラクター「アルクマ」
© 長野県アルクマ　20-0175

ふっかちゃん ©FUKAYA CITY

図31

シが融合した五〇〇〇年前のカモメライン土偶であったと私は考えている。この数千年のあいだにわれわれ人間の何が変わり、何が変わっていないのだろう。非常に興味深いトピックである。

第7章

土偶プロファイリング⑦

結髪土偶

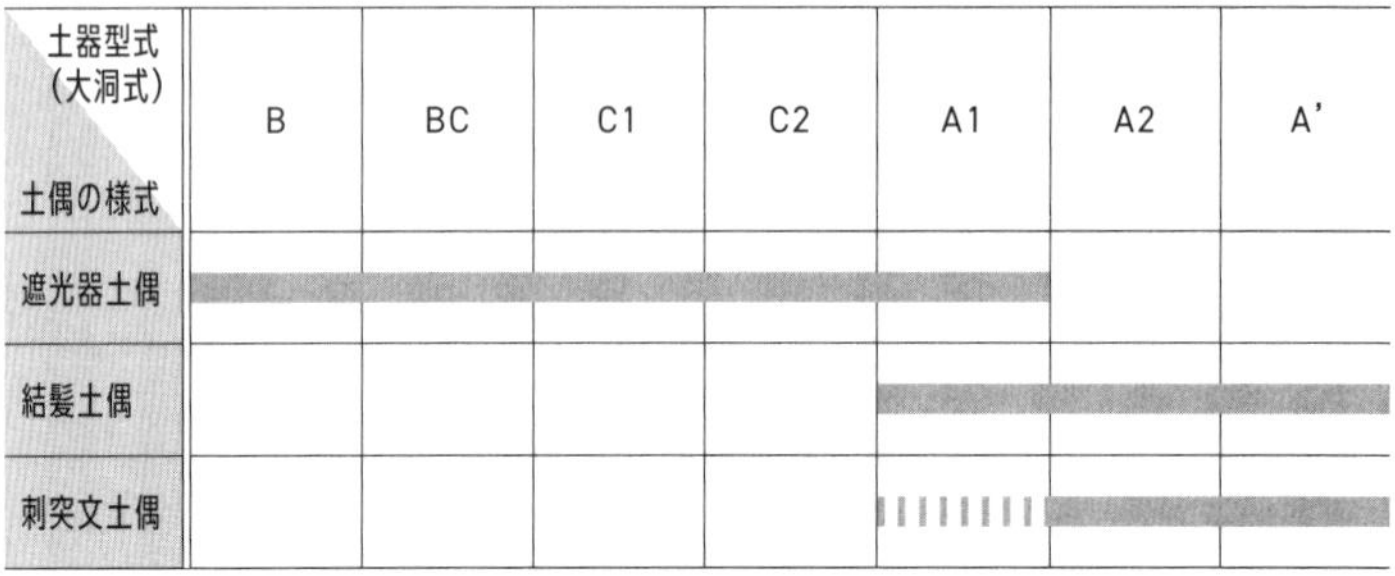

図1・縄文晩期の東北地方の土偶の消長　金子（2001）をもとに竹倉が作成

さあ、いよいよ土偶の解読も終盤に差し掛かってきた。ここからは縄文時代の最後を飾った土偶たちについてみていこう。

縄文晩期の土偶の主な舞台は東北地方である。図1は縄文晩期の東北地方北部における土偶の消長を示したものだ。[*1]〝B〟とか〝C_2〟というのは「大洞式」と呼ばれる土器型式の名称で、晩期の相対年代の指標となるものである。

放射性炭素測定から推定される絶対年代でいうと、たとえば「遮光器土偶」が登場する〝B〟はおよそ三二〇〇年前にあたり、遮光器土偶が姿を消す〝A_1〟はおよそ二七五〇年前となる。[*2] つまり図1からは、遮光器土偶がおよそ五〇〇年間にわたって東北地方で製作されたということがわかる。

そして、遮光器土偶と入れ替わるように現れたのが「結《けっ》

*1　金子昭彦（2001）『遮光器土偶と縄文社会』p.12、同成社。なお、便宜上表の一部を省略してある。

*2　小林謙一（2019）『縄紋時代の実年代講座』、同成社

図2・結髪土偶　大曲遺跡（青森県）　青森県立郷土館デジタルミュージアム

図3・結髪土偶　五郎前遺跡（山形県）　正源寺

髪《ぱつ》土偶」〔図2・3〕と「刺突文《しとつもん》土偶」である。年代的には遮光器土偶の方が古いが、（ある理由により）その解読は最後に回すことにして、本章と次章ではこの「結髪土偶」と「刺突文土偶」の解読を行うことにする。

「最後の土偶」

結髪土偶は縄文晩期に現れ、弥生中期あたりで消失する「最後の土偶」である。形態にバリエーションはあるものの、どれも頭部に「結髪」のような造形が見られるためにこの名で呼ばれている。たしかに頭上には髪が結ばれたような造形がみられる。

首から下で目立つのは「腕がない」ように見えることである。図2の大曲遺跡（青森県鰺ヶ沢町）出土の土偶のように「万歳」しているものもあるが、ほとんどは図3の五郎前遺跡（山形県最上郡）のように肩から先の「腕」の部分が省略してあるように見える。

また、結髪土偶には肩先から胸部にかけて細い帯状の「隆起」が見られる。これまで考古学ではこの隆帯は「乳房表現」と説明されてきた。しかし、そうだとすると、なぜ結髪土偶の製作者たちは、乳房を（まったく乳房には見えない）細い帯で表現しているのだろうか。

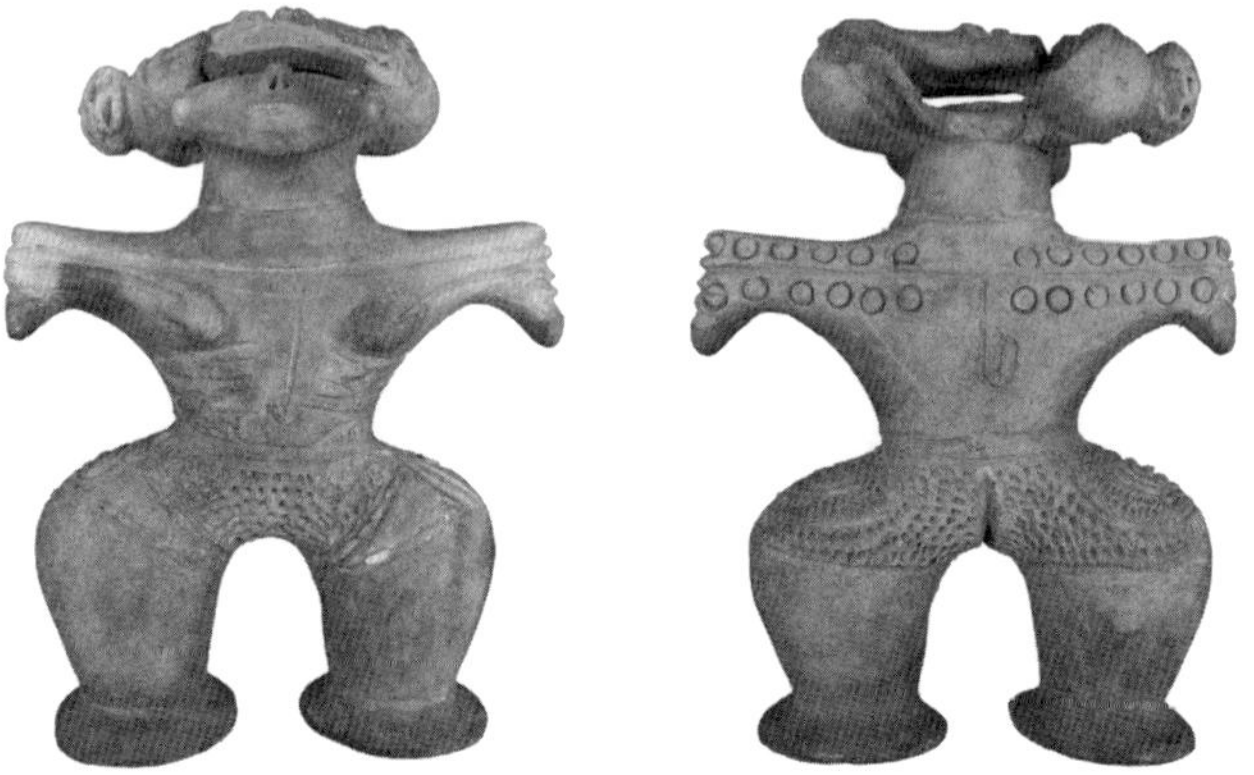

図4・人間の頭髪とは明らかに異なるブリッジ状の「結髪」 大船渡市立博物館

じつは従来のこの見解は、結髪土偶の造形の意味を根本から毀損《きそん》する「読み間違い」であるため、後に私の解読結果を提示してこれを訂正したい。

結髪土偶の上半身の形状も見逃すことはできない。結髪土偶には腰から肩にかけて上半身が「扇形」になっているものが多い。これは明らかに人体のフォルムとはかけ離れているため、モチーフの形状を反映した造形であることが予想される。

これまでの事例と同様、ただ眺めているだけではまったく見当もつかないこの土偶の造形の意味も、私の仮説を**土偶解読のための認知フレーム**として設定すると、これまで誰も見たことのない結髪土偶の新しい姿が一気に浮かび上がってくることになる。

「最後の土偶」の正体は――

結髪土偶は他の土偶に比べると「人体感」が強い。つまり、ハート形や星形のような顕著な非人体的な造形はみられず、一見すると人間をかたどっているように見えなくもない。その意味では、この結髪土偶の解読は難易度が高いといえる。

しかし、私が結髪土偶を扱ったのは土偶解読プロジェクトの終盤であり、幸いこの頃には、土偶の「造形文法」ともいうべき基本的なルールが直感的にわかるようになっていた。

そんなわけで、この土偶、当初は少し手を焼いたが、それまでに培われてきた読解力をフルに発揮した結果、その正体を手元に引き寄せることができた。

やはりその名の通り、ヒントは「**結髪**」にあった。

これはもちろん偶然ではない。現代の考古学者たちが注目し、同系列の土偶を命名する際にメルクマールとした部位が「結髪」なのである。逆に、認知上のメルクマールたり得るということは、それが土偶製作者がコストをかけて情報量を盛り込んだ部位であることを意味している。

すなわち「結髪」の造形は、製作者にとっても観察者にとっても、この土偶のモチーフを示す認知的なフックである可能性が高いわけである。となれば、そこに解読のヒントが隠されているのは当然ということになる。

土偶の容姿が一見ファニーだからといって、縄文時代の熟練工の手技力を甘く見てはいけない。結髪土偶の頭部の造形はじつに精巧で、相当な熟練者によって塑造されたものである。そのうえで頭部を観察すると、図3や図4で示したように「結髪」は頭頂部にブリッジ状に配されていたり、あるいは頭部にそのまま「載せた」ように造られている。

もちろん技術の稚拙さゆえにこのような造形になっているのではない。これは明らかに意図されたデザインなのである。つまり**結髪土偶における「結髪」は、人間の頭髪のようには造られていない**のである。

では、この人間の頭髪としてはあまりに不自然な、それでいて精緻に造形された部位は一体何を表現しているのだろうか。われわれはすでに、土偶のメルクマールとなる身体部位がそのまま人体の対応部位を表現するものではなく、あくまでアナロジーによる「見立て」の造形表現であることを知っている。結髪土偶にもこの法則を適用すればよい。

毎日ひたすら土偶を眺めては指でなぞるようにフォルムに意識を添わせ、各地の遺跡を訪れては土や草の香りに身を浸していた私の身体には、いつのまにか「縄文脳」がインストールされていたようだ。

そんな私の目には、土偶の「結髪」はもはや「結髪」には見えなくなっていた。頭部に配置されたのは「**アナロジーとしての結髪**」であり、そこで結ばれているのは頭髪ではなく、収穫された**稲穂**に他ならないことを私は見抜いていた。そう、私が導いたのは「**結髪土偶はイネをかたどった土偶である**」という結論である。

結髪土偶にみられる造形文法

図5は左からイネ、コメ、納豆をモチーフに作られたキャラクターである。共通しているのはすべて稲穂／稲藁が頭髪部に配置されている点である。もちろんこれは偶然ではない。稲穂は「細くて長い」。そして「束ねる」。人体のなかで、稲穂に最も似ている部位はどこだろうか——そう、頭髪である。だからイネをモチーフにキャラクターが造形される場合、稲穂はたいてい頭髪部まわりに配されるのだ。私はこのような造形原理を「似たものは・似ているように・似た位置へ」という標語によって定式化している。

これは顔パレイドリアと同様、人間の認知にかかわる普遍的な表象パターンである。それゆ

酒米山田錦キャラクター
「いなたろう」
(三木市観光協会 © こゆり)

米の妖精「らいすん」
(安曇野市農業再生協議会)

水戸市マスコットキャラクター
「みとちゃん」

図5・キャラクターの頭部に稲穂や稲藁が配置される表象事例

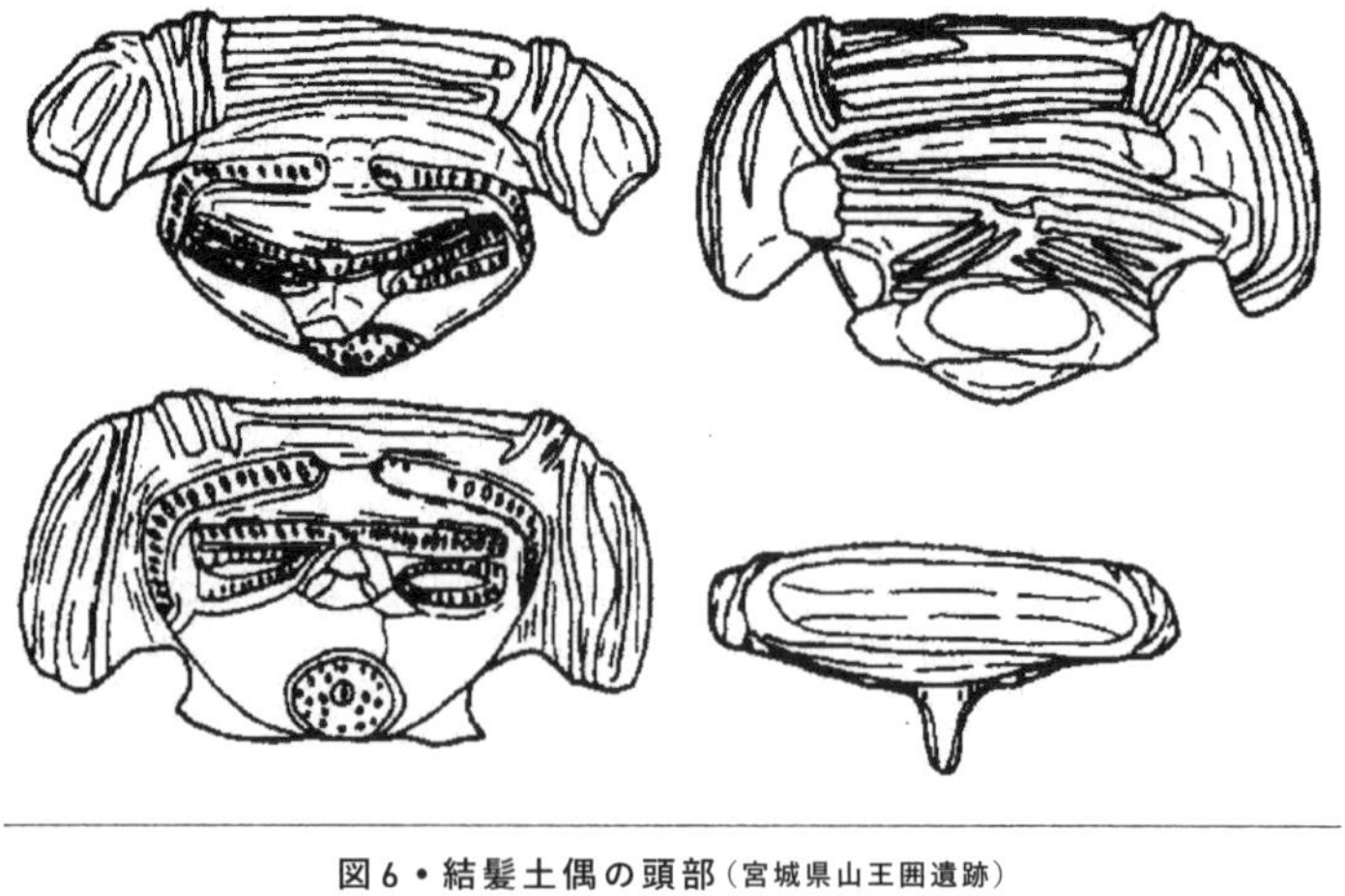

図6・結髪土偶の頭部(宮城県山王囲遺跡)
金子昭彦(2015)「縄文土偶の終わり」、『考古学研究』第62巻第2号

え現代の「ゆるキャラ」であろうが、二〇〇〇年前の結髪土偶であろうが、イネの精霊は同じように造形され、稲穂は頭髪部に配置されるのである［図5・6］。

図7は現在も使われている「稲紋」の一例である。これは稲荷神社の神紋として、あるいは鈴木姓の一族の家紋として使用されるもので[*3]、どれも収穫後の稲穂が表現されている。なぜ収穫後とわかるかといえば、すべて稲穂が束ねられているからである。

あらためて結髪土偶の「結髪」を観察すると、この稲紋とよく似たパターンでデザインされていることがわかるだろう。稲穂が多様な結ばれ方をするように、結髪土偶の「頭髪」も多様な結ばれ方をしている。また土偶によっては、刺突孔や円形の施文によって稲穂のコメが表現されているものもある［図8］。

前章まで見てきた堅果類や貝類をかたどった土偶であれば、種実や貝殻をそのまま頭部に配置すればフィギュアの基本構造が成立した。というのも、堅果や貝は〝一つの塊〟であり、頭部もまた頭蓋によって構成される〝一つの塊〟であるからだ。

それに対し、イネのような草本類をモチーフにする場合、イネをフィギュアのどこに配置す

＊3　「鈴木」は「ススキ」の音便化したもので、語源はススキ＝稲穂である。鈴木氏は紀伊の熊野権現に仕える神官であったから、新嘗祭や刈穂祭などを斎行したことに由来する姓であると考えられる。

①変り抱き稲の丸

②抱き結び稲

③穂なし抱き稲

④二つ追い稲の丸

図7・稲紋　「家紋」のいろは（https://irohakamon.com/kamon/ine/）

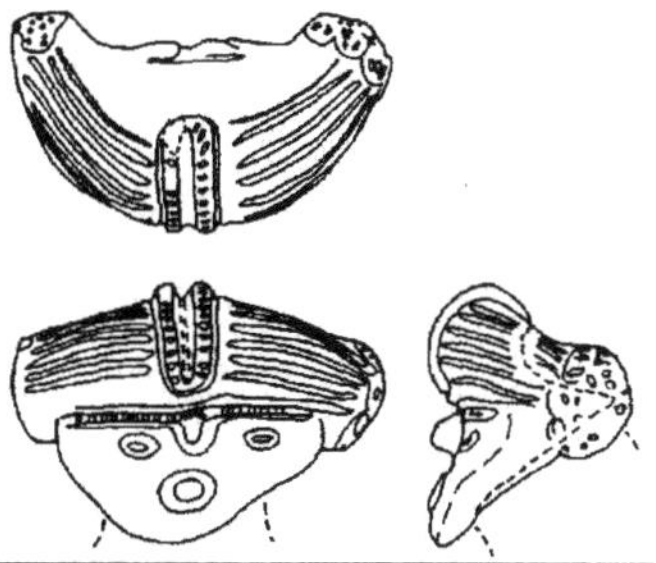

①九年橋遺跡（岩手県）

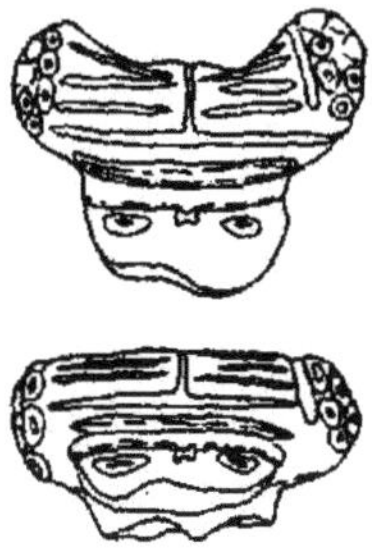

②九年橋遺跡（岩手県）

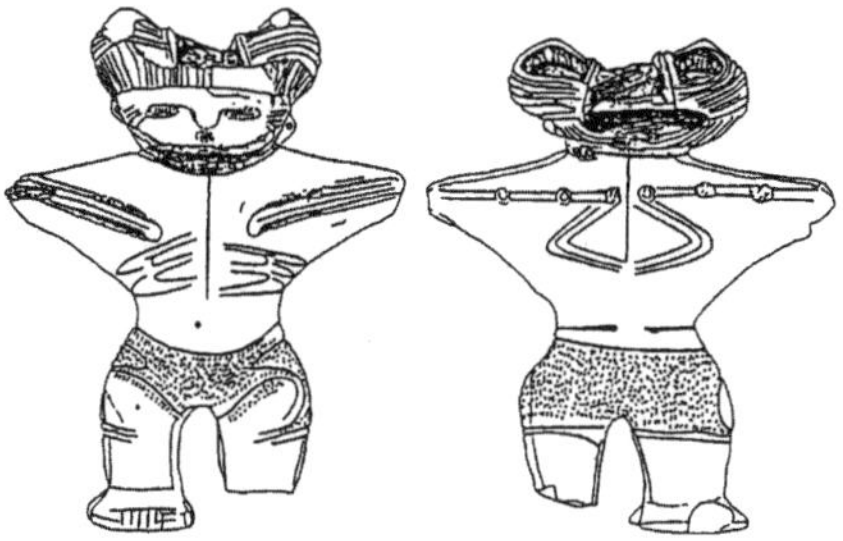

③鐙田遺跡（秋田県）

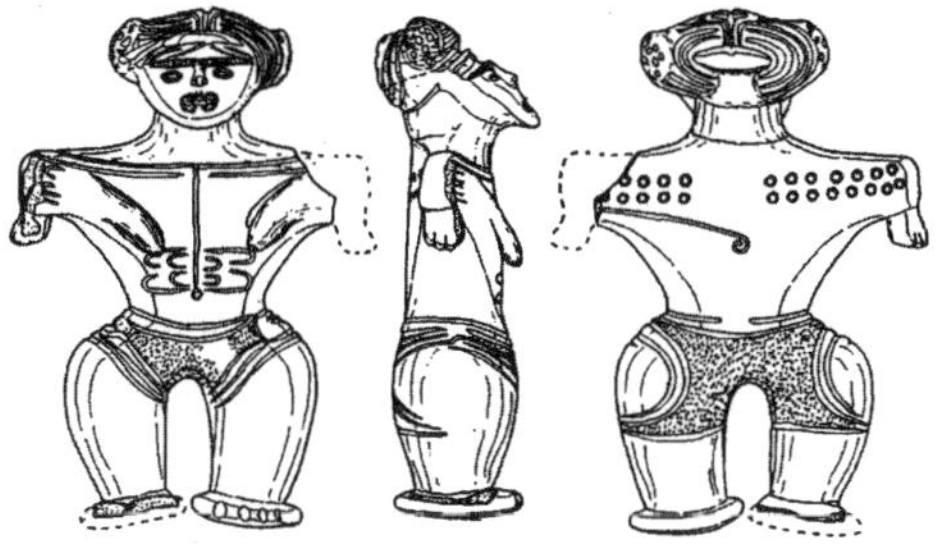

④宮沢遺跡（岩手県）

図8・結髪土偶　金子昭彦（2004）「結髪土偶と刺突文土偶の編年」、『古代』第114

るか、ひと工夫が必要となる。しかし、この場合においてもアナロジーを基調とする造形文法が問題を解決してくれる。前述の通り、「稲穂」と「頭髪」のあいだには「細くて長くて束ねるもの」という「形態の類似」があり、さらには「いちばん上にあるもの」という「位置の類似」もあるからだ。まさに「実るほど　頭《こうべ》を垂れる　稲穂かな」というわけである。

アイヌの植物認知を手がかりに

つぎは「乳房表現」の問題をみていこう。先述の通り、これまでは「結髪土偶の胸まわりの細い隆帯は乳房表現である」というかなり強引な解釈がみられた。しかし、結髪土偶がイネをかたどっていると考えれば、もはやこのような「こじつけ」を回避することができる。

胸部の細い隆帯は、乳房などではなく、じつは「**内側に折り返された腕**」なのだ。おそらく隆帯があまりにも細いため、考古学者たちはこれが腕の表現であることを見抜けなかったのだろう。ではなぜ「腕」なのにこんなに細いのか。

答えはこれが「葉」だからである。ではなぜイネの「葉」が土偶の「腕」になっているのか。この造形文法を理解するうえで重要なヒントを与えてくれるのがアイヌにみられる植物の認知の方法だ。アイヌ出身の言語学者である知里真志保は、アイヌにみられるアニミズムを基調とした植物の認知について以下のように述べている[*4]（読みやすさを考慮して一部漢字・仮名表記を改めた。また、強調のための太字と、〔〕内は竹倉による）。

「ルイェキナ」を「フキの葉柄」と訳し、「パラキナ」を「ミズバショォの葉」と訳し、「アイェンケキナ」を「エゾアザミの茎葉」と訳し、「アィマンニ」を「ハイネズの茎」と訳し得たとしても、じつは、問題がそこで終ったのではない。茎とか葉とか茎葉とか葉柄とかの訳語は、対象を示すだけで、その対象をアイヌがどのように把握しているかという、語の意味の在り方については、なんら触れるところがない。そのような訳語は、木や草を植物として考えるところから生れて来るのである。ところが、アイヌにおいては、**木や草は植物ではない**。少なくとも、われわれの用語の意味における植物ではないのである。アイヌの考え方に従えば、獣や鳥や魚や虫が神であるように、**木や草もまた神なのである**。[*5]

＊4　知里真志保（1976）『知里真志保著作集　別巻Ⅰ』、平凡社。引用部分はすべて同書所収の『分類アイヌ語辞典 第1巻（植物篇）』の「序言」より。

＊5　知里がここで言う「神」は一神教における「唯一神 God」ではなく、自然霊などを含んだ多神教的な「神霊 deity」に近い。したがって、ここでの「神」は「精霊」と理解して構わない。アイヌにおける「カムイ」観念の詳細は山田孝子（1994）『アイヌの世界観』（講談社）が参考になる。

われわれ現代人は自然科学的な分類体系に基づき、「人間」と「植物」を断絶したまったく異なる種として表象する。しかし、アイヌのようなアニミズム的な世界観が優勢である文化においては、人間、動植物、自然物、道具類も含め、精霊が宿りうるかたちあるものが連続的な「生命体」として表象される。

彼ら〈植物〉は神の国では人間と全く同じで、人間の姿をして人間と同様の生活を営んでいる。家族もあり、部落もある。アイヌの植物名に、「アハチャ」（＜aha-acha ヤブマメ・伯父）とか、「コムニフチ」（komni-huchi カシワ・婆）とか、家族関係を表わす語の付いている例を見いだすのは、彼らにも家族があるというアイヌの考え方を示すものである。

ここにも人間と植物を相同的な存在として捉えるアニミズム的な世界観が顕著にみられる。[*6] そして、こうしたアナロジカルな神話的思考は、植物の部位を命名する方法において最も典型的に示される。

彼ら〈植物〉は人間と同様の身体をもつ。それで、その身体の各部にも人体と同じ名が

付けられ、根を「**足**」（kema, chinkew）と呼び、枝を「**手**」（tek, mon）と呼び、幹を「**胴**」（tumam）と呼び、皮部を「**皮**」（kap）と呼び、木質部を「**肉**」（kam）と呼ぶのである。

植物の部位を人体に見立て、それに人体の部位名を転用する方法は、語彙の経済原則という観点から見ても理にかなっている。新しい単語をわざわざ作り出す必要がないからである。つまり「枝」という代わりに「木の腕」と言えば、すでに保有している単語で事足りる。しかも、こうした具体的な表現は直感的で子供にも理解しやすい。

野生の植物学

そしてここには見事な「**野生の植物学**」がある。

それは細胞壁も維管束も光合成も存在しない原初の科学であり、器官の機能ではなく「形態の類似」や「位置関係の類似」を活用したアナロジーの植物学である。まさに知里の言う通り、

＊6　アイヌの人間起源神話では、人間は樹木（一説にはヤナギ）から造られたということになっている。つまり、樹木は人間の先祖なのである。金田一京助（1940）『アイヌの研究』P.208、八洲書房

図9・"Anthropomorphic Tree"
（「人体化した樹」）

樹木を直立させる根は樹木の「足」であり、広がる枝は樹木の「腕」、そして幹は樹木の「胴体」なのだ。

思考実験的に言えば、「樹木」という言葉も観念も持たない最初の人類が、目の前にうねるようにそびえ立つ「不思議な生命体」（＝樹木のこと）を初めて見たならば、その異様さに圧倒されることだろう。そして畏れを抱きながら、アイヌと同様にアナロジーを用い、この不思議な生命体の部位を自らの人体になぞらえて、その構造を理解しようとするに違いない。そして、その生命体も自らと同じように感情を持ち、思惟するものと考えるに違いないのである。

人類学者・レヴィ＝ストロースは、こうした神話的な思考の過程を「ブリコラージュ（＝器用仕事）」と呼んだ。それはすなわち、いきなり抽象概念を用いて思考するのではなく、身の回りにある具体的な事物（ここでいえば自分たち人間の身体）を記号的に操作し、それを器用に組み合わせることで抽象的な思考を行うのである。そしてこのとき発動する思考様式がアナロジーに他ならない。

アナロジーは似たものを探す。――樹木の幹とそこから側方へ伸びる細い枝、これに類似したものは何か？　そう、それはわれわれの人体の、胴体とそこから生えた腕の関係に似ているのである。

こうしたブリコラージュによって樹木の枝が「腕」として表象されるのは極めて普遍的な事象である［図9］。アナロジーは人類の認知の基盤をなすものであり、最も普遍的な思考様式だからである。

では草本類であるイネの場合はどうなるだろうか。今度は茎が「胴体」で、葉が「腕」となる。すなわち、イネの「葉」は、イネにとっての「腕」に相当するのである。イネの「葉」は細い。だから結髪土偶の「腕」も細いのである。

というわけで、結髪土偶の胸の前に表現されているのは「内側に折り返された腕」として解読すればよい。その証拠に、イネの葉は多数生えるので、それらはちゃんと結髪土偶の脇腹に補完的に描かれたり、あるいは「複数の腕」として表現されている。

また、結髪土偶の「腕」がお化けの「うらめしや〜」のポーズに似ているのは、イネの葉が伸長すると「垂れる」

図10
ヤナギの下には幽霊が…
垂れた枝は「腕」として表象される

図11
原型的なイネの扇形のシルエット

からである[*7]〔図10、11〕。すなわち、イネの葉が垂れるのと同じように、結髪土偶の腕もまた胸の前で垂れるのである。

上半身の扇形のフォルムと土偶の背負うもの

さて、続いて結髪土偶の上半身が扇形に造形されている理由についても考察してみよう。グーグルで「稲」&「イラスト」で画像検索すると、図11のようなイネのイラスト画像がヒットするのだが、これらは大体どれも似たような表象となっている。いわばこれらは「定型化」されたイネの図像といえるが、地面から上の部分はたいてい扇形のシルエットで表現されている。つまり、これが「イネ」と聞いてわれわれがイメージする心像の原型《プロトタイプ》なのである[*8]。

そういうわけで、結髪土偶の上半身が人体に比べると極端な扇形に造形されていることも偶然ではなく、これはイネのシルエットを反映したプロポーションと考えてよいだろう。

＊7　幽霊の「うらめしや〜」のポーズの起源は定かではないが、「ヤナギの木の下には幽霊が出る」という俗説が広く受容されていることを考えると、夜風にしだれるヤナギの「枝」があたかも人間の「腕」に見えることと関係があるのかも知れない。

＊8　このように、グーグルの画像検索は、あるモチーフの最も典型的な表象のされ方、すなわち原型《プロトタイプ》を知るのにも役立つ。

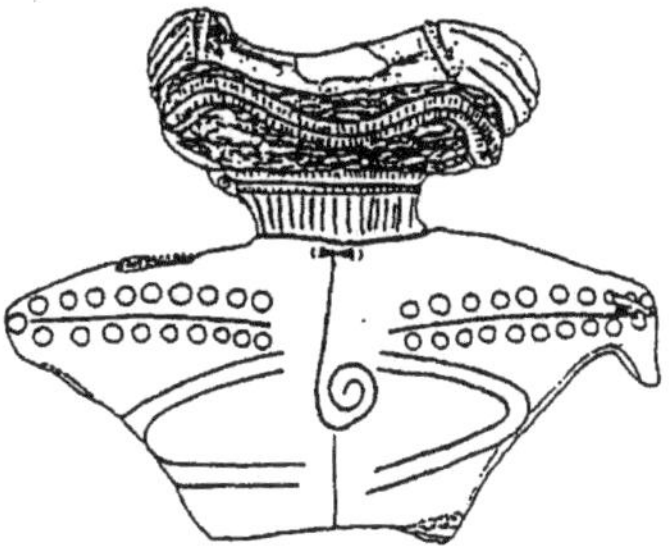

①鐙田遺跡（秋田県）

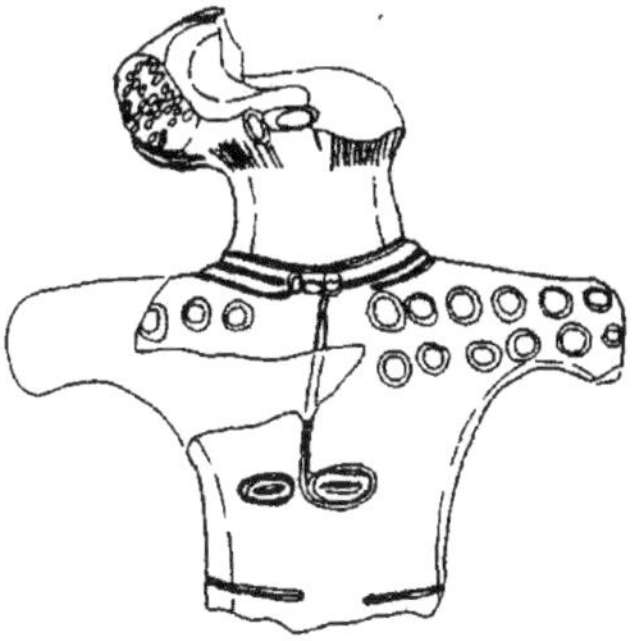

②上新城中学校遺跡（秋田県）

図12・二列の円形の「刺突文」　金子（2004）同

①金附遺跡（岩手県）
『金附遺跡発掘調査報告書』

②花ノ木遺跡（山形県）
『花ノ木遺跡発掘調査報告書』

図13・二列の円形の「粘土粒」

そして、もう一つ注目したいのが結髪土偶の背面である。結髪土偶の背面の肩には、二列の円形の紋様が並んでいる［図12］。このデザインはコード化（＝規約化）されて共有されており、ほぼすべての結髪土偶に見られることから「結髪」に劣らず重要な意味を有していることがうかがえる。では、この施文は一体何を表しているのだろうか。

図13はそれぞれ金附遺跡（岩手県北上市）と花ノ木遺跡（山形県西村山郡河北町）から見つかった結髪土偶であるが、こちらは背面の肩に紋様ではなく、刺突のある楕円形の「粘土粒」が貼付されている。

「紋様」であれ「粘土粒」であれ、まったく同じ位置に同様の二列で表現されていることから、これらは同一のモチーフを表現したものと考えられる。

円形の施文をするより、「粘土粒」を貼り付ける方が造形コストがかかる（＝より手間がかかる）ため、その分だけ「情報量が多い」。というわけで、もしあなたが土偶の解読者ならば、この粘土粒にこそ注目すべきであるということになる。

結髪土偶の背面の肩に表現された「二列の粒」――われわれはこの造形を読むことができる――そう、それは穂先に実った〝コメ〟として解読できるのである。つまり、この「粘土粒」は「コメ粒」を表現しているのである。イネを図像化した現代のイラストを参照すると、穂先に実ったコメを「二列の粒」で表現したものは多くみられる［図14①］。

①「二列の粒」で表象されるコメ　②「米」の甲骨文字:竹倉書　③楷書体

図14・図像化されたコメの表象事例

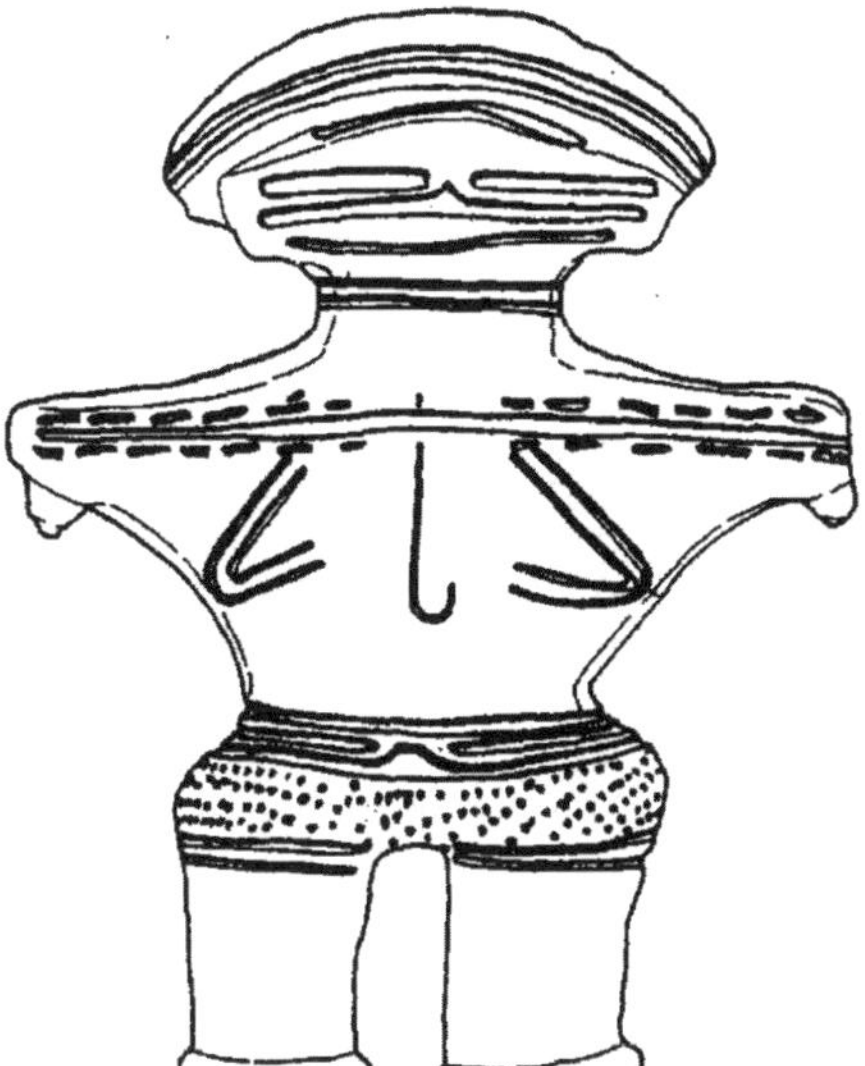

図15・釜淵C遺跡（山形県）　金子（2004）同

ちなみに「米」という漢字の元になった甲骨文字も、まさに穂軸の両脇に二列にコメが実っている様子を表現している［図14②③］。一方、結髪土偶の背面にもこれとよく似たものがある［図15］。「二列の粒」のあいだに一本の線が表現されており、これも穂をかたどったものと解読してよいだろう。ご覧のように、甲骨文字と結髪土偶の背面の造形は極めてよく似た構造を共有している。*9

考古学からみた仮説の妥当性

さて、イコノロジーから導いた「結髪土偶＝イネの精霊像」という私の結論は、考古学的にも整合性のあるものだろうか。結髪土偶を所有していた人びとが、実際にイネを食用資源にしていたかについて検証してみよう。

結論から言うと、私の仮説は考古学的事実とぴったりと符合していた。しかも、驚くほど見事に。

縄文晩期の東北地方で稲作が行われていたことは、当時の水田址の発見などから既に証明されている。そのうえで、私が自らの仮説の正しさを確信したのは、金子昭彦と東京大学の設楽博己の言葉を目にした時であった。金子は結髪土偶に関して次のように述べている[*10]（強調のための太字は竹倉による）。

結髪土偶は西北域（津軽地方中心）と南東域（北上川中下流域中心）で異なり、南東域では中期初頭の早い段階で消滅する。西北域では中期中葉まで存続するが、その後忽然と消え、逆に、中期後葉に南東域で西北域のそれと連続性のある土偶が出現し、後期前葉の仙台平野で消滅する。最後は、**あたかも米のとれる場所を追いかけていくかのようである。**

また、この金子の記述を受けて、設楽は土偶と農耕文化との関わりについて以下のように述べている[*11]（強調のための太字は竹倉による）。

東北地方の弥生土偶に関しては、金子昭彦がその編年と分布を整理した結果、**水田稲作**

＊9　なぜここで唐突に甲骨文字が、と思う人もいるかも知れない。しかし、図14②は「象形」文字であるから、土偶と同様、古代人がコメを図像化した事例なのである。しかも最古の漢字である甲骨文字は殷代後期（三三〇〇年前〜三一〇〇年前）のものであるから、甲骨文字は縄文時代晩期と同時代の表象事例でもある。

＊10　金子昭彦（2015）「縄文土偶の終わり―東北地方北部・弥生時代土偶の編年―」『考古学研究』第62巻第2号、考古学研究会

＊11　設楽博己・石川岳彦（2017）『弥生時代人物造形品の研究』、同成社

を追いかけるような盛衰があることを確認した点に農耕文化の影響との関連で注目することができる。東北地方は弥生中期の津波や洪水によって水田稲作に大打撃を受けるが、そのなかで後期になっても小規模ではあるが水田稲作を継続するのが仙台平野であり、そこに最後の土偶が認められること、津軽平野では**水田稲作の放棄とともに土偶が消滅する**こと、さらに北海道地方では非農耕文化である続縄文文化になるとまったく土偶が認められなくなることを結び付ければ、農耕文化の影響という可能性が浮かび上がる。

ここで設楽の言う「弥生土偶」とは結髪土偶と次章で解読する刺突文土偶を指す。というわけで、金子と設楽がいみじくも指摘するように、結髪土偶の出土と稲作の分布は明確な相関を示しており、私の仮説は考古学的事実とも見事に符合しているということが確認された［図16］。

率直に言って、イコノロジー分析の結果がここまで考古学的事実と合致するというのは驚きであった。そして、考古学者たちが積み上げてきた精緻な実証研究にこの時ほど感謝したことはない。

というわけで、私は自らの直感と感性の行使をもはや恐れない。——結髪土偶はイネをかたどったフィギュアである、これが私の結論となる。

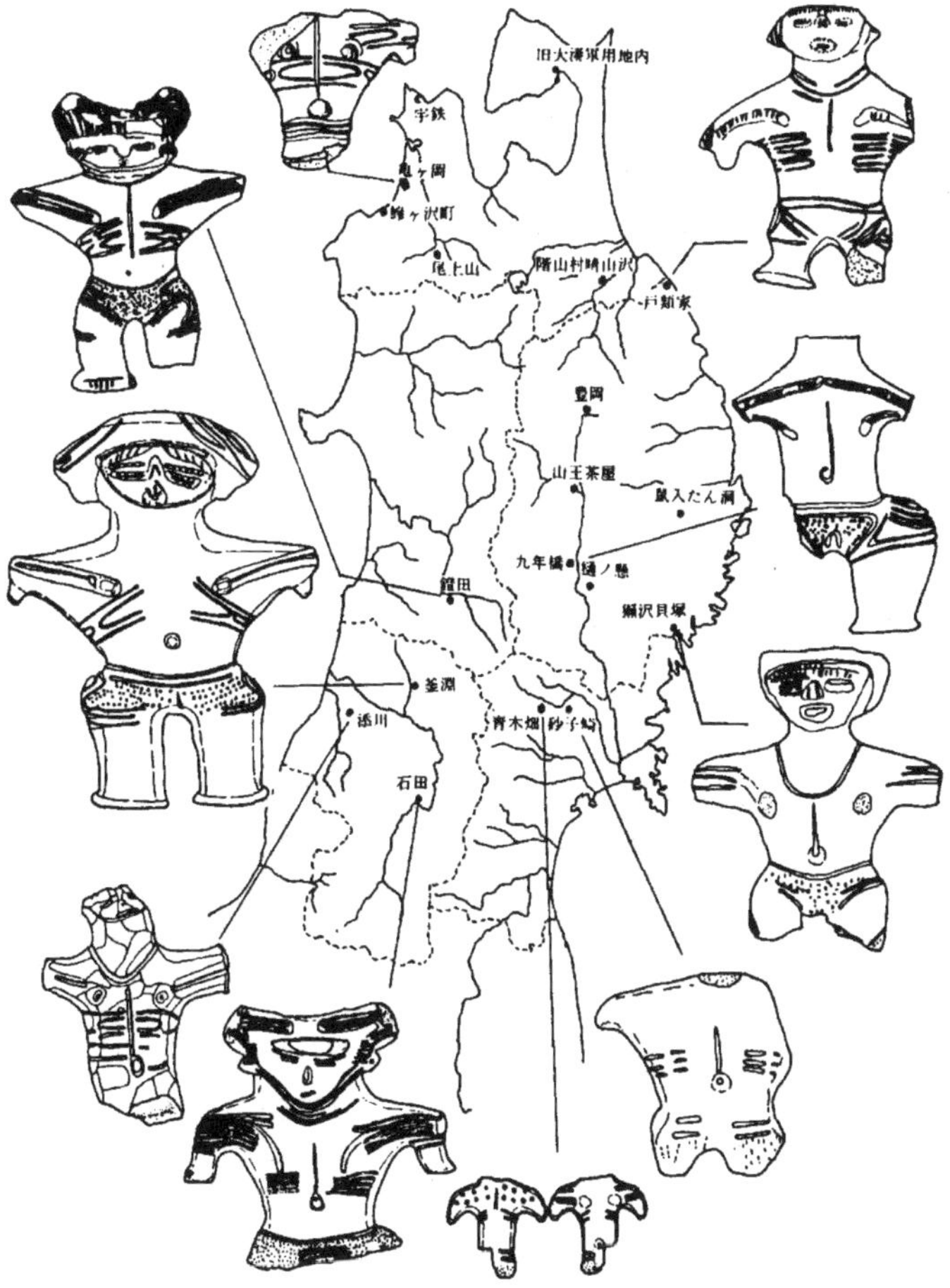

図16・結髪土偶の分布図　米田耕之助（1984）『土偶』、ニュー・サイエンス社

第8章

土偶プロファイリング⑧

刺突文土偶

刺突文土偶の特徴

第7章の図1（二三二頁）を再び見てみよう。刺突文《しとつもん》土偶が登場したのは大洞式〝A_1〟から〝A_2〟にかけてである（およそ二八〇〇年前～二六〇〇年前）。刺突文土偶も結髪《けっぱつ》土偶とともに、弥生時代頃まで製作され、そして消滅した縄文最後の土偶である。

前章でも述べた通り、遮光器土偶が姿を消した後、入れ替わるように結髪土偶とともに現れたのがこの刺突文土偶である。その名の通り、全身にびっしりと小さな刺突が見られる［図1①～④］。

刺突文土偶と結髪土偶とのあいだには、縄文晩期の東北地方北部の土偶という共通点があるだけでなく、造形的にも重要な点が共有されている。やはり腕が内側に折り返されている点、そして上半身が人体からかけ離れた扇形になっている点である。前章で分析した通り、この上半身の扇形はイネ科の植物のシルエットであると思われるから、この時点で刺突文土偶は穀類をかたどったものであろうと予想がついた。

それにしても、体表に無数に開けられた小さな孔からは土偶製作者の執念すら感じられる。想像してもらいたいのだが、土偶を焼成する前のまだ柔らかい状態で、先の尖った道具を使い、孔

①小沢遺跡（秋田県）　大和文華館

②程森遺跡（青森県）
東京大学総合研究博物館

③砂沢遺跡（青森県）
弘前市教育委員会

④西方前遺跡（福島県）　三春町歴史民俗資料館

図1・刺突文土偶

と孔が重ならないように体表にくまなく刺突を施していく作業は相当に手間がかかるものである。多い土偶だと一〇〇〇を超える孔が施文されている（つまり一〇〇〇回以上のストロークを行っている）。

なぜそんな面倒なことをしたのか。そこまでの造形コストを投入するということは、体表の刺突こそがこの土偶のアイデンティティなのであろう。そしてこの土偶製作者の企図は半分は成功した。現代の考古学者たちもやはりこの〝刺突〟に注目し、「刺突文土偶」なる名称を付けてくれたのだから。

ところが半分はうまくいっていない。かつてこの〝刺突〟が伝達していたはずの意味内容が、いつのまにか完全に忘却されてしまったからである。

しかしそんな状況にも終止符が打たれようとしている。われわれの知性を総動員し、この刺突の意味を二〇〇〇年振りに復元してみよう。

刺突文土偶の正体

縄文晩期に日本列島域で栽培されていたイネ科の穀類としては、イネ、アワ、キビ、オオムギ、ヒエなどを挙げることができる。このうち日本原産はヒエのみで、オオムギは縄文中期頃、イネ、アワ、キビは縄文晩期までに栽培植物として大陸から渡来したものと考えられている。[*1] 刺突文土偶の正体はきっとこの中にあるはずだ。

前述のように結髪土偶と刺突文土偶は造形上の共通点が多く、いわば〝姉妹〟のような関係にある。どちらもイネ科の草本植物のフィギュアだとすると、必然的に両者の形態は似てしまうことになる。土偶製作者は両者を明確に区別できるよう、デザインにひと工夫を加える必要があったことが予想される。

私が注目したのは、刺突文土偶の上半身にみられる不思議な造形である（以下、〝奇妙な部位〟と呼ぶ）。この造形の特徴に応じて、刺突文土偶は二つのタイプに分けることができる。それぞれ「程森タイプ」と「砂沢タイプ」と呼ぶことにしよう。

「程森タイプ」は青森県平川市の程森遺跡から出土した土偶にちなんだ類型で、考古学で「肩パッド」と呼ばれる〝奇妙な部位〟がみられる［図2①］。一方、「砂沢タイプ」は青森県弘前市の砂沢遺跡から出土した土偶にちなんだ類型で、「程森タイプ」と同様に〝奇妙な部位〟を有しつつも、さらにそこから胸前へ伸びる細長い隆帯がみられる［図2②］。

この「肩パッド」と呼ばれる〝奇妙な部位〟は何を表しているのだろうか。

まず、この部位を「肩パッド」と呼ぶことは不適切なので止めよう。これは結髪土偶の腕を

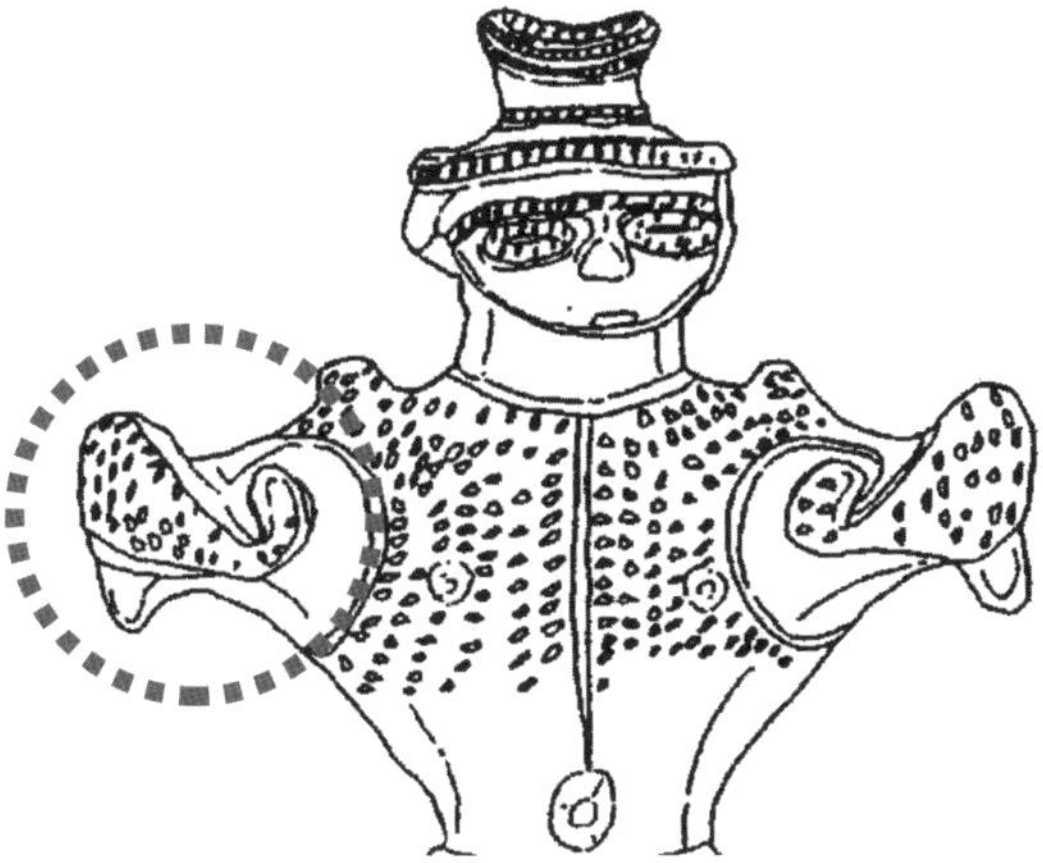

①「**程森タイプ**」　金子昭彦(2015)「縄文土偶の終わり」、『考古学研究』第62巻第2号

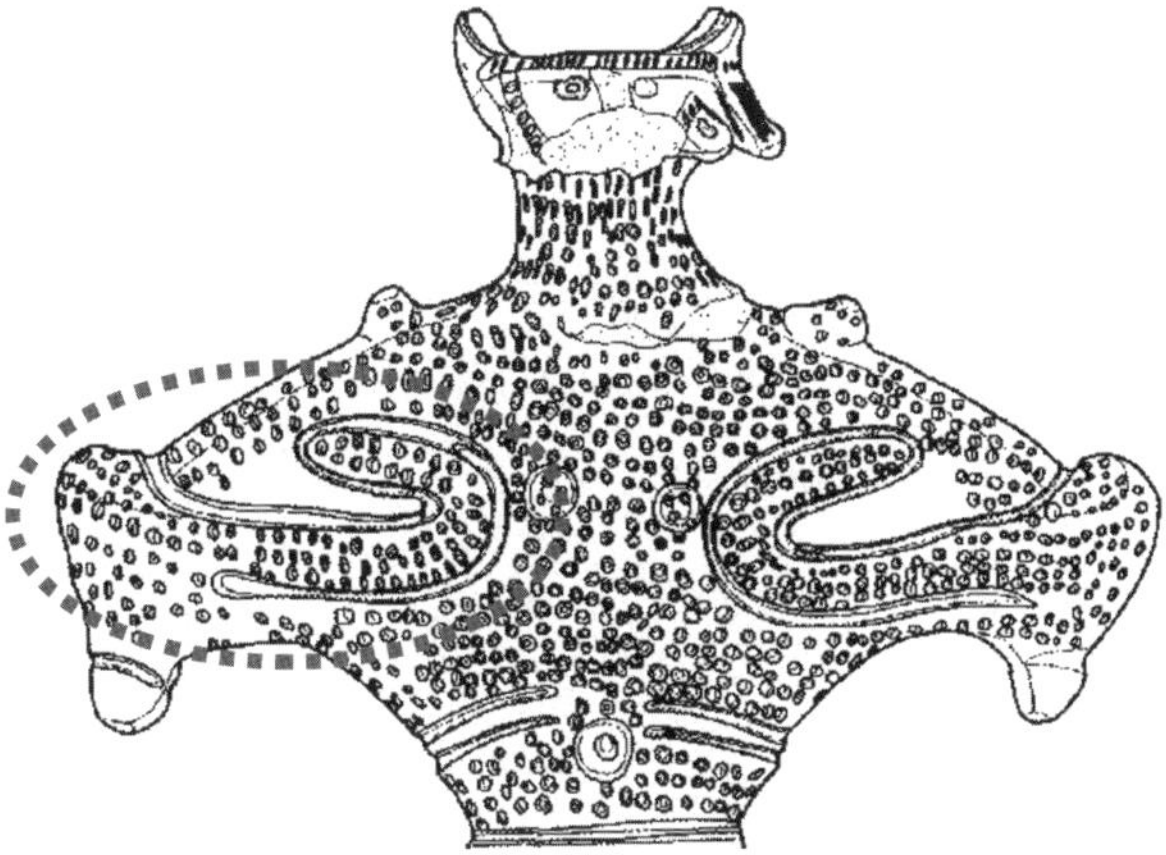

②「**砂沢タイプ**」　金子(2015)同

図2・刺突文土偶の二つのタイプ

図3①・ヒエの穂
写真右下には典型的な「砂沢タイプ」のカールした穂がみられる
撮影：八木澤薫

「乳房表現」と強引に解釈したのと同様の誤読で、じつはこの部位もまた土偶の「腕」の一部なのである。

　これは砂沢タイプで観察した方が判別しやすい。よく見ると、件の〝奇妙な部位〟は「肩」ではなく、むしろ「肘」のあたりに位置していることがわかるだろう。というのも、胸前へ細く伸びる隆帯が「腕」を表現したものであることは明らかだからである。

　そのうえで、あらためて〝奇妙な部位〟を観察すると、ある興味深い事実が浮かび上がってくる。それは、程森タイプであれ砂沢タイプであれ、どちらも「腕先」にあたる先端の部分が必ず捻《ねじ》れていることである。この造形を「**捻転**《ねんてん》」（＝捻れて向きが変わること）と呼ぶことにしよう。

　この「捻転」はすべての刺突文土偶にみられるものであることから、刺突文土偶が刺突文土偶であるために不可欠なメルクマールであったと思われる。そして実際、刺突文土偶の腕先の「捻転」こそが、この土偶の正体を解明する鍵となったのである。

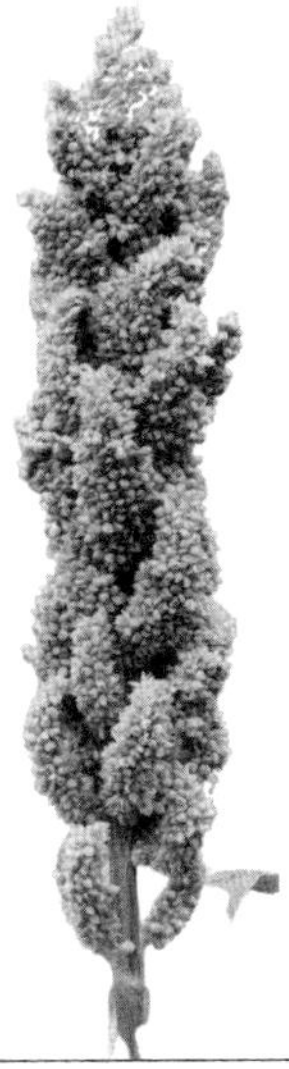

図3②・ヒエの穂
こちらは「程森タイプ」の穂が目立つ

あらためてイネ科の穀類を眺めていたら、その中に目に留まるものがあった。その穀類は**穂先が捻転していた**のである。それは**ヒエ**である。他にも調べてみたが、穂先が捻転するものはヒエだけであった。

さらによく見ると、刺突文土偶の「腕先」にみられた〝奇妙な部位〟は、その膨らみといい形といい、ヒエの穂の形態に酷似していたのである。これでようやく謎が解けた。つまり、結髪土偶における「腕」が「イネの葉」であったように、刺突文土偶の捻転する「腕」は「ヒエの穂」だったのだ[図3]。

ということで、あの偏執的なまでに体表に施された〝刺突文〟の意味も自ずと明らかになる。

結髪土偶の場合、コメ粒は刺突（背面の肩の丸い紋様）で表現されているものが多かったが、刺突

＊1　那須浩郎（2014）「雑草からみた縄文時代晩期から弥生時代移行期におけるイネと雑穀の栽培形態」、『国立歴史民俗博物館研究報告』第187集（国立歴史民俗博物館）を参考にした。また、栽培ヒエの日本起源説は阪本寧男（1988）『雑穀のきた道』（日本放送出版協会）による。

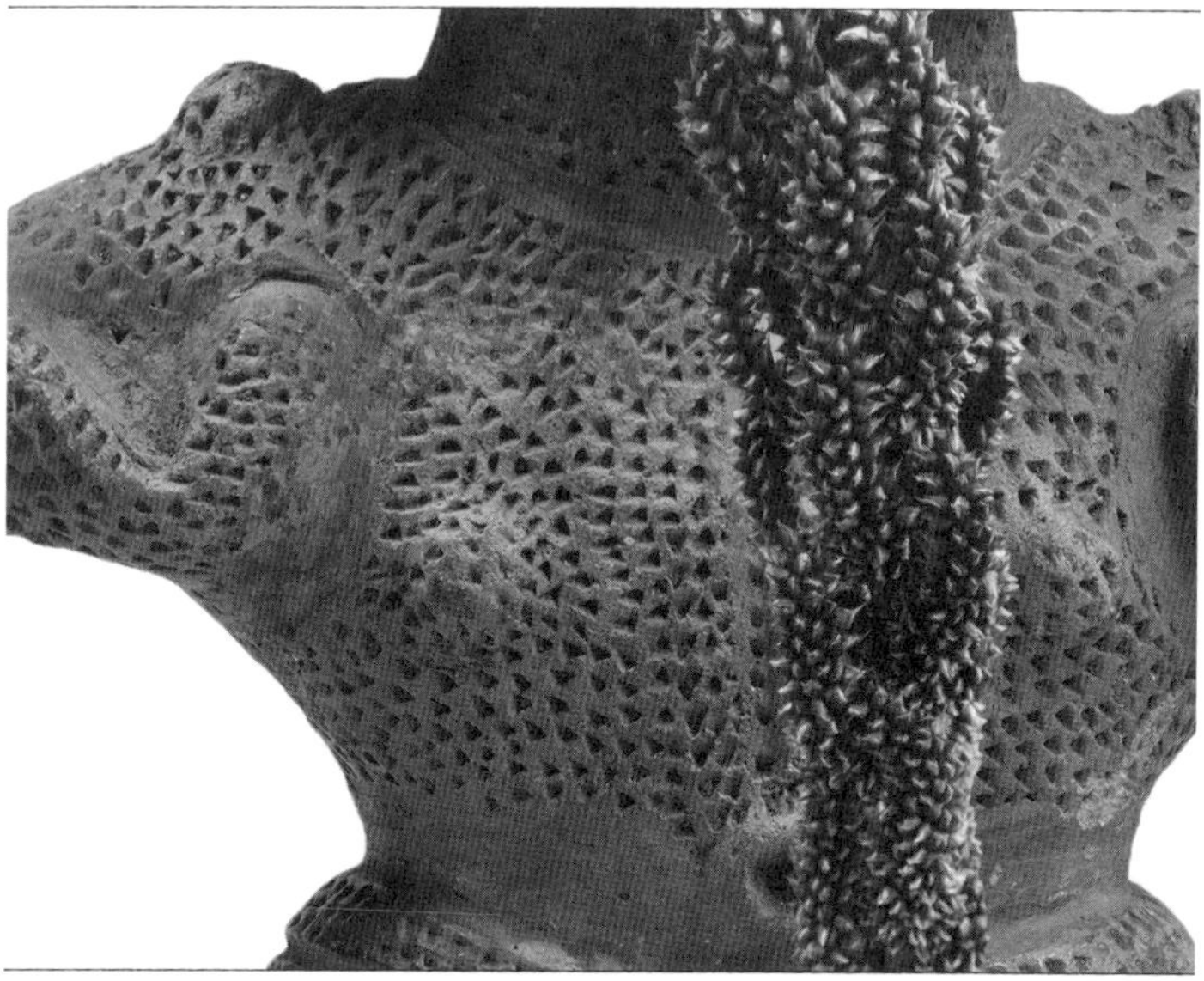

図4・ヒエの穎を再現したと思われる三角形の刺突

文土偶の〝刺突〟はヒエ粒を表現していたのである［図4］。

結髪土偶に比べ、刺突文土偶の刺突は非常に小さい。これはコメ粒のサイズに対してヒエ粒のサイズが非常に小さいことに対応している。つまり、コメとヒエで刺突の大きさにコントラストをつけることによって、結髪土偶と刺突文土偶とのデザインの差別化が図られていたのだと考えられる。

結髪土偶の章でも述べた通り、堅果類や貝類に比べるとイネ科の草本植物はそもそもアイコン化（iconize）しにくい。ましてや同じイネ科のイネとヒエのフィギュアを造り分けるとなると工夫が必要となる。そこで「刺突で表現される穀粒」、「扇形の上半身」、「折り返される腕」というイネ科特有の土偶デザインは共有されつつも、「穂先の捻転」や「穀粒の小ささ」といったヒエ特有の形質が選択され、土偶の意匠のなかに取り入れられたのだろう。

ちなみに、イネ科の植物の穂を人体の似た部位になぞらえるという認知は、シコクビエの場合にもみられる。シコクビエは東アフリカやインドの一部で主穀となっているイネ科の草本で、現在の日本でも少量が栽培されている。

ヒエとは遺伝的に近縁ではないものの、このシコクビエも穂先がカールするという特徴を持っている［図5］。興味深いのは、英語圏ではこのシコクビエが“finger millet”（「指の穀物」）と呼ばれている点である。ご覧のように複数の穂が熟して彎曲《わんきょく》する様子が、まさに人間の「指」を連想させるからだ。こうしたことからも、植物の部位を人体の似た部位に見立てるというのは、広く見られる認知様式だということがわかる。

図5・“finger millet”
「指の穀物」とも呼ばれるシコクビエの穂

ヒエについて

では刺突文土偶がヒエをかたどっているという仮説は、考古学、あるいは植物生態学の見地からみても妥当であろうか。検証してみよう。

ヒエ（*Echinochloa esculenta*）は、日本列島域で最も古くから利用されてきた穀類である。縄文時代の早期以降、青森県と北海道南部を中心に貴重な炭水化物源として食されてきたことがわかっている。ヒエの語源は「冷え」に由来するという説があるほど冷害に強く、特に冷涼な地域や降雨量の少ない山間部において重宝されてきた歴史を持つ。

縄文人だけでなく、日本人にとってもヒエは縁深い植物である。たとえば『古事記』の編纂者の名は「稗田阿礼《ひえだのあれ》」であるし、『日本書紀』のなかでは月夜見尊《つくよみのみこと》によって殺害された保食神《うけもちのかみ》の眼の中からヒエが生まれる神話が語られている。

また、昭和期にコメの増産に成功するまでは、ヒエが主食とされた地域は全国的に存在していた。たとえば一八九〇（明治二三）年の統計によれば、当時の下北半島での稗田と稲田との比率は八対二であったことが報告されている。[*2]

現在でも日本全国に「稗田」、「稗沢」、「稗原」など、「ヒエ」の付く地名が数多く残っていることも、この植物がわれわれの文化に深く根差していることを示している。ヒエは縄文時代以降、じつに一万年もの長きにわたってわれわれの生命を支え続けてきたのである。

縄文時代におけるヒエの栽培について早くから注目していた植物考古学者の吉崎昌一によれば、遺跡から見つかるヒエ属の種子は三つの形態に分類することができるという。[*3] 第1が野生のイヌビエに類するタイプ、第2が栽培ヒエに近い形態の小型のもの、第3が現生の栽培ヒエとほぼ同一の形態を示すものである。

縄文早期から前期では第1のタイプ、前期から中期にかけては第2のタイプ、中期以降になると第3のタイプが卓越してくるといい、吉崎は第2と第3のタイプを「**縄文ヒエ**」と呼んでいる。現在では、この変遷は縄文人が優良な種子を選抜した結果だと考えられている。つまり縄文人は数千年を費やして品種改良を行い、野生のイヌビエを栽培化していたのである。

というわけでヒエの利用はかなり古く、刺突文土偶が使用された縄文晩期の東北地方でヒエ

＊2　増田昭子（2011）『雑穀の社会史』p.82、吉川弘文館。なお、近年でもヒエは東北地方北部で最も多く栽培されており、国内生産量のおよそ九割が岩手県産である。
＊3　吉崎昌一（1997）「縄文時代の栽培植物」、『第四紀研究』36（5）

が栽培されていたことは確実であるから、刺突文土偶＝ヒエの精霊像という仮説は考古学的事実に矛盾しない。また、日本の栽培史においてヒエの中心地が東北地方北部であることは、刺突文土偶がやはり東北地方北部から多く出土するという事実と整合的である。

参考までに具体的な検証事例を一つ挙げておこう。図1③の刺突文土偶が出土したのはおよそ二四〇〇年前の砂沢遺跡であるが、近年この遺跡の土壌に含まれるプラントオパールの分析が行われ、その結果、ヒエと考えられるキビ属の植物珪酸体《けいさん》が大量に検出された。[*4] これは**刺突文土偶が出土した砂沢遺跡でヒエが栽培されていた**可能性が極めて高いことを示しており、私の仮説と考古学的事実が整合する好事例の一つである。

以上より、私はここに「**刺突文土偶はヒエをかたどったフィギュアである**」という結論を導くことにしたい。

ただし、「刺突文土偶のすべてがヒエの精霊像である」というのが真であったとしても、その逆の「ヒエの精霊像のすべてが刺突文土偶である」とは限らないことには注意が必要である。紙幅の関係で本書では扱わないが、私の解読結果によれば、縄文時代の草創期、早期、前期の土偶のなかには、「ヒエの精霊像」と推定されるものがいくつか存在しており、ヒエの利用のみならず「ヒエの精霊祭祀」もかなり早い段階で行われていた可能性が十分にある。

晩期の東北地方北部で刺突文土偶＝ヒエの精霊像の需要が特に高まりをみせたのはなぜだろうか。弥生前期は平均的には乾燥して温暖な気候であった一方で、数十年の周期で気候が激しく変動する時代でもあったという。[*5]

砂沢遺跡からは稲作を行った水田址も検出されているが、プラントオパール分析の結果、わずか十数年で水田稲作が放棄されたことが判明している。当時の激しい環境変動の影響によって、東北地方北部で寒冷に強いヒエ栽培の需要が高まり、それとともに刺突文土偶を用いたヒエの精霊祭祀の必要性も高まったというのが最も合理的なシナリオである。

＊4　藤尾慎一郎（２０２０）「水田稲作の伝播—人々の移動と気候変動—弥生早期〜中期末」、『先史・古代の気候と社会変化』p.91、臨川書店。「プラントオパール」は植物が土壌から吸収して特定の細胞壁に蓄積するガラス質の珪酸のことである。条件が整えば数万年にもわたって土壌に残存する。イネ科の植物が特に多く含有し、また植物ごとに粒径や形態が異なることから、プラントオパール分析は古植生環境を復元する手段として利用されている。

＊5　藤尾慎一郎（２０２０）前掲書。

第9章

土偶プロファイリング⑨

遮光器土偶

さあ、いよいよ本書最後の土偶である。

土偶と聞けば誰もが思い出す土偶の代名詞的な存在であり、縄文文化を象徴するアイコン、遮《しゃ》光器《こうき》土偶の謎に迫っていこう。

最も有名な遮光器土偶は、現在東京国立博物館に所蔵されている青森県の亀ヶ岡遺跡から発見されたものであろう（以下、本書では「亀ヶ岡土偶」と呼ぶ）。

亀ヶ岡は津軽半島の南西部に位置し、一見のどかな田園風景が広がるごく普通の農村だが、かつては「瓶《かめ》ヶ岡」と表記され、江戸時代には好事家たちの間ではちょっとした評判の場所であった。というのも、このあたり一帯は、地面を掘ると不思議な「瓶」が山のように出てきたからである（もちろんこれは今日で言う「縄文土器」のことである。「瓶ヶ岡」というのもそれにちなんだ地名で、後に佳名として「亀ヶ岡」と表記されるようになった）。

また、ごくまれに地中から小さな素焼きのヒトガタが見つかることもあり、滝沢馬琴らが主宰する江戸時代後期の古物展示会の図録『耽奇漫録』にはその記録が残されている。

しかし、一八八七（明治二〇）年に苗代の作業中に偶然発見されたのは、それまで知られていたヒトガタとは異次元の、度肝を抜くような巨大なフィギュアであった。

このフィギュアは顔の一部と左脚の欠損を除けば、ほぼ完形の状態で出土した。三〇センチメートルを超える体軀に人間離れした怪奇な容貌、細部まで精緻に施された紋様――この土偶

図1・遮光器土偶

亀ヶ岡遺跡（青森県）　ColBase

図2・『耽奇漫録』20巻
「津軽亀ヶ岡にて堀出たる土偶人二軀」とある
国立国会図書館デジタルコレクション

発見の一報はすぐに在京の人類学者たちに伝えられることになった。

人類学者・坪井正五郎もこの亀ヶ岡土偶に注目し、その大きな眼部を見て、これは北方民族が着用する「遮光器」（雪原での反射から眼を保護するゴーグル）をかたどっているのではないかという自説を展開した。これが後に「遮光器土偶」という俗称が生まれたきっかけである［図1、2、3］。

遮光器土偶の出現と消失からみえるシナリオ

第7章の図1（二三二頁）で示したように、遮光器土偶はおよそ三二〇〇年前〜二七〇〇年前にかけて、約五〇〇年間にわたって東北地方を中心に製作された土偶である。

国立歴史民俗博物館の「土偶データベース」で検索すると、「遮光器土偶」は五五〇点がヒッ

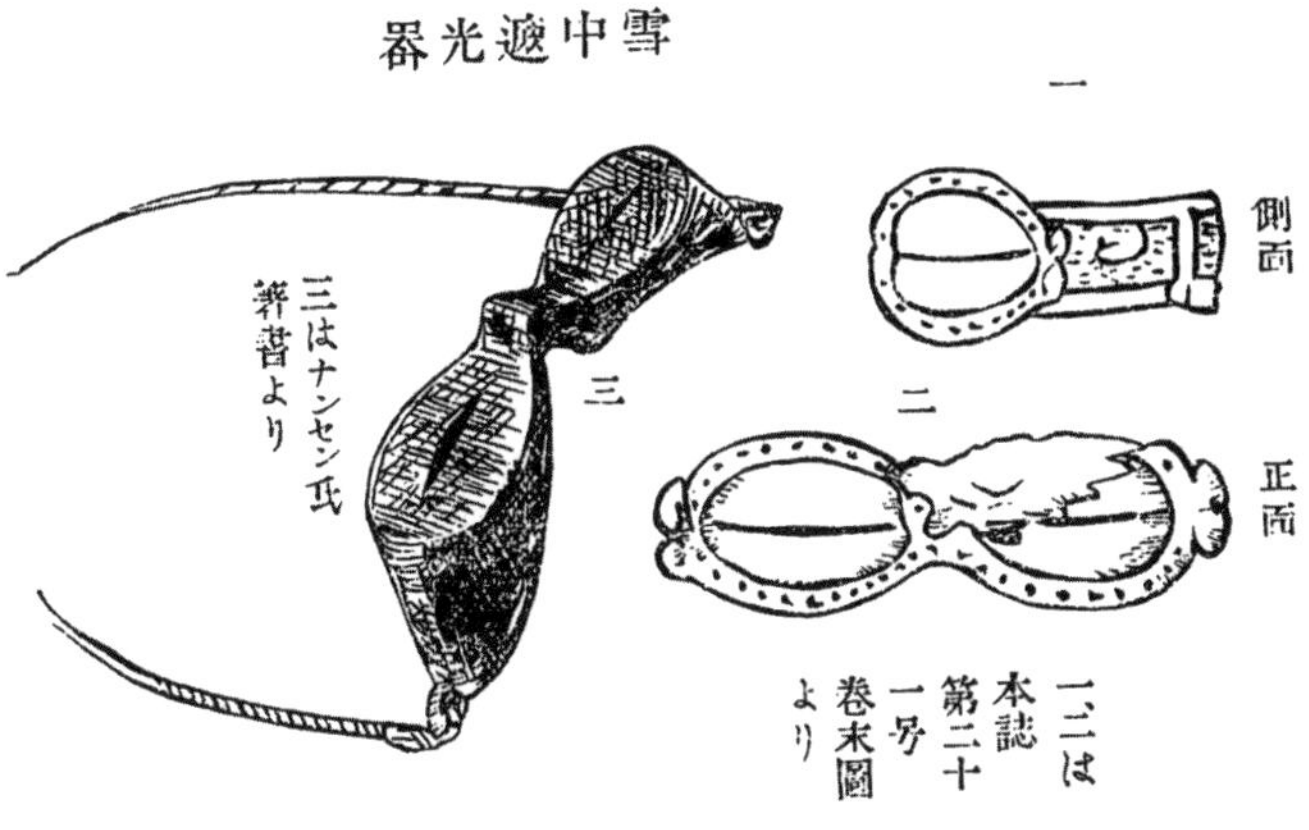

図3・「雪中遮光器」　坪井正五郎（1891）「ロンドン通信」

トする。内訳は岩手県が最も多く二五二点（四六パーセント）、青森県九六点（一七パーセント）、秋田県九三点（一七パーセント）となっており、東北北部だけで全体のおよそ八割を占めている。

私の仮説に従えば、縄文晩期前葉の東北地方に遮光器土偶が出現したということは、その時期に当地で何らかの食用植物の組織的な栽培が開始されたことを意味している。そして晩期後葉において遮光器土偶が消失したということは、やはりその時期に至って、何らかの理由によってその食用植物の栽培が放棄されたことを意味している。

そして、遮光器土偶の消滅と入れ替わるように結髪土偶と刺突文土偶が登場したということは、遮光器土偶がかたどっている食用植物の栽培が放棄された後、当地においてイネとヒエの組織的な栽培が本格化したということを意味する。このように、**土偶の変遷は重点的に利用された植物資源の変遷を示している**のである。

さて、この遮光器土偶だけは、他の土偶の解読作業とはまったく異なるプロセスで遂行された。というのも、序章で述べた通り、これは私に土偶研究を始めるきっかけを与えた土偶であり、その正体についてはすでにヴィジョンを獲得していたからだ。したがって、遮光器土偶の〝解読〟は、私にとっては自らのインスピレーションの妥当性を検証する作業でもあった。

遮光器土偶には造りが丁寧なものからそうでないものまで様々だが、土偶製作者の造形技術が低ければモチーフの再現性もそれに応じて低くなる。すなわち造形技術が低いということは、土偶に実装できる情報量が少ないということになる。

というわけで、やはり土偶の解読には精製の土偶を選ぶのが近道だ。この観点から、私は造形的に優れた二つの遮光器土偶を分析対象としてピックアップした。

一つは亀ヶ岡土偶、もう一つが宮城県大崎市の恵比須田《えびすだ》から発見された遮光器土偶（以下「恵比須田土偶」）である。ともに重要文化財に指定されており、東京国立博物館の所蔵となっている。

亀ヶ岡土偶については全体のフォルムの美学的分析を、恵比須田土偶については細部の具体的な造形の分析を行うことにした。

図4・恵比須田土偶　恵比須田遺跡（宮城県）　東京国立博物館

亀ヶ岡土偶はなぜ美しいのか

亀ヶ岡土偶は美しい。ここではまず、美学的な観点から亀ヶ岡土偶の分析をしてみよう。なぜ美しいのか。それは注意深く造られているからである。土偶製作者は何度か試作をしたり、過去に造った遮光器土偶の形態をフィードバックするなどしながら、亀ヶ岡土偶のプロポーションを決定していったのであろう。中は空洞になっている（中空土偶）ため、土器と同じように粘土紐を積み上げてボディを製作することになる。

この土偶が静謐な美しさを湛えている最大の理由は、フォルムの均整がとれていることにある。顔、首の付け根、胸、腹、足下の横幅のピークが揃い、縦の間隔にも乱れがない。このように視線が向きやすいアクセントの部分の幅をそろえることでフォルム全体に統一感が生まれ、スッキリとした印象を与えつつ、高い格調も感じさせる。あくまで呪具ではあるものの、製作者の高い美意識を感じさせる芸術性を備えたフィギュアであるといえる。

しかし、私が最も感動したのは、体高（長軸）と横幅（短軸）の比率の設定である。両者は各々のほぼ中点で交わることで、全体として菱形《ひしがた》のシルエットを生み出しているが、この体高と横

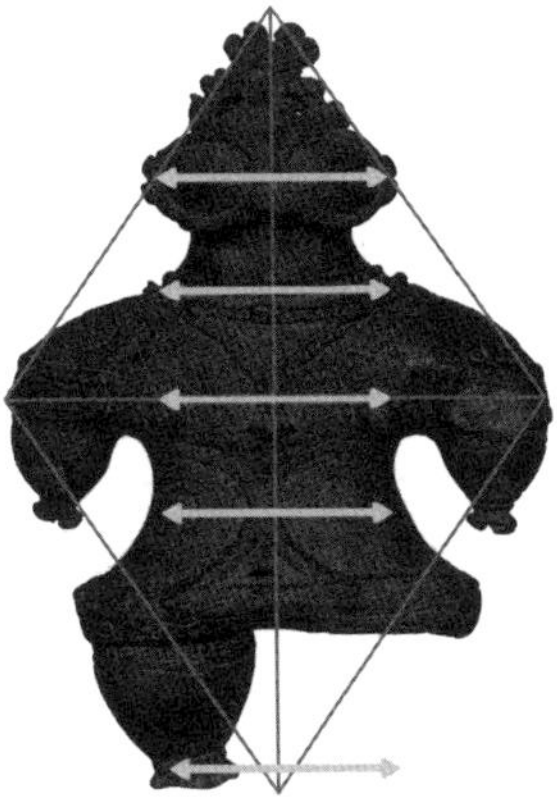

図5・白銀比を体現する亀ヶ岡土偶

幅の縦横比が白銀比《はくぎんひ》になっているのである。

白銀比は1：1.41（≒1：√2）で構成される比率で、日本では「大和比」とも呼ばれ、日本人が最も好む縦横比ともいわれている。[*1] 白銀比は法隆寺の金堂や五重塔、あるいは伊勢神宮の建築などにも用いられており、全体の景観に独特の安定感を与えている。

身近なところでは、コピー用紙やノートで用いられるA判やB判も縦横比が白銀比である。あるいはドラえもん、アンパンマン、キティちゃん、トトロなど、日本人に馴染みのあるキャラクターも縦横がほぼ白銀比になっている。もちろん縄文時代には「白銀比」という観念は存在しなかったわけであるが、亀ヶ岡土偶が「国民的土偶」として扱われるようになった背景には、こうした秘密も隠されていたのだ［図5］。

＊1　中村滋（2002）『フィボナッチ数の小宇宙』（日本評論社）を参考にした。一般に西洋では1：1.61の「黄金比」がより好まれると言われている。

美学的アプローチの有効性

亀ヶ岡土偶の分析に美学的なアプローチを用いるのには理由がある。

審美的な観点からこの土偶を分析すると、これまで誰も気づかなかった事実が浮かび上がってくる。それはこの土偶が持っているデザインにおける**主題の優先順位**だ。

亀ヶ岡土偶に限らず、遮光器土偶で最も注目されてきたのは、やはりその名称にもなっている、顔全体を覆わんばかりの巨大な「仮面」である。ネーミングが生み出す認知バイアスは注意すべきもので、これまで亀ヶ岡土偶は「遮光器土偶」という名称で呼ばれてきたことによって、われわれの意識もおのずとその部位へ偏在的にフォーカスされてきた。[*2]

しかし、実はそのせいで、この土偶の最も重要な造形的特徴が長らく看過されてきてしまった。美学的なアプローチから言うと、亀ヶ岡土偶の全体的なフォルムを規定している部位は、じつは「**紡錘形の四肢**」にある。そもそも手足がこのような紡錘形にデザインされていること自体が奇妙なことなのだが、これまでこの造形が注目されることはなかった。

亀ヶ岡土偶の場合、紡錘形の四肢はそれぞれ傾斜をつけて配置されている。計測するとおお

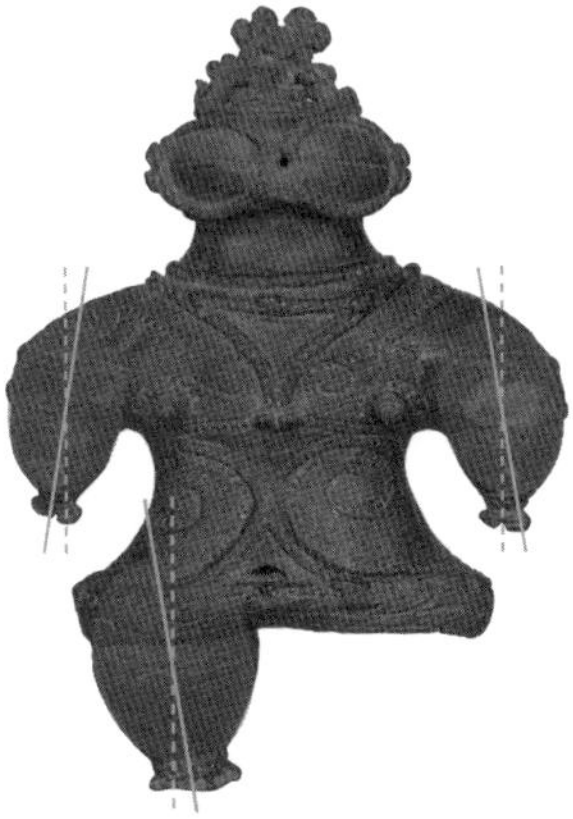

図6・亀ヶ岡土偶の四肢の内斜と外斜

むね九〜一〇度の角度で、両腕が外側に傾いている（外斜）のに対し、両脚は内側に傾いている（内斜）［図6］。

他の粗製の遮光器土偶を見るとわかるが、傾斜なしに手足が真下に向かって付いていたり、内斜&内斜のように重複していると、フォルムのダイナミズムが失われ一気に単調な印象になってしまう。亀ヶ岡土偶は四肢の取り付けに適度な外斜と内斜があることによって、ボディに見飽きない躍動感が与えられているのである。

さらに美学的分析を進めると、そもそも亀ヶ岡土偶のボディの意匠そのものが、この紡錘形の四肢によって規定されている可能性があることが判明した。

亀ヶ岡土偶の肩幅と腰幅を見てほしい。異常な広さである。そして、胴体も大きくくびれている。しかし、この胴部のカーブを女性性の象徴と解釈することは正しくない。女性像なら、なぜ肩幅が水泳選手のように広く、首がアメフト選手のように太いのか。胴部のカーブが女性性

＊2　このように、ある部分に注目して全体を把握する様式を認知言語学では「メトニミー（＝換喩）」という。「赤ずきんちゃん」が好例である。

とは関係ないことはこうした事実からも明らかだ。[*3]

ではなぜ、土偶製作者は亀ヶ岡土偶の肩幅と腰幅をかくも広くデザインしたのだろうか。じつはその理由が「紡錘形の四肢」に隠されている。

そもそも、土偶の手足を（中央部が膨らむ）紡錘形などにしないで、人体と同じような細長い円筒状に造形すれば、ここまで肩幅・腰幅を広くとる必要はなかった。逆に言えば、手足をどうしても紡錘形にしたいから、肩幅・腰幅はかくも広く造形されたのだ。

というのも、肩幅を十分に広くしなければ、紡錘形の腕部の膨らみが胴部と干渉してしまうし、腰幅を十分に広くしなければ、紡錘形の脚部が胴部に取り付けられない。

つまり、亀ヶ岡土偶においては紡錘形の四肢という主題が最優先の意匠（＝最も意味の込められた重要なデザイン）であり、肩幅と腰幅の広さはそれに従属した造形に過ぎないのである。

こうして胴部は必然的に大きくくびれることになる。肩幅と腰幅が異常に広く成形されているため、胴部がくびれていないと寸胴なラインになってフォルムの美しさが損なわれてしまうからだ。また、胴部のカーブが確保されていれば、紡錘形の腕部もきれいに収まる。

以上の考察より、亀ヶ岡土偶のデザインにおける主題の優先順位は、①紡錘形の四肢、②広い肩幅と腰幅、③胴部のくびれ、であることが示された。

遮光器土偶の正体

では、土偶製作者たちがこだわった、この紡錘形の四肢は一体何を意味しているのだろうか。この謎を解くヒントはもう一つの優れた遮光器土偶、恵比須田土偶にある。

恵比須田土偶は腕部に外斜がないこともあり、全体としてのシルエットはやや単調である。しかし、様式美に主眼が置かれている亀ヶ岡土偶に対して、恵比須田土偶は細部の造形の情報量が圧倒的に多い。したがって、遮光器土偶のモチーフの解読を行うには最適な土偶といえる。

恵比須田土偶の腕の側部には突起が造形されている。一見するとただの粘土粒のようにも見えるが、よく見ると側部の突起は明らかに何らかの意匠が施されていることがわかる。

突起は上下に開き、中からは丸みを帯びたフォルムがのぞいている。この小さな、しかし丁寧に成形されたこの突起は、遮光器土偶の謎を解明する大きなヒントになる。

＊3　亀ヶ岡土偶を女性像だとする見解が広まったのは、土偶＝(妊娠)女性像という臆説が世間に拡散してからのことである。明治時代の文献をみると、亀ヶ岡土偶の堂々たる体格から「族長の正装姿」とか「戦士の甲冑姿」とする説はあっても、これを「女性像」とする説はみられない。

図7・赤ん坊のようなサトイモの塊茎
©kameda ryukichi/Natrure Production/amanaimages

私は、これはある植物の「芽」をかたどったものであると考えた。

では、紡錘形の「腕」の側面から出芽する植物とは何であろうか——結論から言うとそれは「サトイモ」である。つまり、**遮光器土偶はサトイモの精霊像であり、その紡錘形に膨らんだ四肢はサトイモをかたどっていた**というのが私の結論となる。

これまでみてきた土偶のモチーフは「堅果類」、「貝類」、「草本類」であった。ハート形土偶や山形土偶では、種実や貝が「頭」に配置された。結髪土偶や刺突文土偶では、葉や穂が「腕」に配置された。つまり、縄文人たちは目に見える植物や貝の形態を手がかりに、**精霊の不可視の身体を想像した**のだ。

その意味では、サトイモの精霊の身体を想像し、これをフィギュア化するのは容易な作業であっただろう。収穫してそのままのサトイモはそもそも人体に似ていることが珍しくなく、赤ん坊のような形態をしている場合もあるからだ[図7]。

根茎類であるサトイモは地下で成長し、植え付けられた種イモから「親イモ」、「子イモ」、「孫イモ」と増殖していくが、遮光器土偶の場合はそのまま頭部に「親イモ」が、手足に「子イモ」

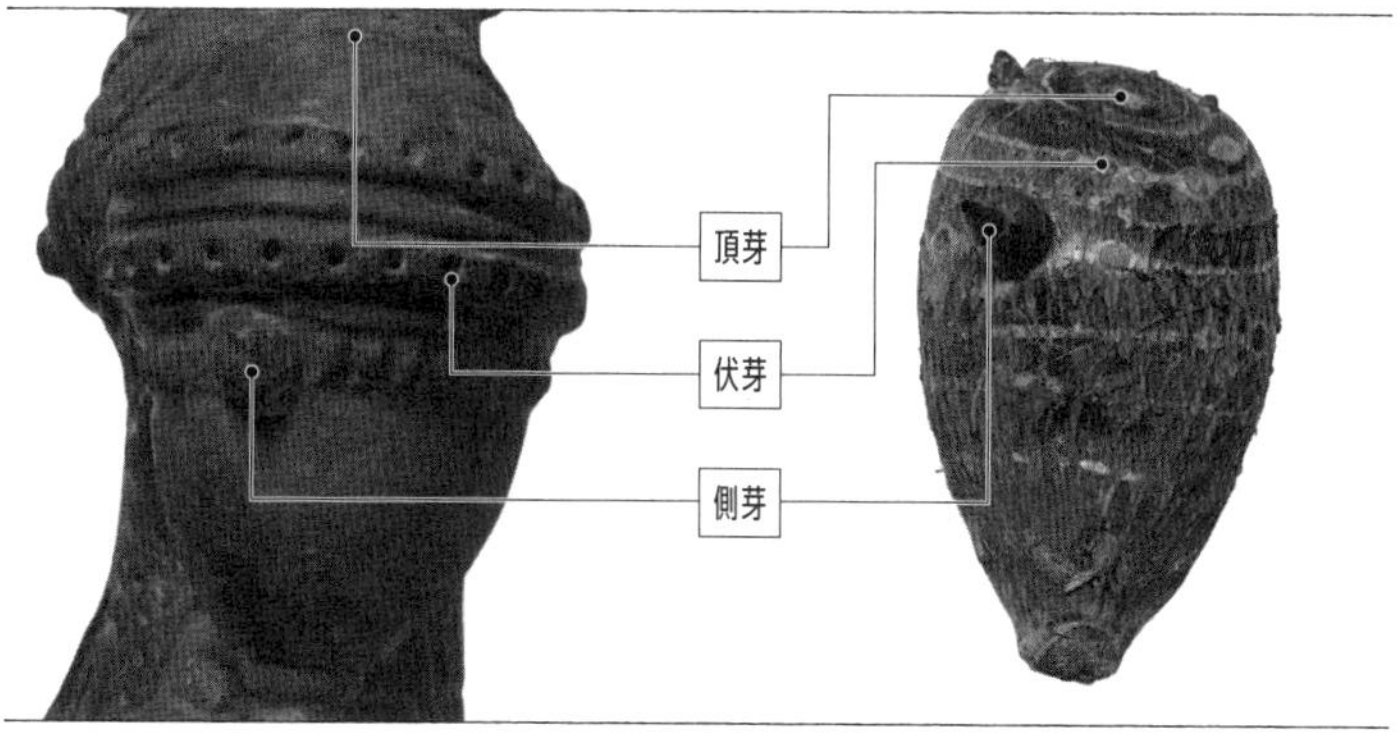

図8・紡錘形の「腕」とサトイモ

が配置されたということになる。

恵比須田土偶の腕部とサトイモとを見比べてみよう［図8］。このサトイモは私が近所のスーパーで買ってきて、室内にしばらく放置していたら側面から出芽したものである。これは「側芽《そくが》」といい、上部にある頂芽《ちょうが》が損傷を受けたときのための予備的な芽である。

側芽は上下に開き、まさに中から新芽が萌えようとしている。これは形状だけでなく、位置も恵比須田土偶の腕部の突起に類似している。さらに、恵比須田土偶の上腕部には小さな孔の開いた二列の帯状の装飾部がみられるが、これはサトイモの「伏芽《ふくが》」と呼ばれるネックレス状に連なる小さな芽にそっくりである［図8］。

さらに、恵比須田土偶の頭部を横から見ると、頭頂部で前後に二枚の粘土板が貼り合わせてあるのがわかる［図9］。後ろからみると、この粘土板は全体として三角形に成形されており、内側にはスペード（♠）のような輪郭線が刻まれている［図10］。これは一体、何を意味しているのか。

答えは「サトイモの葉」である［図11］。スペード状の形態が類似しているだけではない。[*4]「親イモ」が頭部だとすれば、頭頂部に位置するものは「葉」である。つまり、「形態の類似」だけでなく「位置の一致」もみられるのである。

さらに興味深いのは、この頭頂部にあるスペード状の造形が恵比須田土偶の「鼻」にあたる位置にも見られる点である。横から見るとわかるが、この部位は斜め上方へむかって突き出している。これは「子イモの葉」とみるべきだろう。

サトイモの模式図と見比べてみよう［図12］。サトイモを実際に栽培したことのある人ならわかると思うが、親イモから伸びる主軸の葉柄が損傷した時のために、必ず主軸の脇にはこの「子イモの葉」がスタンバイしているのである。極太の葉柄のすぐ脇から華奢な葉がちょこんと生えているため、そのコントラストは栽培者の印象に深く残る部位である。

厳密に言えばこれは親イモから直接生えているのではなく、あくまで「子イモの葉」なので

＊4　グーグルで検索すると、人びとのあいだでサトイモの葉の形状は「スペード形」とか「ハート形」と形容されていることがわかる。スペードと見るかハートと見るかは、葉を見る方向（上から見るか下から見るか）によって分岐すると思われるためさしたる意味はない。

図9
恵比須田土偶の頭頂部を
横から見た画像（左が前面）

図10
恵比須田土偶の頭頂部（背面より）

図11
サトイモの葉

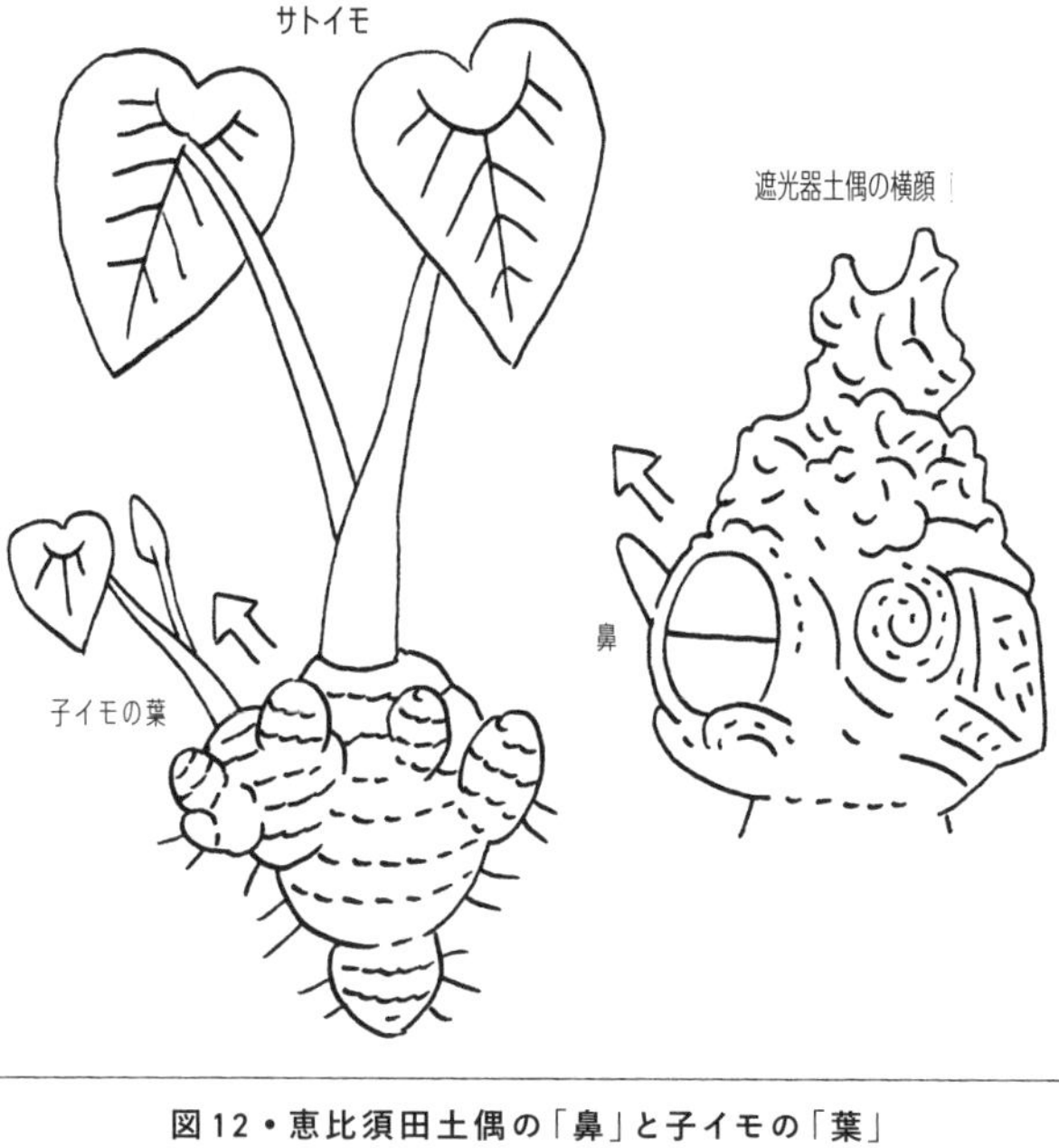

図12・恵比須田土偶の「鼻」と子イモの「葉」

はあるが、模式図を見ればこれを「鼻」に見立てて、土偶の頭部に付け加えたくなる気持ちが理解できるだろう。

遮光器土偶の顔

サトイモを自分で栽培すれば何か新しい発見があるかもしれないと思い、土偶研究の開始以降、私は毎年畑を借りてサトイモを〝養育〟している。春から夏にかけて地中でサトイモが増殖しながら生長していくプロセスは、まさに大地という子宮の中で赤ん坊が成長していくが如きである。そして秋の収穫は、大地から新生児を取り上げる瞬間だ。

さて、二〇一九年の秋にサトイモを収穫した際には、水道で泥を洗い流してから子イモと孫イモを取り外し、そのまま部屋にしばらく放置しておいた。何日後だったかは定かではないが、ふと親イモを見ると——そこにあったのはまさに遮光器土偶の頭部であった[*5]［図13］。

大きな目のように見える部分は、子イモを取り外した跡である。そして何より興味深いのは、サトイモの親イモが民俗的に〝**カシラ**〟と呼ばれている点だ。これは本書の中でも何度も指摘してきたアナロジーによる「見立て」の命名法である。

図13・サトイモの「カシラ」

高麗ニンジンなどは典型例だが〔図14〕、サトイモなどの根菜系は、根や茎が四肢のように分岐して人体そっくりに見えることがある。サトイモを人体に見立てると、親イモは全体の最上部に位置するため、まさに「頭部」に相当する。それゆえサトイモの親イモは〝カシラ〟と呼ばれているわけだが、その姿が遮光器土偶の頭部（＝カシラ）に酷似しているというのはまことに感慨深い発見であった。

図15はインターネットで見つけた画像であるが、女児がサトイモをキャラクター化して描いたものである。やはりこの描画においても親イモがカシラ＝頭部に割り当てられ、そこに顔が描き込まれている。また、ネックレス状に連なる伏芽もしっかりと目の上に描写されている。そして、親イモ＝頭部からは上部に向かって葉柄が伸び、先端にはサトイモの葉が描かれている。ここでは遮光器土偶、とりわけ恵比須田土偶の頭部とまったく同じ構造が共有されている。

＊5　一般にサトイモの親イモは子イモ・孫イモより固くて食味が落ちるため、スーパーなどには流通していない。しかし適切に調理すれば美味しく食べることもできる。

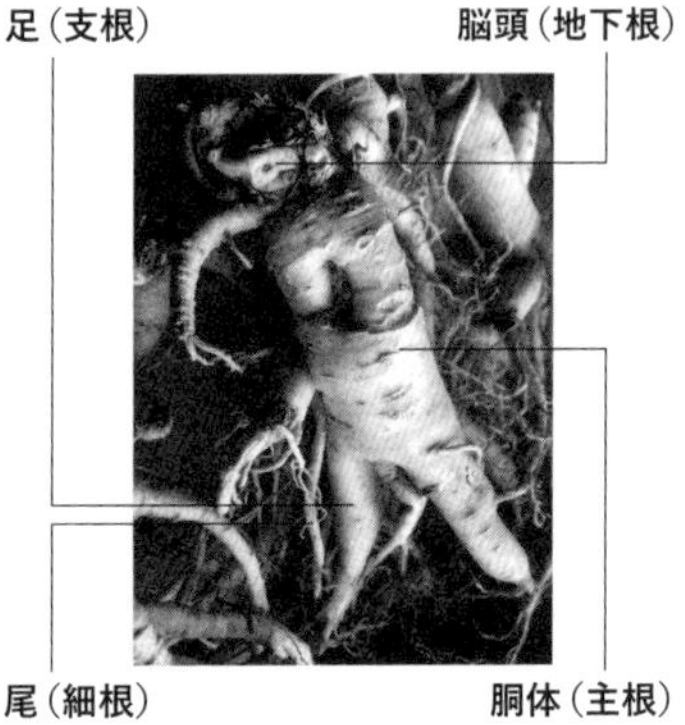

図14・高麗ニンジン
人体に似ているばかりでなく、実際に各部位に
人体名が割り当てられている

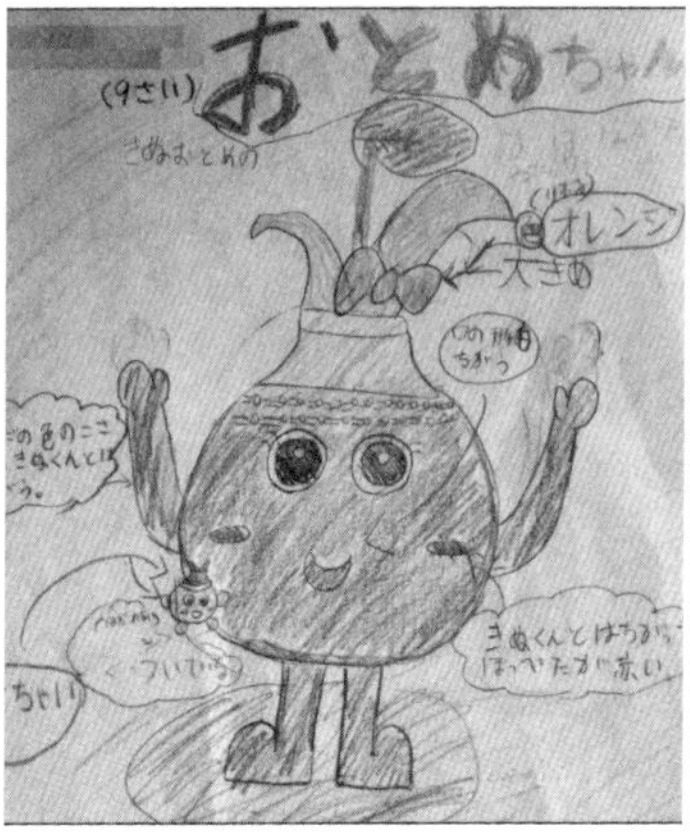

**図15・子供が描いた
サトイモのキャラクター事例**

図16・サトイモの精霊　竹倉画

この女児のイラストに触発されて、私自身もサトイモのキャラクターを描いてみることにした。それが「**サトイモの精霊**」である［図16］。頭部が親イモ、胴体は種イモである。そこから子イモ、孫イモが生えているが、子イモがサトイモの精霊の四肢となっている。ボールペンで画用紙にサトイモの精霊像を描きながら、三〇〇〇年前、縄文人は粘土を使って自分とまったく同じことをしていたのだと私は確信した。これが「縄文脳インストール作戦」が成功裏に完結した瞬間であった。

遮光器土偶の渦巻き、乳首、眼

それでは最後に、多くの遮光器土偶に共通してみられる二つの造形的特徴についても解読作業を行っておこう。

一つ目は腹部に見られる渦巻き紋様について。通常サトイモを地中から掘り出して収穫する際、地上部に伸びていた芋茎《ずいき》（サトイモの葉柄）を親イモの上部で切断する。すると、そこには綺麗な渦巻き模様が現れる［図17］ということで、**遮光器土偶の体表の紋様は、芋茎の断面の渦巻きをモチーフにしたもの**であると私は考えている。

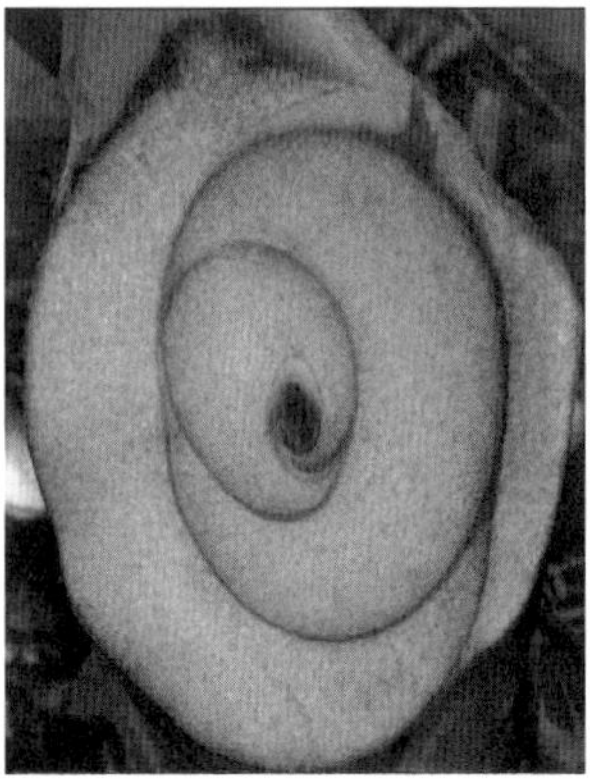

図17・芋茎の断面

二つ目は遮光器土偶の胸部に見られる「乳首」のような突起についてだ。もちろんこれは「遮光器土偶の乳首」ではあるのだが、これもまた「見立て」になっている。では何に見立てているのかと言うと、それは「サトイモの芽」である［図18］。

恵比須田土偶の胸部の突起を見ると、最も外側の部分には放射条が造形され、その内部には盛り上がった無施文の部分があり、さらにその内側には尖端が造形されている［図19］。あらためてみると、この造形はサトイモの頂芽にそっくりなのがわかる。

「**遮光器土偶の乳首＝サトイモの芽**」という説の傍証となる土偶がある。秋田県北秋田市の高《たか》森岱《もりたい》遺跡から出土した遮光器土偶である［図20］。ご覧のように、この遮光器土偶の「乳房」は、細長い円筒状の突起からさらに尖った突起が伸びており、サトイモの芽（頂芽や側芽）の形態に酷似している。人間の乳房を表現するのに、わざわざこのような形状に造形する理由は皆無であるから、これは有力な事例といえるだろう。

見た目の類似だけではない。じつは、人間には「乳首」や「乳房の膨らみ」を「植物の芽」とその成長に見立てるという心性が広く存在している。

図19・遮光器土偶／恵比須田遺跡
（宮城県）　ColBase

図18・サトイモの頂芽

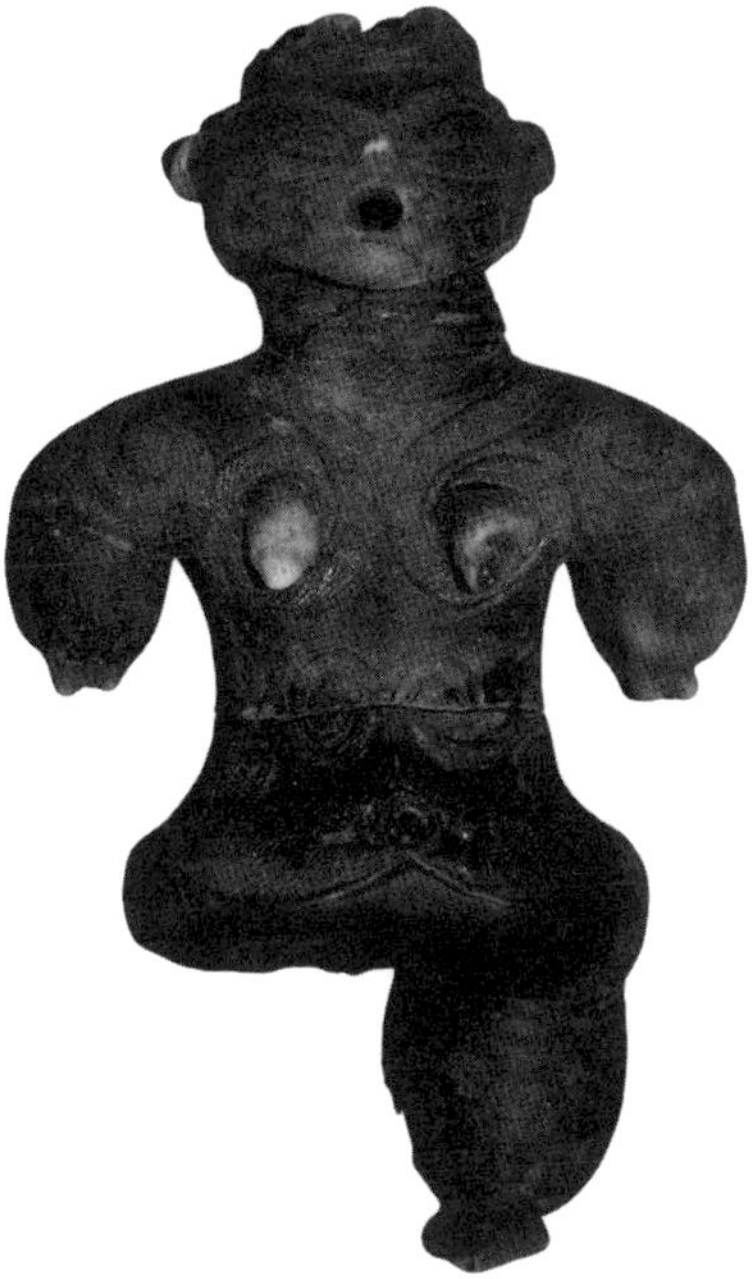

図20・乳房が「サトイモの芽」のように造られている遮光器土偶
高森岱遺跡（秋田県）　秋田県教育委員会

日本語では、第二次性徴を迎えた少女の胸が膨らむことを「芽生え」と表現する。また、英語にも"breasts bud"(乳房の芽が出る)、あるいはフランス語にも"bourgeon mammaire"(乳房の芽/つぼみ)という表現がある。このように、乳頭や乳房の発達を植物の芽生えのアナロジーとして認知する習慣は広汎にみられる。

世界中の神話の古層に、「人間は植物から誕生した」という起源神話が多数みられることを考えると、人間の胸部の突起を「植物の芽」と相同的に理解するというのはかなり古い時代から存在していた認知様式ではないかと思われる。こうした普遍的な心性が遮光器土偶の造形にも反映しているのだろう。

謎に満ちたサトイモの伝来

遮光器土偶の造形についての考察はここまでにして、ここからはサトイモについてみていこう。果たしてサトイモは晩期の東北地方で栽培されていたのだろうか。

サトイモ(Colocasia esculenta)は熱帯のインドからマレー半島の大河川流域が原産地で、紀元前二一世紀前後に起きた民族の大移動とともに世界各地に広がったともいわれている。熱帯原産ということもあり乾燥に弱く、多日照を好み、生育適温は二五〜三〇度である。なお、日本がサトイモ栽培の北限となる。[*6]

日本のサトイモが花をつけることは珍しく、それゆえ種子もできない。したがって、サトイモの栽培は収穫したイモから必要なだけ「種イモ」を残しておき、それを翌シーズンに植え付けて子イモ、孫イモと増殖させることになる（これを「栄養繁殖」という）。

サトイモの伝播については諸説あるが、熱帯アジアのサトイモが長江流域から雲南にかけての落葉樹林帯に持ち込まれ、その周辺で温帯でも栽培可能な寒さに強い三倍体の品種が生まれ、これが日本に持ち込まれたというのが一般的な説となっている。

一方、サトイモが日本列島域にもたらされた時期については、いまのところ詳しいことはわかっていない。[*7]その原因は栄養繁殖というサトイモの生態にある。種子のような堅い部位があれば残存しやすいし、花が咲けば花粉の化石が残存する可能性もある。しかし前述のように栄養繁殖するサトイモの場合、残存するような種子も花粉もない。

また、収穫は土掘り棒、要は木の棒があれば簡単に掘り出せるし、調理も下処理は不要で加

＊6　松本美枝子（2012）『サトイモ』、農山漁村文化協会
＊7　古来、日本では「イモ」といえばサトイモのことであった。文献におけるサトイモの初出は八世紀で、『万葉集』、『豊後国風土記』、『出雲国風土記』などが知られている。『万葉集』には「宇毛（ウモ）」としてサトイモが登場する。一方、ジャガイモとサツマイモが日本に持ち込まれたのはいずれも一七世紀になってからのことである。

熱すればすぐに食べられる。つまり、サトイモ栽培・調理のみに共伴する特別な道具・施設というものも考えにくい。こうしたこともあり、縄文時代におけるサトイモ栽培の考古学的な痕跡はいまだに発見されていないのである。

とはいえ、手がかりがまったくないわけではない。正月（「モチ無し正月」や「イモ正月」）や十五夜（芋名月）などの年中行事における儀礼食としてのサトイモを調査した民俗学者・坪井洋文の研究や、アジア圏のサトイモ文化が稲作文化へ推移していく様態を分析した文化人類学者・佐々木高明の研究などによって、**サトイモの日本伝来はイネより古い**と考えられている。

考古学者においても同様で、藤森栄一は縄文中期ごろ、江坂輝彌は縄文早期末から中期初頭に大陸からサトイモが伝来し、日本列島の各地へもたらされたと推定している。[*8] 藤森は長野県小県郡青木村に自生する野生サトイモに注目し、これを縄文時代に持ち込まれたサトイモの末裔と考えた。江坂も藤森の考察を敷衍《ふえん》し、日本のサトイモは中国の長江南部で利用されていたサトイモの系統を引くものであるとしている。

遮光器土偶はなぜ東北地方で多く製作されたのか

遮光器土偶がサトイモの精霊像であるという説を受け入れるのであれば、遅くとも遮光器土偶が出現する三〇〇〇年前の晩期初頭までに本州でサトイモの栽培が開始されていたということになる。

では、縄文晩期には本州以南の各地でサトイモ栽培が行われていたとするなら、遮光器土偶が盛行したのが他ならぬ東北地方北部であったことには何か理由があるのだろうか。この問いに答えることは容易ではないが、ここで遮光器土偶の想像される用途について考察しながら、一つの仮説を提示しておきたい。

最も原始的なサトイモ栽培は「放任栽培」や「半栽培」と呼ばれるようなシンプルなもので、

＊8　青葉高（2000）『野菜の博物誌』、八坂書房

乾地でも湿地でも種イモを植え付けて秋の収穫を待つだけだ。害虫駆除や雑草取りなどの作業があったとしても、最低限の収量を確保するだけであれば特別な栽培技術を要するものではない。これが実際に自分でサトイモ栽培をやってみた私の感想である。

しかし、このように容易なサトイモ栽培にも大きな難所がある。それは冬季の「**サトイモの貯蔵**」である。これはとりわけ種イモの場合に顕著で、サトイモの八割以上は水分であるため、翌シーズンまで発芽能を維持したまま種イモを貯蔵するのは、種子とは比べ物にならないほど難易度が高い。前述した通り、サトイモは種イモを用いたクローン栽培（栄養繁殖）だから、種イモが傷んでしまえば翌シーズンの栽培は不可能となってしまう[*9]。

実際に私自身も経験したが、種イモをそのまま地上で保存すると気温・湿度の管理が難しく、乾燥して干からびたり、逆に多湿でカビにやられたりで、種イモの発芽能が失われてしまうリスクが高い。

種イモの越冬の民俗事例としては、古くからサトイモ産地として知られる岩手県北上市二子地域では、掘り上げたサトイモを親イモとともに土中保存し、翌年に種イモとして利用する方法が採られている。しかし土中保存を行った場合でも、年によっては種イモが腐敗することが報告されている[*10]。

さらに種イモは人間同様、ウイルスや細菌に感染するリスクを抱えている。サトイモモザイクウイルス（DMV）、軟腐病、乾腐病、黒斑病などは種イモが伝染源となり得る深刻な病気である。こうしたサトイモの伝染病を制圧することは難しく、強力な防除薬剤を擁する現代ですらサトイモ農家たちの頭を悩ませている。

こうした難所を、縄文人はどのように感じていただろうか。

近代になってウイルスや細菌の存在が確認されるまで、人類は動植物を蝕む目に見えない病原体を「魔的な力」として表象してきた。たとえば日本各地の集落の入り口に鎮座している道祖神《どうそじん》は、疫病＝魔が外部から集落に侵入しないように睨みを利かせる守護神であり、集落に「結界」を張り巡らせる役割を果たしてきた。

それでも時に「魔」はその結界をかいくぐり、人びとが暮らす集落に侵入する。その魔的な力は圧倒的で、次々と人間を襲っては病や死に至らしめる。その存在が不可視であった前近代において、この「病魔」が人びとをどれほどの恐怖と不安に陥れたかは想像に難くない。だからこそ、人びとは呪術的な装置を設営し、そこに善意ある神的存在を招来して、魔的な力からの守護を祈願した。

＊9　サトイモ自体には低温耐性はあるが、低温下では防御機構が機能せず、病原体の侵入が容易となるためにサトイモの腐敗が起こると考えられている。森田隆史（2008）「サトイモ球茎の貯蔵に関する研究」、『名城大農学報』44、名城大学農学部

＊10　有馬宏、作山一夫（2001）「種用サトイモの安定貯蔵技術」、『東北農業研究』54号、東北農業試験研究協議会

こうした呪術的心性は広汎にみられ、また、魔的な力の襲来が人間だけでなく人間が養育する植物にも及ぶがゆえに、われわれ人類は栽培植物に対しても呪術的な手段をもって神的な守護を張り巡らせようとしてきた。こうしたことを考えれば、縄文人たちが呪術的な手段を何ら講じずにただ植物を栽培したなどということは考えにくい。

道祖神の招来によって集落を守護するのと同様の心性によって、縄文人はサトイモたちを魔的な力から守護しようと試みたはずである。もしその攻防に敗れれば、サトイモの身体は病魔に蝕まれて発芽能を失い、やがては頭部や四肢が腐敗して死ぬ。

ではどうやって？　その答えが遮光器土偶なのだ。サトイモの精霊を招来するならば、精霊が逗留するための依代《よりしろ》が必ず必要となる。神霊は〝かたち〟のあるものにしか宿ることができないからである。したがって、遮光器土偶はサトイモの精霊が宿るための依代として製作されたということになる。

守護者としての役割

じつは遮光器土偶は全身が真っ赤に塗られていた。

これはベンガラと呼ばれる塗料で、酸化鉄を主体とする自然顔料である。遮光器土偶だけではなく、他の土偶を含む土製品や石製品のなかにも赤彩されているものはあったが、私が特に注目したいのは、ベンガラが土壙墓《どこうぼ》から検出される事例だ。赤色は血液を連想させることから、こうした場合の赤色塗装は生命力の賦活《ふかつ》や魔除けのために行われたと考えるのが自然だろう。

この見方に立てば、遮光器土偶を赤彩することによって、そこに宿るサトイモの精霊の生命力の増強が図られ、同時にサトイモへの病魔（＝イモを腐敗させる外生菌）の侵入を防ごうとする意図があったのではないだろうか。

こうしたことを総合的に考えると、サトイモの精霊が宿る遮光器土偶に期待される効果とは、**貯蔵中のサトイモ（種イモを含む）を魔的な力から守護すること**であったと考えられる。

サトイモは五度以下になると低温障害を起こし芋が腐敗しやすくなるため、縄文時代においても東北地方では土中保存されていたはずである。しかし想像してみよう。地面に穴を掘り、そこにサトイモを埋めてまた土を被せる心細さはいかほどか。しかも実際、かなりの頻度で貯蔵中のサトイモは腐敗するのである。

現在、東北などの寒冷地におけるサトイモ栽培は、四～五月に催芽（種イモの出芽）、五月に植え付け、九～一一月に収穫となっている。[*11] したがって、種イモにいたっては半年前後という長期の貯蔵となるが、この状況は縄文晩期においても大きく異なるものではなかったと思われる。[*12]

病魔があらゆるところに出没し、隙あらば人間や植物の身体への侵入を狙っていることを考えれば、長期にわたって土の中で眠っている種イモたちはあまりにも無防備である。何か種イモを守護する存在が必要ではないか。それが遮光器土偶だったというわけである。

ここで思い出されるのが、遮光器土偶が自立しないという事実である。博物館に陳列されている遮光器土偶は閲覧しやすいように立てて展示されているため、遮光器土偶を立像だと考えている人が非常に多い。しかし、実際には**遮光器土偶は意図的に立たないように造られている**。もちろん当時の技術であれば自立する土偶など簡単に作れる。それにもかかわらず、あえて立たないように製作されているということは、少なくとも遮光器土偶は礼拝や鑑賞の対象ではなかったということ、そしてこの土偶が寝かせた状態で使用される呪具であったことを意味している。

となると、遮光器土偶はサトイモを腐敗させる病魔の侵入を抑制する〝見張り番〟として、サトイモとともに仰臥《ぎょうが》の姿勢で土中に安置されたのではないかというシナリオが浮かび上がってくる。[*13] この仮説は大型の遮光器土偶の背面が意図的に平らに造形されていること、そしてしばしば遮光器土偶の後頭部に磨滅痕がみられるという事実とも整合する。[*14] 最初から仰臥の状態での使用が想定されているならば、逆に立像では使いにくいということになり、自立のための脚部の造形は必然的に省かれることになる。

そして、傷つきやすい無防備なサトイモたちを警護するのであれば、なるべく〝派手〟な風体の方が望ましい。体表にびっしりと紋様を入れ、さらにベンガラで真っ赤に塗彩すれば、魔も怯むなかなかの迫力である。遮光器土偶に装着された巨大な眼の仮面もまた、魔的な存在へ睨みを利かせるためのものだったのかもしれない。土中なので瞼を大きく開けることはできないが、中央に線刻された細い亀裂の奥から、サトイモの精霊は鋭い眼光を放っていたのであろう。

遮光器土偶の分布とサトイモ

というわけで、遮光器土偶が東北地方で盛行した理由としては、寒冷地であるがゆえに貯蔵サトイモが腐敗しやすかったため、サトイモを病魔（＝外生菌）から守護するための精霊像の需要が高まったから、というのが私の見解となる。疫病が流行《はや》れば道祖神（＝塞《さい》の神）の需要が高

＊11　松本美枝子（2012）前掲書
＊12　縄文晩期前半の気温は現在と同じ程度であったと考えられている。金子昭彦（2001）『遮光器土偶と縄文社会』p.20、同成社
＊13　貯蔵穴は春には必ず掘り起こされるため、種イモとともに遮光器土偶も取り出されることになる。したがって、この仮説を支持する傍証として遮光器土偶が貯蔵穴から出土する必要はない。
＊14　金子昭彦（2017）「遮光器土偶は何に使われたのか」、『岩手県立博物館だより』No.153

まるのと同じ論理である。

じつは現代でもサトイモ（種イモを含む）の貯蔵方法は地域によって大きく異なっている。冬季の気温に応じて、①東北、北陸、中山間地域、②関東から九州、③関東南部以西の平坦暖地、という三つの類型が存在している。[*15]

①のような寒冷地においては、サトイモの収穫後、冬季の低温障害を回避するために非常に手の込んだ貯蔵方法が工夫されているのに対し、冬季の気温が比較的高い②と③の地域では、秋季にサトイモを収穫せずに畑に置いたまま越年させてしまう場合もあるほどだ。種イモの温度と湿度の管理には相応の注意は払われるものの、それとて寒冷地に比べればはるかに扱いやすいものである。

遮光器土偶の北限は北海道の南端である。私が見たところ、明らかに遮光器土偶と目されるものは北海道の渡島半島に位置する北斗市から数点見つかっているのみである。

じつはこのことは、遮光器土偶を研究する考古学者からも〝謎〟と考えられてきた。当時は津軽海峡を挟んで道南と東北地方北部との交流が盛んで、渡島半島は東北地方北部を中心とする「亀ヶ岡文化圏」に属していた。実際、現在の函館市や北斗市などの津軽海峡沿岸部からは亀ヶ岡式土器が多数出土している。

問題は、渡島半島から亀ヶ岡式土器は多く見つかるのに、それに比して遮光器土偶の出土数が圧倒的に少ないことである。渡島半島の人びとは亀ヶ岡文化を受容しているのに、なぜ遮光器土偶だけが少ないのか。これは考古学においても「土器と土偶の〈量的な〉乖離」として指摘されていた。[*16]

この問題も「サトイモの北限」を考えれば合理的に説明できる。サトイモの北限は渡島半島と言われており、[*17]渡島半島はサトイモ栽培がギリギリ可能なエリアなのだ。近年の国内のサトイモ出荷量を見ると北海道は全国最下位であり、栽培自体は可能であるが、多くの収量は期待できない地域であることがわかる。

気温が現在に近かった晩期前半、渡島半島にもサトイモが渡り、しばらくは栽培が挑戦されたのであろう。遮光器土偶はこの時にサトイモとともに津軽海峡を渡ったと考えられる。しかし、当地では寒冷な気候のゆえサトイモの収量を安定させることはできず、サトイモ栽培（およびそれに伴うサトイモ霊の祭祀）は盛行に至らなかったのだろう。渡島半島における遮光器土偶の少なさは、このようにして説明することができる。

＊15　松本美枝子（2012）前掲書
＊16　鈴木克彦（2015）『遮光器土偶の集成研究』p.135、弘前学院出版会
＊17　安野眞幸（1993）「里芋とアイヌ語地名」、『文化紀要』第38号、弘前大学教養部

また、遮光器土偶の多くが東北地方の北部に集中し、南下するほど数が減っていくという南方の分布の様態についても、先述した収穫後のサトイモの貯蔵方法をめぐる類型の分布とある程度対応していると考えれば、遮光器土偶の地域的な偏在性を説明することができる。温暖になればなるほどサトイモ貯蔵の難易度は低下し、それに伴って遮光器土偶の需要も低下するはずだからである。

消えた遮光器土偶とその後

晩期後葉に至って遮光器土偶はなぜ忽然と姿を消したのか。私のサトイモ仮説はこの謎についても明確に答えることができる。

遮光器土偶が消失した大洞A式期（およそ二七〇〇年前）は、じつは紀元前一〇〇〇年紀前半で最も寒冷化が進んだ異常気象の時期だったのである。木材年輪中の放射性炭素濃度の変動から、当時は太陽活動が大規模な停滞期に入っていたことが判明している。[*18] また、内湾堆積物から得られるアルケノン分子組成の分析からは、この時期に著しい海面水温の低下があったこともわかっている[*19]［図21］。

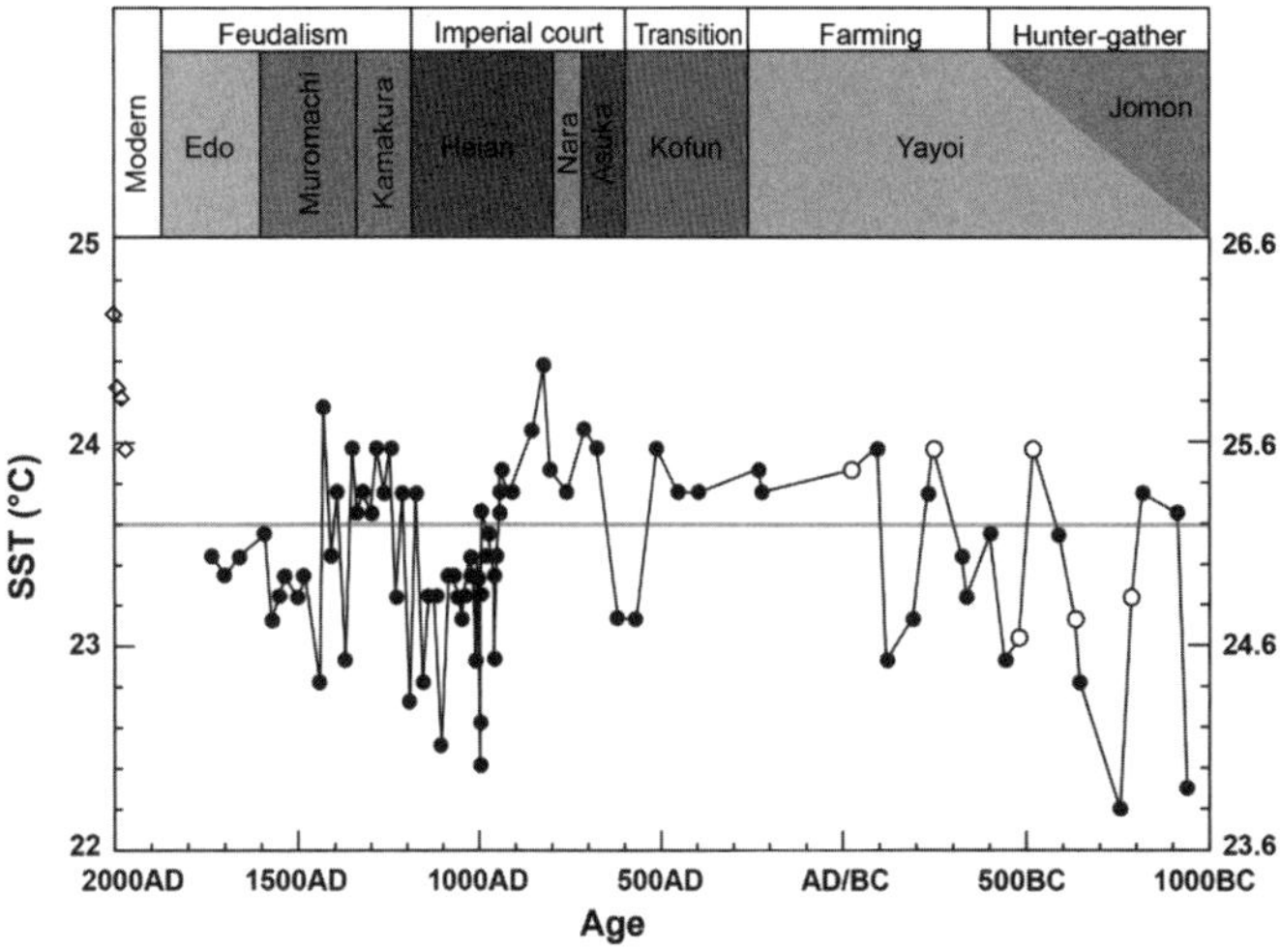

図21・過去3000年間の海面水温と気温の推移

折れ線グラフは、広島湾の堆積物コアに含まれるアルケノン分子組成から復元した夏の海面水温と気温の変動を示す。遮光器土偶が消滅した2700年前(700BC)の前後に、過去3000年間で最大の海水温(および気温)の低下があったことがわかる。

SSTは海面水温(Sea Surface Temperature)、ATは気温(Atmospheric Temperature)の略。横軸の年代は放射性炭素に基づき、紀元前には約100年の誤差をもつ年代も含まれる。

●、○、◇は採取されたコア試料の違いを示す。

Hodaka Kawahata, et al. (2017) "Climatic change and its influence on human society in western Japan during the Holocene '. Quaternary International 440.

なお、図の一部を省略してある

この異常気象は日本だけでなく、ヨーロッパや中国など、世界各地に甚大な影響を及ぼしたと言われている。太陽活動の停滞によって引き起こされたこの寒冷化は、二七〇〇年前から数十年過ぎたあたりで終束し、その後は二四〇〇年前頃に再び始まる停滞期まで温暖な気候が続く。灌漑水田稲作などの弥生文化が東へ伝播したのは、ちょうどこの温暖な期間であったと考えられている。[*20]

いまからおよそ二七〇〇年前。遮光器土偶が消えたその時は、懸命な呪術的努力の甲斐なく、最後の種イモが腐敗し、東北地方のサトイモ栽培が全滅した時だったのだろう。それはおよそ五〇〇年間に及んだサトイモ霊の祭祀が終焉した瞬間でもあった。

サトイモを失った東北民の一部は、新たな炭水化物を求めて西方への移住、あるいは西の文化の取り入れを模索したと思われる。というのも、大洞C_2式期までほとんど見られなかった亀ヶ岡文化圏の土器が、大洞A式期になると一気に西日本の各地から見つかるようになるからだ。[*21]これは大洞A式期に東西の文化交流が活発化したことを示している。

そして、東北地方北部では遮光器土偶と入れ替わるように結髪土偶と刺突文土偶が登場する。私の仮説に従えば、これは当地でイネとヒエの組織的な栽培が始まり、それと同時に「イネの精霊」と「ヒエの精霊」が祭祀の対象となったことを意味している。

＊

というわけで、私に土偶研究を始めるきっかけを与えてくれた遮光器土偶であるが、皮肉なことにこの土偶のモチーフのサトイモだけが考古学的に未検出という状況となっている。

ここで私が思い出すのは、藤森栄一（一九一一―一九七三）のことである。藤森は八ヶ岳周辺の縄文中期の遺跡から、土掘りに用いられたと思われる打製石斧や植物加工に用いられたと思われる石皿・磨石《すりいし》などが多数出土することに注目し、いち早く「縄文農耕論」を唱えた考古学者として知られている。

当時はまだ縄文遺跡からの植物遺体の検出がほとんど進んでいなかったこともあり、縄文＝

＊18　今村峯雄・藤原慎一郎（２００９）「炭素14年の記録から見た自然環境変動――弥生文化成立期――」、『弥生文化誕生』、同成社
＊19　アルケノンとは、海洋表層に生息する円石藻（植物プランクトンの一種）が生合成する有機化合物である。アルケノンの不飽和度が円石藻の生息時の水温に比例して変化することがわかっているため、海底に堆積しているアルケノンを調べることで、当時の表層水温を復元することができる。
＊20　今村峯雄・藤尾慎一郎（２００９）前掲書 p.53
＊21　設楽博己（２０１８）「南西諸島の大洞系土器とその周辺」、『東京大学考古学研究室研究紀要』第31号、東京大学大学院人文社会系研究科・文学部考古学研究室

狩猟採集というのが学界の常識であったため、藤森の説は大いに物議を醸すことになった。しかしこれまで見てきたように、現在では縄文人が植物の栽培や半栽培、あるいは野生種の栽培化などを行っていたことが次第に明らかになりつつある。「農耕」という用語とその意味内容を巡っては議論の余地があるとはいえ、藤森の卓越した先見性は大いに評価されるべきものであろう。

その藤森の言葉に以下のようなものがある[*22]（文中〔〕は竹倉による）。

栽培植物が〔検出され〕ない以上、縄文農耕は認められないこと自明の理だという考古学者もいる。植物学者がいうならとにかく、これを考古学者がいうにいたっては論外である。考古学こそは、地下から掘り出した物質遺物の様相を組み立てて、その文化相を復原する学問なのである。有機性の食品がかりになくとも、むろん出てくれればそれにこしたことはないだろうが、文化構造の構成が、それを考えるより理解つかないという方が、いうまでもなく本道なのである。

ここに私は藤森の考古学者としての矜持と人文学者としての揺るぎない姿勢を感じ取り、深い共感を寄せるものである。[*23]「遺物が出ないから無い」というのでは、それは学問の、想像力の、ひいては人間の敗北である。実証精神は学問の基礎であるが、だからといって可謬性のリスクを恐れて実証主義に媚びるのならば、遠からず人文学など無用の長物となるであろう。だから逆に言えば、モチーフたるサトイモが検出されていない遮光器土偶の解読こそが、学問の醍醐味を余すことなく体現した事例だと私は考えている。とはいえ――図らずも藤森自身が述べている通り――「出てくれればそれにこしたことはない」。

それでは今後、縄文期のサトイモ利用の痕跡が発見される可能性はないのだろうか。じつは一つの希望が残されている。それが「残存デンプン粒分析」だ。これは遺跡の土壌、あるいは石器や土器などに付着した遺物から、電子顕微鏡を用いて植物遺体に由来するデンプン粒を検出し、その大きさや形状から当該の植物を同定するという手法である。

東京大学史料編纂所の渋谷綾子によると、残存デンプン粒分析は一九九〇年代から始まり、二〇〇〇年代以降には日本考古学でも本格的に取り組まれるようになったという。[*24] サトイモのデン

*22　藤森栄一（1969）『縄文の世界――古代の人と山河――』pp.202-203、講談社
*23　藤森は土偶が植物栽培と関係するのではないかという見解も述べている。「筆者は、この土偶への呪術に、前二・三世紀ころの、弥生式水稲農耕開始に先立つこと二十世紀にして、縄文中期、すでにごく始原の形態ではあろうけど、植物栽培の開始を認めたいのである。」藤森栄一（1970）『縄文農耕』、学生社
*24　渋谷綾子（2014）「縄文土器付着植物遺体と石器の残存デンプン粒分析からみた東京都下宅部遺跡の植物利用」、『国立歴史民俗博物館研究報告』第187集、国立歴史民俗博物館

プン粒にも特有の形質があるため、縄文時代の土壌や遺物から検出されれば、その特徴からサトイモであることは同定可能である。

ということは、これまでのプロファイリング事例とは逆のプロセス、すなわち今度は土偶の推定モチーフを手がかりに、そこから植物遺体の痕跡を探すという方法も考えられる。つまり、遮光器土偶が出土している遺跡の土壌や石器・土器を集中的に調査すれば、そこからサトイモのデンプン粒が発見される可能性がある。

いずれにせよ、今後の学際的な研究によって、遮光器土偶＝サトイモ精霊説のさらなる検証が進むことを望まずにはいられない。

第10章

土偶の解読を終えて

ここまでの土偶解読を振り返って

ここまで「土偶は食用植物と貝類をかたどっている」という仮説に基づき、九つの様式の土偶ごとにモチーフ解読を行った。これで現在「○○土偶」と呼ばれている主要な様式の土偶はほぼ網羅することができた。

研究の開始当初は私も手探り状態で、本当に自分の仮説に妥当性があるのか不安になることもあった。しかし、一つずつ事例分析を積み重ねていき、最終的に全体を俯瞰《ふかん》して見渡したとき、少なくとも現時点において、土偶をこれ以上合理的に説明できる仮説は他に存在していないという確信が得られた。

そのなかでも、形態の独自性が高い貝類の事例が果たした役割は決定的だった。とりわけ椎塚貝塚から出土した椎塚土偶II、および余山貝塚から出土した星形土偶の事例が重要である。どちらの土偶も、それぞれサルボウとオオツタノハという示差的な（=他に似たものがない）形態との物理的な近接を見せるばかりでなく、同一の遺跡から推定モチーフが伴出するという理想的な検証条件が満たされており、これによって両者の「見た目の類似」が偶然によるという可能性を最大限に棄却できたものと考えている。

こうした確度の高い検証事例を敷衍することで、他の土偶の解読事例の確度についても相応の妥当性を担保することが可能となる。たとえば、合掌土偶・中空土偶などの単独では検証力の弱い事例も、他事例との整合性という観点から帰納的に類推すれば、それがクリをかたどっているという推認はその妥当性が十分に補完されるものと考えている。

というわけで繰り返しになるが、全体として見たとき、やはり私の仮説以上に土偶の形態を客観的かつ合理的に説明できる仮説は存在していないといえるのではないだろうか。

私の土偶研究には三つのテーマがある。すなわち、

①土偶は何をかたどっているのか（what）
②なぜ造られたのか（why）
③どのように使われたのか（how）

である。

①がわからない限り、②と③の解明は困難であるという認識から、本書では特に①のテーマ

に絞って論じることにした。ただし遮光器土偶に限っては、モチーフの検証プロセスに必要であると思われたため、②（貯蔵サトイモを守護するため）と③（仰臥でサトイモとともに土中に安置された）という考察についても本書に含めることにした。

今回の土偶解読プロジェクトは、人類学的手法を主軸にしつつも、総合知としてのリベラルアーツを重視し、専門の枠にとらわれないクロスジャンル研究を目指した。それは私の要請というよりはむしろ縄文人からの要請であった。

土偶研究を始めてすぐに思ったことがある。それは「縄文人の感性的世界の発露そのものである土偶を研究するのに、感性的アプローチを排除・抑圧した方法論によって土偶の謎に迫れるわけがない！」ということである。とはいえ、考古学の優れた実証研究がこれだけ蓄積されている現在にあって、その知見を無視した土偶研究というものもあり得ない。

そこで編み出されたのが、〈**イコノロジー×考古学**〉という手法であった。感性的手法を存分に発揮しつつ、その弱点をソリッドな考古学で補完する――今回の土偶研究においては、この異種交配《ハイブリッド》の方法論が大いに力を発揮してくれたように思う。

土偶は何らかの呪術において用いられたものである、という見解は、多くの考古研究者たちに共有されてきた。しかし、そこで「呪術」という観念が正しく理解されてきたかというと、私としては疑問符を付けざるを得ない。そしてこのことが、今日の土偶研究の停滞を招いた主たる原因であったと思われる。

「呪術」というと「精神的なもの」というイメージを抱きがちだが、原始社会における呪術とは、第一に共同体の主たる生業の遂行にかかわるものであり、その意味においてはむしろ「実用的なもの」である。すなわち呪術とは生活から遊離した抽象的な営みではなく、むしろ現実の生活上の諸行為に意味を生成させ、心理的な安寧をもたらすとともにその円滑な遂行を可能にする、すぐれてプラグマティックな実践的行為の技法なのである。

人類学者の私からみると、呪術を抽象的にイメージするという考古学の習慣は、呪具である土偶の見方にまで影響を及ぼし、生活のなかの道具である土偶までもを抽象的な相において捉えるという不運な傾向を作り出してしまったように感じられる。その結果として、これまでの土偶の質的研究は縄文人の心性をいたずらに神秘化してみたり、土偶の造形を象徴主義的に深読みし過ぎるなどして、実証的な考古研究との乖離を深めてしまった。たしかに土偶は呪具であるが、それは土器や石器といった道具類と同様に、まずは日々の生業とのかかわりの中で理解されるべき遺物であったといえるだろう。

今回の土偶の解読作業によって、その目的であった①の「土偶は何をかたどっているのか」

という問いに対しては、前述のように十分に客観的な成果を得ることができた。なぜかというと、「この土偶は○○に似ている」という**感覚**は、単なる個人的な主観ではないからだ。その感覚は「土偶とモチーフとの形態の近接」という物理的事実に基づくものであるため、他者と共有可能であり、そこに客観性が担保される。それは「郵便ポストは赤い」という主張が、個人的な感覚に基づくものであると同時に、客観的な事実として社会的に共有可能なのと同じことである。

一方、これまで散見された「土偶は地母神である」とか「目に見えない精霊をかたどっている」といった類の言説は、感覚ではなく**連想**である。これらはわずか数点の土偶の姿形から連想された主観的な印象に過ぎず、人々を納得させるだけの物理的な根拠を欠いている。それゆえ、どれほど多言を弄しようとも、そもそも検証も反証も不可能であり、学術的な水準で扱うこと自体が困難な主張であると言わざるを得ない。

本書に収録した私の土偶解読は、文字通りの意味における「解読」であり、これは古代の未解読文字で書かれた文書解読と原理的に同じ作業である。最初に仮説を立て、仮説に当てはめて土偶の造形を観察したとき「意味が通るか」を一つずつ確認し、必要に応じて仮説を修正・拡張していく。

文書解読の場合であれば、仮説によって一つのセンテンスが意味をなしたとしても、それだけでは偶然の可能性を排除できないため、同じ仮説でどれだけ多くのセンテンスが有意味化されるか、つまりその一般化能力によって仮説の正しさが検証される。土偶解読も同様である。本書では私が設置した仮説によって、どれだけ多くの土偶の造形が有意味化されるかという点が検証されたわけだ。

その結果として、もし「土偶は植物や貝類をかたどっている」という仮説が見当違いならば、これほど多くの土偶の造形が有意味化されることはあり得なかったであろう。しかも、その解読結果は考古学・植生史・環境文化史などの実証データに矛盾することなく、むしろいくつかのケースでは驚くほどの高い整合性を示した。したがって、序章で宣言したように、私は今回の土偶解読プロジェクトによって、主要な土偶のモチーフは学術的に解明されたと結論付けたい。

今後の考古研究によって私の仮説が追試的に検証され、遠くないうちに「定説」（＝多くの人が納得する、その時点における最も合理的な説明のこと）として社会的に承認されることを私は望んでいる。そうなれば、いずれ学校教科書の記述も改められるだろう。現在のモヤモヤする抽象的な説明に代わって、土偶が当時の植物や貝類をかたどっていたと知れば、子供たちの眼は知的興奮でキラキラ輝き始めるに違いない。

さて、②なぜ造られたのか、③どのように使われたのか、という問いに関しても、すでに土偶解読を通して一定の成果が得られているが、これは本書の主題の範疇外となるため、詳細については稿を改めて発表することにしたい。ここではその要点だけを簡潔に述べておく。

従来の土偶の用途論というのは「土偶は○○のために造られた」というように、単一の用途に収斂《しゅうれん》させようとするものがほとんどであった。しかし、これは明らかに主語が大き過ぎる。常識的に考えて、数万個単位で存在する土偶すべてが、数千年間にわたって同一の目的で製作され、同一の用いられ方をするなどということはあり得ない。

たとえば現在日本には、分祀社を入れると三万以上の稲荷神社が存在している。祭神の倉稲魂命《ウカノミタマ》が穀物の女神であることからもわかるように、本来これは五穀豊穣を祈願する農耕儀礼のための施設である。しかしわれわれがよく知るように、人びとはこの穀物の女神に子供の受験合格を祈ったり、家族の病気平癒を祈願したりする。このように、文化事象には「起源」とも呼ぶべき本来の目的や用途というものはあっても、それは必ず歳月の中で分岐し、応用され、多義化していくものなのだ。これは土偶においても同様であったと考えるべきだろう。

そのうえで述べれば、土偶の「本義」は、やはり植物霊祭祀にあったといえる。第一義的には、植物資源の利用（採集・半栽培・栽培）に伴う呪術的儀礼において使用されることを目的に製作されたと考えてよいだろう。しかしその一方で、土偶が呪符（お守り）として携行されたり、時には病気治療に用いられたこともあっただろう。植物霊はいわば生命力の具現化そのものであるから、状況に応じて神霊たちに生活や身体の安全が祈願される場面は十分に想定できる。

他にも、特定の個人や集団の権威を示す威信財として、あるいは共同体の紐帯《ちゅうたい》を強化する植物トーテムのような象徴材として土偶が機能することもあったことだろう。また多くはないものの、逝去した有力者やその家族の冥界での安全を祈願し、副葬品としてかれらの遺体とともに土偶が埋納されたケースもあったと考えられる。

よく訊かれる土偶の質問について

これまで私は、大学やオンラインで十数回の土偶講演会を行ってきたが、質疑応答でたびたび訊かれた質問があるので、これについても簡単に触れておこう。

一つは、「土偶は意図的に壊されたものが見つかると聞いたことがありますがなぜですか？」というものである。そもそも考古学の先行研究には、土偶破壊説を認める立場と認めない立場がある。私はこれを認める立場なので、土偶には意図的に破壊されたものがあるという前提に立っている。

そのうえで、今度は破壊した理由が問題となる。土偶破壊説の中には「破壊するために造られた」、つまり土偶製作の目的に土偶の破壊までもが含まれているという主張もあるが、私はこれには同意しない。土偶の製作は粘土の採集、塑造、施文、焼成という高コストを要するものであり、これらが破壊のために製作されたと考えることは、これに応じる相当なインセンティヴがない限り合理的ではない。

たとえば巨大な像を造って大人数で派手に燃やしたり破壊するのであれば祝祭として成立するだろうが、集落の片隅で小さな土偶を破壊したところで盛り上がるはずもなく、製作コストに見合った破壊のインセンティヴが存在したとはとうてい考えられない。

私の見解はいたってシンプルである。

破壊された土偶が多いのは、土偶が不要になった際に破壊されてから遺棄されたからだと考えている。土偶は人体と同様に神霊の宿るヒトガタであるから、そのまま遺棄する場合には相当な心理的負荷が発生する。当該の神霊の怒りを買うおそれがあるからである。

こうした心性は極めて普遍的である。現代ですら、ひな人形、五月人形、市松人形、フランス人形、こけし、ぬいぐるみなどが不要になった場合、それをそのままゴミ袋に入れて廃棄せず、寺院などが主催する「人形供養祭」に託す人がどれほどいることか。全国を対象に「ゆうパック」による人形供養の代行サービスを行う法人もあり、こうした儀礼的行為は現代においてもまったく廃れることがない。もちろんこれもヒトガタに宿っている（かもしれない）霊的存在への配慮に他ならず、失礼のないように、あるいは祟りのような怒りを買うことのないように、人びとはコストをかけてでも儀礼を行い、その心理的負荷の解消を図るのである。

現代においてすらこの有様なのだから、いわんや縄文時代においてをや、である。有機物であれば自ずと腐敗して分解されるから問題ないが、土偶のような無機物は人為的に破壊して霊魂を解放する必要がある。ヒトガタへの〝入魂〟と〝脱魂〟はセットなのである。

ここで想起すべきは、現代の人形供養祭においても、読経やお祓いなどの呪術的過程を経た後、人形たちは「お焚き上げ（＝焼却）」されるという点である。この「お焚き上げ」というのは、まさにヒトガタへの人為的な破壊行為に他ならない。そもそも人間の火葬ですら、遺体の人為的な破壊行為を含んでいる。つまりわれわれは、ヒトガタであれ遺体であれ、そこに破壊というひと手間を加えることによって単なる遺棄行為との差別化を図り、さらには呪術の行使によって霊魂の行方を操作しようとすら試みるのである。

加えて言えば、遺棄の際に破壊されたのは土偶だけではない。土器を始め、意図的に破壊されてから遺棄された日用品はいくらでもあると思われる。縄文遺跡から人の手によって折られた狩猟用の弓が見つかることがあるが、これも同様の事例であろう。つまり、道具にも霊魂が宿るため、道具類の遺棄に際しても儀礼的な破壊が推奨され、こうした規範が多くの社会集団によって共有されていたと考えられる。

こうしたアニミスティックな心性は、後のアイヌ文化の「イワクテ」(=道具の送り儀礼)のなかにも同型のものを見て取ることができるし、現代の日本社会でも〝針供養〟や〝筆供養〟などの儀礼はいまだに行われている。大切な道具類はそのまま遺棄されず、人間の遺体と同様にしかるべき儀礼の対象となり得るのである。

縄文文化はこうした後世にも見られるアニミズム文化の母体であり、かれらは人間の葬儀だけでなく、時と場合に応じて、〝動物のお葬式〟、〝植物のお葬式〟、そして〝道具のお葬式〟までをも行っていたと考えられる。動植物や道具類にも人体と同じように霊魂が宿っていると考えるならば、その送り儀礼を行うことはむしろ当然のことである。

というわけで、現代人とまったく同じように、縄文人にとっても魂込めされたヒトガタをそのまま廃棄するというのは禁忌《タブー》だったのであろう。不要になった土偶が廃棄される際には土偶の儀礼的破壊が行われるというのが当時の慣習であり、それゆえ破壊されて見つかる土偶が多い、これが私の見解である。

もう一つのよく訊かれる質問は、「海外にも日本の土偶に似たようなものはありますか?」というものである。結論から言うと「イエス」ということになる。縄文土偶に形態が酷似しているものもあるし、機能や用途が似ていると思われるものもある。

古いものでは後期旧石器時代にあたるおよそ三万五〇〇〇年前〜一万二〇〇〇年前にかけて、ヨーロッパ、ロシア平原、シベリア、日本などから発見されている一連の「**先史時代フィギュア**」（prehistoric figurines）がこれにあたる。

先史時代フィギュアは岩石、粘土、あるいはマンモスなどの獣骨や牙などさまざまな素材からなるが、これまでに各地から数百点が発見されている。また、縄文時代に並行する数千年前の新石器時代〜歴史時代にかけても、世界各地から多様なフィギュアが見つかっている。こうした古代フィギュア全般の特徴としては、縄文土偶と同様、ヒトガタであるにもかかわらず人間離れした容貌をしているものが多い点を指摘することができる。

じつは私の目から見ると、これらの先史時代フィギュアのなかにも縄文土偶と同様の造形文法によって製作された、明らかに植物の精霊をかたどったと思われるフィギュアが存在している。とはいえ、海外の研究者たちは総じてこれらを「人間像」や「女神」として分類してしまっている。土偶同様、おそらく具体的な植物モチーフがあるにもかかわらず。

私の見立てが正しければ、すでに三万年〜四万年前にはホモ・サピエンスはフィギュアを造って植物霊祭祀を行っていたということになる。もちろんこれは世界中の誰も唱えたことのないまったく新しい説である。縄文土偶をきっかけに人類史が書き換わる可能性すらある。海外の先史時代フィギュアの分析の成果についても、遠くないうちに発表できればと考えている。

土偶が体現する〝全体性〟と現代の知性の危機

土偶研究を通じ、現代の学問が抱えている問題点についても感じるところが多かった。雑感としてここに記しておく。

私は土偶解読と並行して国立国会図書館に通い、これまでに自分と同じような説を唱えた人がいないか過去の文献をチェックするということをした。明治期以降に書かれたほぼすべての土偶関連の論考に目を通したが、そのような人は一人も見当たらなかった。

しかし、これはよく考えてみると、とても奇妙なことであった。たとえば椎塚土偶。ハマグリの形にあれだけそっくりな頭部を持つ土偶が、大量のハマグリが堆積する遺跡から見つかっているのである。誰か一人くらい「あれ？　これってハマグリに似てない？」という人がいてもよさそうなものではないか。

椎塚土偶が本当にハマグリをかたどっているかどうかは、究極的にはタイムマシンに乗って製作者本人に確認するしかないので脇に置いておくとして、誰にも疑いようのない客観的な事実として、椎塚土偶の頭部とハマグリの形態は物理的に近接している。だから、やはり誰か一人くらいはその事実に（仮に冗談半分の軽口だったとしても）言及していてもおかしくないのだが、そのような論考は――椎塚土偶が発見されてからじつに一〇〇年以上の歳月が流れているのに――ついぞ見当たらなかった。これはむしろ異常なことではないか？

私はここに近代社会を牽引してきたモダニティ精神の限界とその歪《いびつ》さを感じ取らざるを得ない。学問の縦割り化とタコツボ化、そして感性の抑圧、女性性の排除――。新しい時代へ向けて社会に変化が生まれつつある一方で、官僚化したアカデミズムによる「知性の矮小化」はいまだ進行中なのではないかと私は感じている。そして、その対極にあり続けたものの象徴が縄文土偶だったのではないかとも。

これまで男性たちによって独占的に形成されてきた「職業としての学問」では土偶の謎は解けなかった。これは鋼鉄をも斬り裂く石川五ェ門（「ルパン三世」）の斬鉄剣が「こんにゃく」は斬れなかったというエピソードを想起させる（ちなみに彼の苦手なものは「女性」である）。ともあれ、職業として分業化された「細切れの知性」では、土偶が体現する〝全体性〟にはアクセスできなかったのである。

この〝全体性〟は身体性と精神性を統合する生命の摂理そのものであり、この地球上でわれわれ人間が環境世界と調和して生きるために不可欠なものである。土偶を生み出した縄文人たちが数々の自然災害や気候変動を生き抜いてきたことを思えば、それは**〝滅びの道〟を回避する実践的な知恵の象徴**でもある。われわれがこの〝全体性〟にアクセスできないとすれば、それはわれわれの知性が劣化し、危機に瀕していることを意味する。

その最大の原因は、近代になって、われわれが自らを「脱魔術化」した存在であると考えるようになった点にある。これはまったくの誤認である。われわれは気づいていないだけで、われわれは縄文人たちが呪術的であるのと同じくらい呪術的存在である。そして依然として、われわれは神話的世界を生きている。

また、人間の知性の特性は演繹《えんえき》や帰納にあるのでもない。われわれの現実世界を構成し、意味世界を生成させ、あらゆる精神活動の基盤をなすものは**アナロジー**である。演繹や帰納は数学的理性や科学技術を駆動させ、物質世界を制御する力を高めてくれるが、人間存在にとって最も重要な〝生命への共感力〟を高めるものではない。アナロジーを欠いた思考は全体を全体のままに捉えることができず、世界の細部に生命の本質たる〝神〟が宿っていることを理解できない。

昭和以降の実証主義を標榜する考古研究の世界では、椎塚土偶を見て「ハマグリに似てるね」などと口にしようものなら、これを幼稚で馬鹿げた非学問的態度だとする父権的な空気が支配してきたのであろう。しかしこれでは皮相的な「縄文人不在の縄文研究」が量産されるだけである。実際、一世紀以上にわたって、縄文土偶は男性たちの視線、すなわち〝かたち〟を軽視する思弁的な視線や、生命への共感力を欠いた視線に対し、一貫して自己の開示を拒み続けてきたのである。

「日本五〇〇〇年の歴史」

土偶を通して見えてくる世界は興味が尽きない。

私は現在、日本文化と縄文文化の連続性についても思案を巡らせている。現在「縄文人」と呼ばれている人びとは、この土地で一万年以上にわたって生命を繋いできたわれわれの〝根《ルーツ》〟である。日本が世界に誇るアニメーションやカワイイ（kawaii）文化などを見ると、土偶文化のDNAが現代社会にも脈々と継承されているのではないかと思うほどである。**われわれはわれわれが思う以上に縄文人**なのかもしれない。

また、これまで論じられてきた本邦の植物霊祭祀と言えば、稲魂祭祀や田の神信仰など弥生以降のイネ栽培にまつわるものが専らであった。しかし今回の私の解読結果は、縄文時代にはすでにさまざまな植物や貝類の精霊祭祀があったことを示しており、稲魂祭祀に先行する、より基底の祭祀文化が発見された。祭式こそ違えど、植物霊祭祀という共通項に注目すれば、縄文と弥生は通底する心性によって結ばれていたのである。

縄文から弥生への食文化の移行が肉食主体から植物食主体への移行ではなかった点も重要だ。縄文中期からすでに炭水化物を主体とする食習慣が誕生しており、地域差などを捨象して大局的にみれば、縄文食から弥生食への移行は「森林性の炭水化物」から「低地性の炭水化物」への移行として捉えることも可能である。これもまた「炭水化物」という共通項の介在によって、縄文と弥生の食文化をシームレスに表象できる着眼点となる。

日本の歴史を民族や国家ではなく土地ベースで考えれば、縄文文化はまさに日本の基底文化といえる。近年では「縄文時代の歴史」という言葉が散見されることからもわかるように、〈歴史=書かれたもの〉という旧来の図式が変容し、「歴史」概念に拡張がもたらされつつある。

これは考古学において理化学的な方法が応用できるようになった結果、考古遺物の年代などの諸属性が特定可能になり、たとえ文字資料がなくとも、時にはそれ以上の精確さで出土したモノから当時の人びとの暮らしを復元できるようになりつつあることが関係している。

さらに今回の私の土偶研究によって、解読可能な「造形言語としての土偶」という新しい地平が切り拓かれた。土偶の解読から得られた成果はモチーフの同定だけではない。本書には収録できなかったが、すでに私は土偶解読から縄文人の精神世界の一部を復元する作業に着手している。序章で述べたように、文字の不在という理由でいったんは諦めかけたものの、土偶研究を経て、再び私は日本文化の最深部に位置する「縄文の神話世界」へアプローチする切符を手にしたのだ。

土偶解読から縄文人の精神文化が見えてくれば、縄文時代はさらに確実に「歴史」の一部として承認されることになるだろう。こうした作業が進めば、現在二〇〇〇年弱しかない「日本史」が延長され、「中国四〇〇〇年の歴史」ならぬ「日本五〇〇〇年の歴史」といった新たな歴史感覚も生まれてくるかもしれない。もちろんこれは民族や国家とは無関係の、つまり「国威の発揚」といった話ではなく、この美しい森や海への愛と、そこに力強く生きた先祖たちへの尊敬の念によって語られる新しい悠久の物語である。

サトイモと重ねる

撮影・図版作成：池上功一／土偶：ColBase

「すると、根茎の描く独特な紡錘形のフォルムは、土偶の四肢とぴったりと重なったのである」（本書26頁）
サトイモはスーパーで購入したものを二つ撮影した。両腕にあるサトイモは同一のもので画像を反転させている。
腕、脚のいずれのサトイモも、輪郭の画像加工などは一切行なわず、そのまま土偶の画像に重ねたものである。

掲載土偶一覧

巻頭カラー頁

- ハート形土偶(郷原遺跡/群馬県)/個人蔵/提供:東京国立博物館
- 中空土偶(著保内野遺跡/北海道)/函館市/提供:函館教育委員会
- 椎塚土偶(椎塚貝塚/茨城県)/大阪歴史博物館
- みみずく土偶(後谷遺跡/埼玉県)/桶川市教育委員会
- 星形土偶(余山貝塚/千葉県)/辰馬考古資料館
- 縄文のビーナス(棚畑遺跡/長野県)/茅野市尖石縄文考古館
- 結髪土偶(五郎前遺跡/山形県)/正源寺/提供:真室川町教育委員会
- 刺突文土偶(小沢遺跡/秋田県)/大和文華館
- 遮光器土偶(亀ヶ岡遺跡/青森県)/東京国立博物館/ColBase

序 章

図1	提供:(左より)辰馬考古資料館、東京国立博物館、東京国立博物館、大和文華館、大阪歴史博物館、桶川市教育委員会
図5	①粥見井尻遺跡出土土偶(三重県)/三重県埋蔵文化財センター
	②相谷熊原遺跡出土土偶(滋賀県)/滋賀県/提供:滋賀県埋蔵文化財センター
	③花輪台貝塚出土土偶(茨城県)/南山大学人類学博物館
	④狐森遺跡出土土偶(青森県)/八戸市南郷歴史民俗資料館
	⑤上野原遺跡出土土偶(鹿児島県)/鹿児島県立埋蔵文化財センター
	⑥寺場遺跡出土土偶(岩手県)/岩手県立博物館
	⑦前谷西遺跡出土土偶(茨城県)/上高津貝塚ふるさと歴史の広場
	⑧釈迦堂遺跡出土土偶(山梨県)/釈迦堂遺跡博物館
図6	①坂上遺跡出土土偶(長野県)/井戸尻考古館
	②石ノ坪遺跡出土土偶(山梨県)/韮崎市民俗資料館/提供:韮崎市教育委員会
	③縄文のビーナス(棚畑遺跡/長野県)/茅野市尖石縄文考古館
	④一の宮出土土偶(新潟県)/東京国立博物館/ColBase
	⑤板状土偶(青森県)/青森県教育委員会/提供:三内丸山遺跡センター
	⑥多摩ニュータウン遺跡出土土偶(東京都)/東京都教育委員会
	⑦縄文の女神(西ノ前遺跡/山形県)/山形県立博物館
	⑧御嶽堂遺跡出土土偶(東京都)/玉川大学教育博物館
図7	①山形土偶(椎塚貝塚/茨城県)/大阪歴史博物館
	②ハート形土偶(郷原遺跡/群馬県)/個人蔵/提供:東京国立博物館
	③しゃがむ土偶(上岡遺跡/福島県)/福島市教育委員会/福島市
	④星形土偶(余山貝塚/千葉県)/辰馬考古資料館

	⑤みみずく土偶（真福寺貝塚／埼玉県）／東京国立博物館／ColBase
	⑥山形土偶（江原台遺跡／千葉県）／明治大学博物館
	⑦合掌土偶（風張遺跡／青森県）／八戸市埋蔵文化財センター是川縄文館
	⑧仮面の女神（中ツ原遺跡土偶／長野県）／茅野市／提供：茅野市尖石縄文考古館
図8	①遮光器土偶（恵比須田遺跡／宮城県）／東京国立博物館／TNM Image Archives
	②遮光器土偶（亀ヶ岡遺跡／青森県）／東京国立博物館／ColBase
	③刺突文土偶（砂沢遺跡／青森県）／弘前市教育委員会
	④刺突文土偶（程森遺跡／青森県）／東京大学総合研究博物館
	⑤結髪土偶（下船渡貝塚／岩手県）／大船渡市立博物館
	⑥結髪土偶（五郎前遺跡／山形県）／正源寺／提供：真室川町教育委員会
第1章	
図1	ハート形土偶（郷原遺跡／群馬県）／個人蔵／提供：東京国立博物館
図2	ハート形土偶
	①大野田遺跡出土（宮城県）／仙台市教育委員会
	②郷原遺跡出土（群馬県）／個人蔵／提供：東京国立博物館
	③割田A遺跡出土（福島県）／郡山市教育委員会
	④荒小路遺跡出土（福島県）／福島県文化財センター白河館
図4	①ハート形土偶／東京国立博物館／撮影：竹倉史人
	②図4①同
図5	①図2④同
	②図1同
図6	クルミ型土器（田名塩田遺跡）／相模原市立博物館
第2章	
図1	合掌土偶（風張遺跡／青森県）／八戸市埋蔵文化財センター是川縄文館
図2	中空土偶（著保内野遺跡／北海道）／函館市／提供：函館市教育委員会
図3	同上
図4	図1同
図5	図2同
図9	中空土偶（亀ヶ岡遺跡／青森県）／九州国立博物館／撮影：落合晴彦
図10	古沢町遺跡出土土偶（愛知県）／撮影：和田英雄（http://park19.wakwak.com/~wadakouko/）
第3章	
図1	椎塚土偶（椎塚貝塚／茨城県）／大阪歴史博物館
図8	同上
図10	椎塚貝塚出土土偶（茨城県）／大阪歴史博物館／提供：茨城県立歴史館
図11	山形土偶（椎塚貝塚／茨城県）／東京大学総合研究博物館

掲載土偶一覧

図12	椎塚土偶(椎塚貝塚/茨城県)/大阪歴史博物館
第4章	
図1	みみずく土偶
	①後谷遺跡出土(埼玉県)/桶川市教育委員会
	②滝馬室遺跡出土(埼玉県)/東京国立博物館/TNM Image Archives
	③真福寺貝塚出土(埼玉県)/東京国立博物館/ColBase
図2	みみずく土偶
	①神明遺跡出土(茨城県)/取手市教育委員会/提供:上高津貝塚ふるさと歴史の広場
	②神立平遺跡出土(茨城県)/上高津貝塚ふるさと歴史の広場
	③上高井貝塚出土(茨城県)/東京大学総合研究博物館
図5	図1①同
図6	みみずく土偶(祇園原貝塚/千葉県)/市原市埋蔵文化財調査センター
図7	みみずく土偶(太岳院遺跡/神奈川県)/秦野市
図11	みみずく土偶/さいたま市教育委員会
第5章	
図1	星形土偶(余山貝塚/千葉県)/辰馬考古資料館
図9	同上
第6章	
図1	縄文のビーナス(棚畑遺跡/長野県)/茅野市尖石縄文考古館
図4	顔面把手付土器[出産文土器](津金御所前遺跡/山梨県)/北杜市教育委員会
図5	カモメライン土偶
	①プレーン型/北杜市考古資料館
	②とんがり型/北杜市考古資料館
	③襟巻型/韮崎市教育委員会/提供:釈迦堂遺跡博物館
	④ヘルメット型/北杜市考古資料館
図7	図5①同
図12	図5①同
図13	右:序章図6②同
	左:深鉢形土器(一の沢遺跡/山梨県)/山梨県立考古博物館
図14	①右:図5③同
	中:宮ノ上遺跡出土土偶(山梨県)甲州市教育委員会
	左:桂野遺跡出土土偶/笛吹市教育委員会/提供:釈迦堂遺跡博物館
	②右:筑摩佃遺跡出土土偶(滋賀県)/米原市教育委員会
	左:長山遺跡出土土偶(富山県)富山県埋蔵文化財センター
図20	蛇を戴く土偶(長野県)/井戸尻考古館/撮影:竹倉史人

図23	神像筒形土器（部分、藤内遺跡出土）／井戸尻考古館／撮影：田枝幹宏
図29	①原の前遺跡出土土偶（山梨県）／北杜市考古資料館
図30	子抱き土偶（東京都）／国立歴史民俗博物館
第7章	
図2	結髪土偶（大曲遺跡／青森県）／青森県立郷土館
図3	結髪土偶（五郎前遺跡／山形県）／正源寺／真室川町教育委員会
図4	結髪土偶（下船渡貝塚／岩手県）／大船渡市立博物館
第8章	
図1	刺突文土偶
	①小沢遺跡出土（秋田県）／大和文華館
	②程森遺跡出土（青森県）／東京大学総合研究博物館
	③砂沢遺跡出土（青森県）／弘前市教育委員会
	④西方前遺跡出土（福島県）／三春町教育委員会／提供：三春町歴史民俗資料館
図4	図1①同
第9章	
図1	遮光器土偶（亀ヶ岡遺跡／青森県）／東京国立博物館／ColBase
図4	遮光器土偶（恵比須田遺跡／宮城県）／東京国立博物館／TNM Image Archives
図5	図1同
図6	図1同
図8	図4同
図9	図4同
図10	図4同
図19	遮光器土偶（恵比須田遺跡／宮城県）／東京国立博物館／ColBase
図20	遮光器土偶（高森岱遺跡／秋田県）／常澤直心蔵／提供：秋田県教育委員会
巻末カラー頁	
	・遮光器土偶（亀ヶ岡遺跡／青森県）／東京国立博物館／ColBase

画像出典一覧

第4章	図7	「貝の博物誌」
		http://umdb.um.u-tokyo.ac.jp/DKankoub/Publish_db/2002Shell/04/04200.html
	図9	https://www.akkeshi-town.jp/umiemon/birth/senkyo/
		http://blog.livedoor.jp/mika4413/archives/52374854.html
第6章	図8②	https://gorohokuro.exblog.jp/23382473/
第9章	図15	「日の出食堂」https://hinodex.com/2015/08/17/satoimomen-76/
	図16	「ひたち里山ファーム」
		http://hitachi-satoyama-farm.blogspot.com/2011/11/blog-post_04.html

おわりに

こう聞いたら驚くかもしれないが、これまで日本に「土偶の専門家」が存在したことは一度もなかった。なぜか。それは土偶の正体が誰にもわからなかったからである。もし「土偶の専門家」などと名乗ろうものなら、たちまち人びとから「土偶って結局何なんですか？」と質問攻めに遭うに決まっている。ところが考古学者を含め、誰一人この最も基本的な問いにすら答えられなかったのだから、「土偶の専門家」が現れなかったのはむしろ当然のことである。

ところが、私が自らの研究成果を発表しようとすると、関係各所から「考古学の専門家のお墨付きをもらってきてください」とストップがかかるようになった。これはつまり、「考古学者でもないあなたの土偶研究を信頼するわけにはいきません」という宣告であった。

私は困惑した。土偶研究はなにも考古学の分野に限定されるものではない（というより考古学という単一のディシプリンだけで土偶の謎を解明することは不可能であるし、学史的にも土偶研究は人類学者の手によって始められたものである）。そして何より、前述のように考古学者のなかにも「土偶の専門家」は存在していない。いるのは「土偶に詳しい人」である。

「詳しい人」たちは、「この土偶はいついつにどこどこで造られた○○土偶です。△△という施文が見られ、××という方法で製作されています」という、モノとしての土偶の知識はたくさん持っている。もちろんこうしたソリッドな情報は極めて重要で、土偶研究の基盤となるべきものである。

しかしそれと同時に、こうした「モノ情報」は土偶という呪術的遺物が保有する膨大な情報量のうちの、物質レイヤーに関するごく限定的な知識に過ぎない。そもそも、土偶のモノ情報を扱う人びと（＝考古学の関係者）の多くが「土偶のモチーフ推定など自分たちの仕事ではない」と考えているし、実際に取り組んでいない。果敢にチャレンジしている研究者もいないではないが、残念ながらそれらとて「俺の土偶論」の範疇を越えるものではない（つまりは客観的な検証力を欠いている）。

では、私はいったい誰から「お墨付き」をもらえばよいのか？

私が接触したアカデミズムやメディアの関係者たちは「土偶＝考古学」と頭から信じ込んでいるようで、みな口を揃えて「考古学者のお墨付きがなければあなたの研究を公にすることはできません」と繰り返すばかりであった。

仕方ない。私は一部の縄文研究者たちにアポを取り、彼らに自分の研究成果を見てもらうことにした。ところがこの方策は事態をさらに面倒なものにした。誠実な対応をしてくれたのはごくわずかで、彼らの大半は私の研究成果にはコメントしようとはせず、そればかりか「われわれ考古学の専門家を差し置いて、勝手に土偶について云々されたら困る」というギャグのような反応を返してきたのである。挙げ句の果てには、私の研究成果が世に出ないように画策する者まで現れる始末だった。

というわけで気づいたら八方塞がりで、私の土偶研究はそのまま埋もれてしまいかねない状況に陥った。成果が得られているのにしかるべき場所で発表できないという焦燥感に、何度か心が折れそうになったこともあった。でも、権威に媚びず、自分の直感に寄り添い、独立不羈の精神でここまでやって来たではないか。ならばこの難所も自らの力で切り抜けてみせよう——私はそう心に誓った。

ところが、この誓いはあっけなく裏切られることになった。

私には仲間がたくさんいたのである。畢竟、私一人でできることなどほんのわずかだった。そしてこの仲間たちのおかげで、私の土偶研究には出版という翼が与えられることになった。本書は私と私の仲間たちとの共同作品である。心からの感謝とともにその名を記す(敬称略)。

さんざん探してはみたものの、結局、私の研究に「お墨付き」を付与できるいかなる「権威」もこの世に存在しない（新しい挑戦とはどうやらそういうものらしい）ことを理解した私は、自分で大学の施設を借り、そこで講演会を行って研究成果を発表することにした。

すると大学院の後輩や仲間たちが続々と集結してサポートを始めてくれた。司会は俳優経験のある生田和余が引き受けてくれた。フライヤーは漫画家の高木良子が制作してくれた。豊かな人脈を持つ秋山妙子と畑中麻貴子は私がお願いをする前に集客を始めてくれていた。

二〇一九年秋に東工大で開催された講演会。受付では堤史織と森成知子がまぶしい笑顔で来場者をもてなしてくれた。会場の設営は田中雄喜と三宅晋之輔が手伝ってくれた。フェイスブックなどのSNSでの告知が功を奏し、会場には満員御礼となる一五〇名近い聴衆が集まってくれた（無名の私の研究に期待を寄せ、わざわざ足を運んでくれたすべての参加者にこの場を借りてお礼を申し上げたい）。

講演後、参加者たちからは爆発的な反響があり、すぐに追加講演が決まった。くすぶっていた何かが一気に胎動を始めた。

大学で何度か講演をしていると、今度はその参加者たちから声がかかるようになった。その一人が美術家・アートディレクターの玉城そのみである。彼女が二〇二〇年二月に企画した二日間のワークショップで私は土偶について話すことになったが、そこには多彩な講師たちが集っていた。フラワーアーティストの塚田有一は聴衆の前で空中挿花を行い、植物的生命の躍動を可視化した。舞踊家の岩下徹と大森浩幸は、身体のムーブメントを通して精神と生命のリズムを共振させる方法を教えてくれた。表現様式こそ違えど、かれらもまた内奥への探求者であり、時空を超えた神話世界へのアクセスを目論む「同志」であることに私は歓喜し、震えた。

そしてこのワークショップは私に決定的な幸運をもたらすことになる。それはもう一人の講師、ボディーワーカーの藤本靖との出会いである。藤本は私のメンターであった。彼は私を神保町に呼び寄せ、晶文社の編集者である江坂祐輔に引き合わせた。江坂は会うなりその場で私の土偶研究を世に出すことを約束した。驚いた私が「お墨付きは？」と尋ねると、江坂は笑いながら「不要です」と即答した。こうして本書は生まれた。

二〇一七年に土偶解読プロジェクトが始まった頃、旧友の按田優子は研究が重要な局面に差し掛かるたびに私にヒントを与えてくれた。精霊に会いたければ森や海へ行くように、とこっそり耳打ちしてくれたのは彼女である。同じ頃、本山カヲル、山本ユキも私に深い知恵を授けた。

プロジェクトが進むにつれ、私は土偶や遺跡を実見するために東日本の各地を巡る旅を始めたが、池上功一と生田和余が同行してくれることが度々あった。猛吹雪のなか三人で能登半島を訪れ、アエノコトと真脇遺跡を見学したのはよい思い出である。田の神を自宅で饗応するアエノコトはまさに植物霊祭祀の真髄を体現する農耕儀礼であり、私を柳田國男とフレイザーの世界へと誘ってくれた。

とりわけ池上は常に私に帯同した。この四年間、春夏秋冬、津々浦々、山の頂から海の底まで行動をともにしてくれた。各所で拾ったものを最初に食べるのは彼の役割であった。また研究アシスタントとして、運転、記録、撮影、画像編集、博物館や自治体との渉外など、多岐にわたってプロジェクトに協力してくれた。君のサポートによって本研究の質は大いに向上した。ありがとう。

人類学者としての私の着眼点については、大学院時代の指導教官である上田紀行教授（東京工業大学リベラルアーツ研究教育院長）から多くを学んだ。先生が授けてくれた知の力は余すことなく私の血肉となり、いまや私の生きる力そのものである。その深い学恩に感謝したい。

そして、父・征祠と母・三恵子。どこで何をしている時でも、私が自分の中に揺るがない安心と信頼を感じて生きていられるのは、両親が注いでくれた愛情のお蔭である。父は常に私の最大の理解者である。すでに肉体を持たない母はいまなお魂のなかで私を鼓舞し続けている。本書を二人に捧げる。

二〇二一年四月吉日

著者記す

竹倉史人　たけくら・ふみと

人類学者。独立研究者として大学講師の他、講演や執筆活動などを行う。
武蔵野美術大学映像学科を中退後、東京大学文学部宗教学・宗教史学科卒業。
2019年、東京工業大学大学院社会理工学研究科
価値システム専攻博士課程満期退学。
人類の普遍的心性を探求すべく世界各地の神話や
儀礼を渉猟する過程で、縄文土偶の研究に着手することになった。
著書に『輪廻転生――〈私〉をつなぐ生まれ変わりの物語』（講談社現代新書、2015）など。
［竹倉土偶研究所］https://www.dogulab.tokyo/
［twitter］https://twitter.com/fumitovsky
［facebook］https://ja-jp.facebook.com/fumito.takekura

土偶《どぐう》を読《よ》む

130年間解かれなかった縄文神話の謎

2021年4月25日　初版
2023年8月5日　9刷

著　　者　竹倉史人

発 行 者　株式会社晶文社
東京都千代田区神田神保町1-11
〒101-0051
電話　03-3518-4940（代表）・4942（編集）
URL　http://www.shobunsha.co.jp

印刷・製本　ベクトル印刷株式会社

ISBN978-4-7949-7261-3　Printed in Japan